元宇宙

于佳宁 何超
著

中信出版集团 | 北京

图书在版编目（CIP）数据

元宇宙 / 于佳宁，何超著. -- 北京：中信出版社，
2021.11（2022.3重印）
ISBN 978-7-5217-3654-0

I.①元… II.①于… ②何… III.①信息经济
IV.① F49

中国版本图书馆 CIP 数据核字（2021）第 208623 号

元宇宙

著者：　于佳宁　何超
出版发行：中信出版集团股份有限公司
　　　　　（北京市朝阳区惠新东街甲 4 号富盛大厦 2 座　邮编　100029）
承印者：　宝蕾元仁浩（天津）印刷有限公司

开本：880mm×1230mm　1/32　　印张：12.25　　字数：221 千字
版次：2021 年 11 月第 1 版　　　印次：2022 年 3 月第 7 次印刷
书号：ISBN 978-7-5217-3654-0
定价：69.00 元

版权所有·侵权必究
如有印刷、装订问题，本公司负责调换。
服务热线：400-600-8099
投稿邮箱：author@citicpub.com

欢
迎
来
到
元——
宇
宙
新——
世
界_

专家推荐

元宇宙的时代已经到来,我们要抓住元宇宙发展的机遇,跟上数字时代步伐,推动数字新世界进步,为我国数字经济的发展贡献力量!我相信,无论对于第一次听说元宇宙概念的圈外读者,还是已经踏入该领域的资深人士来说,《元宇宙》都是一本值得一读的佳作。

——吴忠泽　科技部原副部长、著名数字经济专家

《元宇宙》这本书向我们详细地展示了元宇宙的样貌,并由浅入深地分析了元宇宙中关键技术的应用。一个全新的数字时代已经到来,《元宇宙》这本书值得所有关心未来的朋友们仔细阅读。

——郑纬民　中国工程院院士、清华大学教授

元宇宙为信息技术创新提供了新的赛道和契机,在新的数字空间中,新一代信息技术也将加速融合,数字经济、数字社会和数字生态有望加速发展,对建设数字中国具有十分重要的意义。这本书详细解读了元宇宙时代的六大关键趋势,帮助我们更好地抓住技术发

展浪潮，从而迎接元宇宙时代的到来。

——张平　中国工程院院士、北京邮电大学教授

人类要不断破旧立新，才能得到更好的发展。元宇宙时代，我国数字经济的发展将迎来全新机遇。希望《元宇宙》能帮助各行业细致、系统、客观地理解元宇宙时代。

——倪健中　中国移动通信联合会执行会长

在过去的几个月，"元宇宙"概念与试验引发了全球性冲击波，其力度、速度和广度前所未有，如何解读"元宇宙"成为当务之急。相比最近涌现的关于"元宇宙"的各种文章和书籍，于佳宁、何超撰写的《元宇宙》，在深入诠释元宇宙的历史演变、技术原理、应用场景、人文意义等方面，都有相当的推进作用，特别是对元宇宙的未来趋势做出了颇有创意的想象和描述。

——朱嘉明　著名经济学家

元宇宙将推动全球经济体系加快数字化、智能化转型升级，实现技术变革、组织变革和效率变革。在《元宇宙》中，作者于佳宁博士和何超秘书长通过大量鲜活的案例，深刻分析了元宇宙将带来的潜在势能。元宇宙将引发生产力和生产关系的全面变革，是无法阻挡的重要趋势。

——梁信军　复星集团联合创始人

未来，云计算、大数据与区块链、人工智能、大数据、5G、虚拟

现实、量子计算等实现融合发展,助力数字经济发展和社会信用体系建设,开启互联网发展的新阶段。于佳宁博士、何超秘书长所著的《元宇宙》一书,对元宇宙中关键前沿技术应用进行了全景式的分析和预测,对推动多种技术新发展和新应用、加快核心技术自主创新都有着借鉴意义。

——**何宝宏　中国信通院云大所所长**

于佳宁博士和何超秘书长所著的《元宇宙》以独特而深刻的视角,为我们提出了互联网的下一代升级形态——元宇宙。在这个新时代,将出现一系列全新的"杀手级应用",也会诞生一批伟大的新型经济组织。对于每个人和每个公司来说,要拥抱元宇宙时代机遇,应如何转型?这本书为我们提供了一些可借鉴的思路。

——**管清友　如是金融研究院院长、华鑫证券首席经济顾问**

从地理大发现到太空探索,再到互联网与数字空间,人类一直在探索未知的场景。数字世界与物理世界终归融合,就是元宇宙。《元宇宙》这本书系统探讨场景变革趋势,刷新自我认知,也必将刷新你对未来的思考范式。

——**吴声　场景实验室创始人**

每一项新兴技术、每一次大变革的到来,都会有时代的呐喊者,并提醒我们大胆去拥抱未来,而不是做鸵鸟。这本书就是这样的呐喊者。

——**长铗　巴比特创始人**

元宇宙将开启下一个互联网大时代，给各行各业带来发展和变革机遇。于佳宁博士和何超秘书长所著的《元宇宙》通俗易懂，化繁为简，用大量案例剖析了元宇宙中复杂的技术融合和经济逻辑，带领更多人认识并了解元宇宙，从而找到数字时代新机遇。

——李国庆　当当网、早晚读书创始人

元宇宙的发展既是挑战，也是机遇。要想把握这个机遇，除准确理解未来数字世界的本质和规则外，我们必须重视数据的保护，特别是要借助"法链"（RegChain）实现"以链治链"监管，构建一个安全、可信且高效的虚拟实境。于佳宁博士和何超秘书长所著的《元宇宙》对全球未来互联网和数字经济发展，进行了有价值和洞见的分析。这本书体现了"共票（Coken）理论"三位一体特征，结合贡献者、使用者和管理者所形成的DAO经济社群治理模式，配合NFT（非同质化通证）资产上链，实现了价值分配革命，为我们把握元宇宙发展机遇提供了清楚的脉络和指导建议。

——杨东　中国人民大学区块链研究院执行院长、国发院金融科技
与互联网安全研究中心主任、长江学者

百年以来，从地理大发现到宇宙探索，再到元宇宙数字空间的研究，人类先行者探索的脚步从未停歇。5G、人工智能、大数据、物联网、区块链、虚拟现实、增强现实等技术，将我们带到了一个全新的元宇宙数字时代。于佳宁、何超所著的《元宇宙》系统性地描绘了元宇宙时代的变革趋势，值得阅读！

——王明夫　和君集团董事长、和君教育小镇创建人

元宇宙有望实现前沿技术的融合，并孕育全新的商业模式和组织方式。于佳宁博士和何超秘书长的《元宇宙》易读又有趣，以引人入胜的案例探讨了元宇宙时代的趋势，值得一读！

——郎永淳　央视原主持人、到家集团首席公共事务官

元宇宙正在掀开 Web 3.0 的时代大幕，区块链作为核心技术自主创新的重要突破口，也是元宇宙的底层支撑技术，展现出巨大的潜在应用价值。于佳宁博士、何超秘书长所著的《元宇宙》对元宇宙中前沿技术应用进行了全景式的分析和预测，为加快技术创新与应用提供了宝贵的思路。

——沈波　分布式资本合伙人

2021 年，让人特别兴奋的一个词莫过于"元宇宙"。"元宇宙"发于人们对科技探索的想象和实践，生长于对自我和群体、生活和生命、意义和价值的思辨。这是一场技术的革命，也是大众文化的激烈演进。互联网时代，我们一直在探索人和内容到底是什么样的关系，而在元宇宙里，人就是内容。感谢于佳宁博士如此系统地、理性地、细腻地将元宇宙用文字包裹好，穿越时间提前摆放到我们面前。

——陈辰　资深媒体人、《最强大脑》总制作人

要实现真正的元宇宙还有很长的路要走，这就需要更多有远见、有理想的人一起来推动元宇宙的发展。因此，相对专业又通俗易懂的书既是时代的需要，也是现实的需求。而于佳宁博士与何超秘书长撰写

的《元宇宙》作为该领域的佳作，是人们学习和了解元宇宙的捷径。

——袁煜明　中国中小企业协会产业区块链专委会主任、火链科技 CEO

当前原子世界的创新正以数字化的方式扑面而来，同时，比特世界的构建亦以无限逼近真实的潮头呼啸而来。2021 年，两股力量在此握手，两大世界在此融合，作为现象级存在的元宇宙进入了发展元年。尽管元宇宙尚处于概念和早期认知的试验阶段，但在数字经济已成为我国经济高质量发展的重要引擎的前提下，元宇宙及其背后一系列新一代信息技术，必将是我国未来数字经济大发展的强力抓手。这本书从元宇宙的本质特征出发，系统讲解了未来元宇宙的六大趋势，对元宇宙进行了深入的分析和介绍，让大家窥见了于佳宁校长与何超先生心中的那个"阿凡达"。作为在数字经济领域耕耘多年的知名学者，两人在新书中提出的许多给人以启发的新颖观点，值得大家从中汲取新能量、新营养。

——马方业　资深金融证券媒体人、证券日报社副总编辑

从区块链到 NFT，再到元宇宙，体现了人类要在虚拟世界中引入经济活动，从而引入真实价值的努力，而谈论价值就离不开稀缺性。区块链的兴起，开辟了基于算法来保证稀缺性的崭新技术路线。在元宇宙技术生态里，稀缺性技术处于核心部位，意义重大，不可或缺。于佳宁和何超的《元宇宙》系统性地描述了未来数字时代的新经济逻辑，值得一读！

——白硕　恒生研究院院长、上海证券交易所前总工程师

元宇宙是下一代互联网，是 Web 3.0，不是 Web 1.0、Web 2.0 的简单延续。其中，区块链技术和运营思维是理解元宇宙的核心基础，于佳宁校长在这一方面有深厚功底。书中对"元宇宙的一天"的场景描述很有趣，同时也为产业和技术界打开了一扇窗户。

——孔华威　豪微研究院院长、中科院计算所上海分所原所长

元宇宙作为价值投资和共同富裕的试验田，在虚拟中运行后再映射到现实里打磨。元宇宙亦会形成人类命运共同体。于佳宁和何超所著的《元宇宙》为我们打开了元宇宙认知的大门，用精彩的论述和全新的案例把一个生动的元宇宙展现了出来。

——徐远重　新星火乡筹发起人

这是一本元宇宙漫游指南，作者凭借深厚的专业底蕴带领我们游览当前元宇宙发展的各个领域，不但内容全面，而且在很多地方富有启发性。对于有意在元宇宙时代创新创业的读者来说，这是一本遍地珠玉机遇之书。

——孟岩　数字资产研究院副院长、Solv 协议创始人

信息化正深刻影响着人们的生活方式，推动形成数字化生活。互联网的下一个阶段或许就是元宇宙，在新的数字空间中，数字经济、数字社会和数字生态都有望加速发展。于佳宁博士、何超秘书长所著的《元宇宙》一书，对元宇宙时代的六大关键趋势进行了生动又深刻的分析，是一份很好的元宇宙入门和进阶漫游指南。

——刘兴亮　互联网学者、山西省政协委员

下一代的创意内容基础设施会是什么？我们一直在思考和探索。科技赋能想象力，元宇宙带来了新的可能。技术和创意会进一步交相辉映，而价值观和世界观带来的身份认同和圈层文化是人类发展的长期原动力。

——杨振　特赞总裁

元宇宙是整合多种新技术而产生的新型虚实相融的互联网应用和社会形态，将虚拟世界与现实世界在经济系统、社交系统、身份系统上密切融合，并且允许每个用户进行内容生产和编辑。于佳宁博士和何超秘书长的新书《元宇宙》，对元宇宙的本质特征、技术支撑、产业应用、经济模型和组织变革进行了全方位的阐述。我相信这本书能刷新你对未来的认知。我们对元宇宙发展的副作用也要保持警惕，要最大程度实现治理和发展并举。

——沈阳　清华大学新闻学院教授、博导

信息技术革命作为第三次工业革命，带来了互联网大发展。元宇宙有望成为互联网的下一个发展阶段，将继续推动整个社会效率、经济规模的提升。于佳宁、何超所著的《元宇宙》生动描绘了元宇宙时代的经济形态与社会生活，帮助我们更好地理解时代趋势，从而迎接元宇宙时代的到来。

——赵何娟　钛媒体集团创始人、CEO，链得得创始人、董事长

目 录

推荐序一 / 吴忠泽
元宇宙助推数字经济迈向新的发展阶段　XV

推荐序二 / 郑纬民
算力和数据是元宇宙和数字经济发展的关键要素　XIX

推荐序三 / 袁煜明
探索元宇宙的广袤星空　XXV

序言 / 何超
共筑"元宇宙共识圈"　XXIX

前言 / 于佳宁
未来十年将是元宇宙发展的黄金十年　XXXIII

1

下一代互联网新纪元

元宇宙的起源：从《雪崩》到《头号玩家》 005
为什么 Facebook 和腾讯都在布局元宇宙 010
元宇宙就是第三代互联网 016
元宇宙的本质特征是五大融合 022
未来，你在元宇宙中的一天 039

2

先行者如何创造元宇宙

Roblox：华尔街追捧的元宇宙超级独角兽 047
Decentraland：去中心化的元宇宙新空间 051
元宇宙中的工作、学习、社交和娱乐 056
迈向元宇宙生活的新挑战 060

3

未来财富将在元宇宙中创造

数字财富是互联网时代的新财富形态　071
区块链技术让数字财富进一步升级　078
科技巨头与华尔街拥抱数字资产　086
元宇宙引爆数字财富的黄金十年　090

4

趋势 1：数字经济与实体经济深度融合
——元宇宙中产业全面升级，数字资产与实物资产孪生

元宇宙时代的产业大变革　101
数字资产与实物资产融合　113
资产上链赋能实体经济　115

5

趋势 2：数据成为核心资产
——元宇宙中数据就是财富，数据权利被充分保护

你的数据就是你的资产　125
围绕数据的争执　135
懂数据的公司越来越值钱　144

6

趋势 3：经济社群崛起壮大
——元宇宙中经济社群成为主流组织方式，数字贡献引发价值分配变革

元宇宙时代经济社群替代公司成为主流组织 153
数字贡献呼吁价值分配革命 160
收益农耕开创平台价值分配新模式 166
DAO 将成为经济社群的重要治理模式 170

7

趋势 4：重塑自我形象和身份体系
——元宇宙中数字形象映射自我认知，数字身份大普及

元宇宙里卖头像也可以是大生意 183
数字形象是我们在元宇宙中的形象 191
数字身份打通身份、数据、信用和资产体系 199

趋势 5：数字文化大繁荣
——元宇宙中数字文化成为主流文化，NFT 成为数字文创的价值载体

数字艺术时代扑面而来 211
IP 将是一切产业的灵魂 220
NFT 是数字文创的价值载体 228

趋势 6：数字金融实现全球普惠
——元宇宙中 DeFi 加快金融服务数字化变革，可编程交易实现金融智能化

让全球转账像聊天一样简单 241
让金融服务匹配数字经济发展需求 247
全球央行数字货币加速推进 252
十几个人为何能管理百亿美元市值的大项目 254
DeFi 引领金融业向数字化变革 262

10

技术创新驱动元宇宙大未来

元宇宙的四大技术支柱 275
构建类技术建设永续发展的数字空间 280
映射类技术双向打通数字和物理世界 285
接入类技术让人们大规模进入元宇宙 288
应用类技术让元宇宙持续创造新价值 295

11

如何把握元宇宙时代的机遇

元宇宙时代的职业机会 305
迎接元宇宙时代的创业浪潮 317
携手创造伟大的数字文明 321

附录一　从NFT看元宇宙　328
附录二　从游戏看元宇宙　336
附录三　从影视看元宇宙　342

推荐序一
元宇宙助推数字经济迈向新的发展阶段

近年来,全球新一轮的科技革命和产业变革突飞猛进,特别是数字科技对经济社会各领域的渗透性、扩散性越来越强,产业迭代速度越来越快。线上场景的变迁、全域数据的融合、智治模式的演进,深刻改变了社会的生产生活方式、产业模式和组织形式,形成发展数字经济的强大动力。数字经济将点燃助推世界经济发展的"数字引擎",成为当今世界经济发展的主要驱动力。2021年,数字世界兴起的新概念"元宇宙"实际上就是前沿数字科技的集成体。

自互联网诞生以来,人们对数字空间的探索从未停止。随着5G、人工智能、大数据、物联网、工业互联网、区块链、VR(虚拟现实)、AR(增强现实)等新一代数字技术的快速发展,元宇宙时代将构建物理世界和数字世界相互融合的新型数字空间,推动实体经济与数字经济深度融合,塑造数字经济发展的未来形态。在元宇宙时代,数字技术将集成应用到全社会的各类运行场景,实现数字经济高质量发展。

其中，5G 网络实现数据高速稳定传输；物联网和工业互联网打通线上线下的数据，实现"数字孪生"；区块链技术将元宇宙中的数据资产化，形成新的可信机制和协作模式；VR 和 AR 改变人们与数字世界交互的方式，实现"虚实共生"；人工智能成为数字网络的智慧大脑，引领数字经济进入智能经济发展新阶段。

技术为本，场景为王。元宇宙中多元化的应用场景，将为打造数字经济新优势和壮大经济发展新引擎提供新的成长空间、关键着力点和重要支撑。元宇宙不仅可以应用在远程办公、新型文创、数字社交、在线教育、在线医疗、金融科技等领域，也可以在智慧城市、产业互联、供应链管理等领域发挥重要作用。比如，基于城市的建筑、交通、公共设施、企业等建立数字模型，形成"数字孪生"，可以实现精细化、定制化、个性化的数字化城市管理，让人们拥有更加美好、个性、舒适的数字化生活。

当前，国内外互联网知名企业开始全力布局发展元宇宙，全球的元宇宙建设正在全面开启。元宇宙必将成为未来十年全球科技发展的一个风向标，也将成为各国数字经济的竞争新高地。在《元宇宙》这本书中，作者于佳宁、何超提出元宇宙是下一代互联网，也就是第三代互联网（Web 3.0），并将成为人类未来娱乐、社交甚至工作的数字化空间，是一个人人都会参与的数字新世界。

于佳宁博士是著名数字经济专家，近年来创办"火大教育"，深耕数字技术应用研究领域，在区块链技术新应用、数字金融新体系、分布式商业新模式等数字经济前沿领域研究成果丰硕，影响广泛，对互联网和元宇宙有着深刻的认知、较强的理论功底和体系化的研究。

何超先生多年来担任中国通信工业协会区块链专委会秘书长等职务，对前沿数字技术的集成创新和融合应用，特别是数字经济的实践探索，有着较为丰富的实操经验。

这本书从元宇宙的起源、发展到未来展现了元宇宙时代的全景，用生动形象的语言和前瞻视角讲述了元宇宙的世界观，围绕产业、数权、组织、身份、文化、金融六个维度深入分析了元宇宙时代的六大发展趋势，结合全球最新的元宇宙实际案例剖析了元宇宙中复杂的技术融合应用和经济模型，为我们带来了数字经济和科技发展的全新洞见和思考。

这本书架构条理清晰，内容化繁为简，相对专业又通俗易懂，可以帮助读者较快认知、探索元宇宙，从而掌握元宇宙新思维，共筑"元宇宙共识圈"，从容应对未来一系列新技术挑战，并在全新数字空间中享受时代红利，实现自身价值的最大化。我相信，无论是对于第一次听说元宇宙概念的圈外读者，还是已经踏入该领域的资深人士来说，《元宇宙》都是一本值得一读的佳作。相信你读后必然收获多多。

元宇宙的时代已经到来，我们要抓住元宇宙发展的机遇，跟上数字时代步伐，推动数字新世界的进步，为我国数字经济的发展贡献力量！

是为序。

吴忠泽

科技部原副部长

著名数字经济专家

2021 年 10 月

推荐序二
算力和数据是元宇宙和数字经济发展的关键要素

当前，我国数字经济蓬勃发展，区块链、人工智能、云计算等前沿信息技术快速融入生产生活。"十四五"规划和 2035 年远景目标纲要将"加快数字化发展，建设数字中国"单独成篇，并首次提出数字经济核心产业增加值占 GDP（国内生产总值）比重这一新经济指标。随着互联网的进阶发展，数字信息技术革命的下一片蓝海呼之欲出。

从 2021 年开始，腾讯、Facebook（脸书）、微软等国内外互联网知名企业开始全力布局一个新的领域，即元宇宙。在它们看来，元宇宙是移动互联网的继任者，虚拟世界和真实世界的大门已经打开。元宇宙可能会成为未来互联网发展的新方向，也可能是数字经济发展的下一形态。元宇宙的探索将推动实体经济与数字经济深度融合，推动数字经济走向新的阶段。探索发展元宇宙，有助于推动我国经济社会进一步加快数字化升级，以科技创新催生新发展动能。

技术融合赋能实体经济

算力和数据是元宇宙和数字经济发展的基础，而元宇宙和数字经济的发展需要 5G 基础上的"ABCD"，其中 A 是人工智能（Artificial Intelligence），B 是区块链（Blockchain），C 是云计算（Cloud），D 是大数据（Big Data）。这几大技术创新融合发展，共同促进数字经济的发展，从而将数字经济应用到全社会的各类运行场景中。

元宇宙既包含数字经济中的 5G、人工智能、区块链、云计算、大数据，也融合了对 VR、AR、脑机接口、物联网等技术的前瞻布局。发展元宇宙，关键在于大力提升自主创新能力，突破关键核心技术，实现高质量发展。

算力的多元化和精细化应用

算力是元宇宙的基础要素，也是衡量数字经济发展的晴雨表。在物理世界中，电力是很重要的生产力要素。到了数字经济时代，算力成了非常关键的指标。人均算力可以反映一个地区的数字经济发展水平。数字政府、金融科技、智慧医疗、智能制造等互联网创新领域都需要算力支撑。

算力的发展速度非常快。在摩尔定律中，芯片性能每 18 个月翻倍，而现在算力翻倍的时间基本上可以缩短到 3~4 个月。但需要注意的是，要促进算力中心的健康发展，就需要明确数据中心、超算中心、智算中心这些"应用"是什么，也就是如何把这些多元化的算力对应到不同的应用场景之中。比如，智算中心的发展主要涉及图像处理、决策和自然语言处理三大类，不同的应用场景适配不同的算力中心是发展算力的关键一步。

现阶段，我国必须要提升算力供应的韧性，打造数字经济的坚实底座，开展多元化算力创新，基于硬件、软件的应用开展自主可控创新。此外，国家已经宣布要采取更加有力的政策和措施，让我国的二氧化碳排放力争于 2030 年前达到峰值，努力争取 2060 年前实现碳中和。数据中心依靠电力驱动，蓬勃发展的数据中心也是重要的碳排放源之一。所以，在发展算力时，我们必须要充分考虑碳排放因素，加快布局绿色智能的数据与计算设施，提高能源利用效率，加大清洁能源使用比例，推动"绿色计算"的发展。

数据的分布式存储和价值赋能

除了算力，建设元宇宙和数字经济的另外一项重要的基础要素就是数据。2020 年 4 月，党中央、国务院发布《关于构建更加完善的要素市场化配置体制机制的意见》，首次明确数据成为五大生产要素之一，并明确提出加快培育数据要素市场，推进政府数据开放共享，提升社会数据资源价值，加强数据资源整合和安全保护等要求。随着我国数字经济推进速度的加快，各行各业已经积累了大量的数据，为数据要素化、市场化奠定了稳固根基。现在，数据要素有了，关键是如何存储并使用这些数据。

元宇宙是一个由数据组成的世界，分布式数据存储成为维持元宇宙持久运转的基本方式。同时，在数据的使用过程中，数据生产者、管理者、整合者、使用者等角色之间的权利边界存在一定的模糊交叉，这导致数据要素的产权属性难以确认，也引发了大量数据滥用的情况，因而严重阻碍了数据要素的流通和使用。所以，数据确权是数据要素实现流通交易和市场化配置的重要前提。

区块链是解决这一系列问题的关键技术和基础设施。我们可以将区块链理解为一种"确权的机器"（为数据资源提供极低成本的确权工具），并在数据实现确权后打通流转，从而使数据真正成为一种资产，实现数据价值的最大化。除此之外，我们还要注意切实保障数据安全，完善数据资源确权、开放、流通、交易相关制度，保护个人隐私数据，加强关键信息基础设施安全保护，强化关键数据资源保护能力。

《元宇宙》这本书向我们详细地展示了元宇宙的样貌，并由浅入深地分析了元宇宙中关键技术的应用。在这本书中，作者提出，元宇宙将开启下一代互联网新纪元，并以前瞻视角生动形象地讲述了元宇宙的发展脉络，深入分析了元宇宙发展的六大趋势。书中结合了目前全球范围内元宇宙的最新案例，为元宇宙中多元化的应用场景设计提供了宝贵的思路。一个全新的数字时代已经到来，《元宇宙》

这本书值得所有关心未来的朋友们仔细阅读。

郑纬民
超算领域专家
中国工程院院士
清华大学教授
2021 年 10 月

推荐序三
探索元宇宙的广袤星空

从古至今，人类一直在仰望星空，期待不再受物理世界的种种限制。从马匹、汽车、火车到飞机，人类逐渐突破了空间距离对自己的限制；从结绳记事、历法、时钟到手表，人类逐步支配了自己的时间。空间和时间上的突破，拉近了人与人之间的距离，也方便了交流，刺激了消费，因而逐渐有了我们今天所创造的丰富的物质财富。如果有人问我：能让人类大幅突破自我的下一个场景是什么？一个词会浮现在我的脑海中，那就是"元宇宙"。

现在提起"元宇宙"，我们更多想到的是 VR、AR 和游戏。但这些只是元宇宙发展的早期阶段。未来真正的元宇宙可以在各种平台上使用，可以为用户带来更高效、更自然、更极致的沉浸式体验，兴许还能使用户感受触觉、痛觉、嗅觉等神经信息。元宇宙是一个大家可以长期共同生活的环境，一个由无数个人和公司参与的分布式全真社会。我们可以把元宇宙想象成一个实体化的互联网，我们不仅可以看到内容，还能参与其中与他人互动，这是在二维的 App

（应用程序）和网页上无法体验到的。

在元宇宙中，我们几乎没有距离和空间的限制。我们既可以从北京瞬移到纽约街头和朋友一起逛街购物，也可以坐在数字世界的办公室里和异地同事一起工作。我们在元宇宙中赚到的钱和申请到的专利在现实中照样使用。这意味着耗费在时间和空间上的成本大大压缩，人类将获得更高的自由度，也会有更多的时间和精力去从事创造性的工作。从这个角度来说，元宇宙的维度甚至高于我们所在的现实世界。

元宇宙不是空洞的，而是将创造远超物理世界的全新价值。在未来，现实世界中的资源会快速地涌入更高维度的元宇宙，并在元宇宙中构建相应的数字孪生（物理世界在数字世界的映射）生态系统。我们可以在元宇宙中基于数字孪生进一步实现数字原生（物理世界没有而数字世界独有）的建设，并且反过来让元宇宙中的数字原生的创造物在现实世界中产生相应的价值，从而达到物理世界和数字世界相互作用、虚实相生的效果。在元宇宙中，边际成本趋于零，消费频率更快，消费效率更高，边际收益更好，我们还可以通过区块链实现数字价值的确权、流动、交易、激励和增值。

从技术的角度来看，元宇宙包括了人工智能、VR、AR、区块链等技术成果，向人类展现出构建与传统物理世界平行的全真数字世界的可能性。特别是，区块链是元宇宙的技术基础，是元宇宙的底层架构。区块链以其不可篡改的特性，为整个元宇宙构建起坚实的信任基础。通过区块链，数据将以公开透明、不可篡改的方式构建起一个可信资源网络。跟石油一样珍贵的数据资源不再被某些科技巨头无偿占有，而是真正属于产生这些数据的个体，整个系统的信息不对称性随之降低，新的信任机制由此产生。说到底，这其实是人类在社会学领域中信任维度的突破。从此，许多原本信不过的话可以信了，许多原本做不成的事可以做了，以区块链为底层架构的元宇宙会让人类以更低的信任成本、更高的效率学习、工作和生活，从而创造更大的价值和财富。元宇宙的实现不是偶然，而是人类科学技术发展的必然。

然而，要实现真正的元宇宙还有很长的路要走，这就需要更多有远见、有理想的人一起来推动元宇宙的发展。因此，相对专业又通俗易懂的书既是时代的需要，也是现实的需求。而于佳宁博士与何超秘书长撰写的《元宇宙》作为该领域的佳作，是人们学习和了解元宇宙的捷径。

我从书中能看出两位作者的良苦用心。这本书不仅介绍了元宇宙的起源、发展以及未来，还能帮助读者由浅入深地真正了解元宇宙，从而形成全景式认知。我相信，第一次听说元宇宙概念的圈外读者和已经踏入该领域的资深人士，均可以从这本书中汲取知识、获得灵感。

希望《元宇宙》的出版，可以帮助更多读者朋友开阔视野。让我们把握机遇,一起探索元宇宙的浩渺星空。

袁煜明

中国中小企业协会产业区块链专委会主任

火链科技 CEO

2021 年 10 月

序言
共筑"元宇宙共识圈"

元宇宙来了。

中信出版集团的领导和编辑具有很强的市场敏锐力,特邀我推荐一位可以撰写元宇宙方面的书的作者,我脑海中立即闪现出"高、大、上"的于佳宁先生。

于先生是中国人民大学经济学博士、副研究员,曾任工业和信息化部信息中心工业经济研究所所长,参与过多项国家政策起草研究工作。于博士也是中国通信工业协会区块链专委会(CCIAPCB)首任轮值主席,在习近平总书记"10·24"重要讲话后,代表专委会接受中央电视台《焦点访谈》栏目采访,畅论区块链未来。于博士具有很高的知名度和媒体亲和力,在区块链领域具有很强的理论功底,是深受大众喜爱的数字经济专家,特别是他创办的火大教育被誉为"区块链的黄埔军校"。于博士具有很强的思维力、创新力、拓展力和行动力,在相关课程和论坛中也经常谈到区块链与元宇宙，加之与他多年的深交和个人感觉，我认为于博士就是最佳人选。

中信出版集团极为重视元宇宙选题，认为互联网的历史已经来到了新的转型节点，关键窗口期已经悄然开启。在重大变革面前，只有早点了解，更新思维，提前布局，人们才能充分享受时代红利。希望本书能为读者提供一个元宇宙新世界的"指南针"，让读者真正认清趋势，找到机会。通过筛选评估，大家一致认为，于佳宁博士能为读者提供这场智慧盛宴，能通过创作让每个人摆脱物理世界现实条件的约束，从而在全新数字空间中成就更好的自我，实现自身价值的最大化。

通过与于博士的深入沟通，我发现他早就对元宇宙有深刻的认知，并且正在进行体系化的研究。于博士认为，2021年是元宇宙元年，互联网迭代升级的大幕已就此拉开，未来十年将是元宇宙发展的黄金十年。

元宇宙是一个虚拟时空的集，代表了人类社会对融合的深度向往。元宇宙是一个几十年前就被提出的概念，随着近几年吸纳了日臻成熟的游戏引擎、VR、AR、物联网、人工智能、区块链等技术成果，获得了越来越多的关注。纵观市面上真正具有竞争的领域，游戏平台对元宇宙互动性、操作性的探索堪称先驱。物链芯工程技术研究院（TCC）、央链全球（YAB）于2020年就在积极布局。例如，浙江"链上诗路"项目委托央链游戏自主研发的《漫步紫阆》

游戏摆脱了传统游戏"低头久坐"的束缚,让玩家通过游戏走出家门,来到绍兴诸暨紫阆古村落。再如,央链游戏自主开发的《中医世家》游戏以弘扬中医药文化为目的,让更多人初步了解中医方面的知识,并通过区块链游戏的方式培养对中医药的兴趣。不管是现在还是未来,元宇宙都有着极大的发展空间和市场前景。

我作为多个机构的发起人和秘书长,可结合自身优势为元宇宙生态发展尽些力,便萌发构建"元宇宙共识圈"的想法,以推动融合应用。借于博士的话"未来十年将是元宇宙发展的黄金十年,也将是数字财富的黄金十年"来结束本书自序。

未来已来,让我们共筑"元宇宙共识圈"!

何　超
2021 年 10 月

前言
未来十年将是元宇宙发展的黄金十年

我是一名数字经济的研究者,专注于元宇宙、产业区块链等新兴领域的研究和教学。数字经济和区块链是全球热门话题,因此我经常受邀出席各国的会议,曾到很多国家的高校授课。2019年,我跑遍了五大洲,踏遍旧金山、伦敦、东京、新加坡、墨尔本、开罗等很多美丽的城市,甚至可以说,我每天不是在开会,就是在去开会的路上。2020年年初,突如其来的新冠肺炎疫情改变了世界原有的运行方式,我的脚步似乎也停了下来。

2020年年底,在杭州大剧院筹备"乘风而上"的个人跨年演讲时(见图1),我仔细回顾了这一年,突然发现自己在2020年的参会和授课次数比2019年还多。不同的是,这些会议和课程大多是在线上举办的,相当于我在数字世界的"数字分身"又在全世界转了一圈。2020年7月,我受新加坡新跃社科大学(SUSS)邀请讲授区块链课程。在上课期间,我尽管不在新加坡,但仍可以与几百位同学通过Zoom会议工具进行非常深入的交流和讨论。让我印象最深刻的是,在课程结束后,大家通过 Zoom"合影留念",也就是把所有参会者的画面截图留念。当然,这个合影显得有点尴尬。用过这些视频会议软件的朋友肯定都有这样的感触,我们只能通过屏幕上一个个"小格子"看到其他参会者的样貌,很难真正记住这些人,总觉得缺了点真正"在一起"的感觉。

图 1　于佳宁跨年演讲"乘风而上"在杭州大剧院举办(图片来源:火大教育)

2021 年 3 月,一位在硅谷的朋友和我联系,邀请我到 Decentraland(去中心化之地)数字空间中参观一个"数字时装展"。那是我第一次参加类似的活动,该活动是由 The Fabricant(一家数字时尚公司)、阿迪达斯、模特卡莉·克劳斯(Karlie Kloss)联名举办的一场数字时装展。当通过电脑浏览器输入坐标来到时装展的数字现场时,我发现"现场"还真有不少"观众"。我一眼就通过这位朋友的数字形象认出了他（还真挺像他本人）。在这个数字空间中，我和他边走边聊，我有一种他就在我身边的感觉，这种体验与开视频会议时每个人都被困在"小格子"中交流的感受截然不同。一般来说，在这些数字空间中，每个人都有一个3D（三维）的人物形象，并且可以自由地走到别人身边跟他聊天。这让我有了久违的"社交感"。

这件事让我感触很深。尽管疫情让很多朋友在物理世界暂时无法见面，但大家在数字世界中的联系更加紧密了。人们的生活方式已经发生了本质上的变化，大家习惯了在线上办公、学习、购物、娱乐。我们既回不到过去，也没有必要回到过去。我们需要找到一个更好的数字空间来承载我们数字化的生活方式，但问题是，这种空间在哪里呢？

从那时起，我便踏上了元宇宙的研究之路。通过阅读美国风险投资人马修·鲍尔（Matthew Ball）在2020年撰写的文章《元宇宙：是什么，如何找到，谁来建设，以及〈堡垒之夜〉》，我更加深刻地感受到了元宇宙的魅力。我发现，通过钉钉或者腾讯会议等在线会议工具上课或开会只是一种过渡形式，那种开阔、自由、可创造的数字世界才是未来。一系列前沿的数字技术都将在这种全新空间中实现融合应用，并构建承载人们交流、协作、创意、工作和生活的"数字新大陆"，从而大大拓宽互联网发展边界——这很有可能就是下一代互联网。从那时开始，我和团队就将元宇宙当作重点的研究对象。现在你读到的这本《元宇宙》就是我们进行了体系化的研究与思考得到的成果。

在本书的创作过程中,创作团队也采用了元宇宙的工作方式,团队成员分布在北京、上海、郑州、兰州。2021年夏末,国内疫情偶有发生,出差变得非常不便,甚至有同事因去过高风险地区而被集中隔离,但这些情况完全没有影响本书的进度。在写作的过程中,我们几乎每天都在线上开会,还多次游览各种元宇宙数字空间,大家边逛边进行头脑风暴,边讨论最新的进展边寻找灵感。我们将这些经验记录在了书中,读者可以看到我在元宇宙数字空间中拍的一些"游客打卡照"。在本书的最后,我们把在探索元宇宙过程中很有感触的一些NFT、游戏和影视用附录的形式分享给大家。另外,为了让大家更好地理解元宇宙,我们还准备了视频课程"于佳宁元宇宙奇妙课堂",大家可以免费领取,希望可以为大家带来更加直观的元宇宙体验。

那么,究竟什么是元宇宙?或许,每个人心中都有不同的答案。元宇宙的英文是Metaverse,前缀meta意为超越,词根verse则由universe演化而来,泛指宇宙、世界。在维基百科中,元宇宙通常被用来描述未来互联网的迭代概念,由持久的、共享的、三维的虚拟空间组成,是一个可感知的虚拟宇宙。当然,这样讲非常抽象,很难理解。

在我看来,元宇宙是人类未来娱乐、社交甚至工作的数字化空间,是未来生活方式的主要载体,是一个人人都会参与的数字新世界。元宇宙融合区块链、5G、VR、AR、人工智能、物联网、大数据等前沿数字技术,让每个人都可以摆脱物理世界中现实条件的约束,从而在全新数字空间中成就更好的自我，实现自身价值的最大化。

在书中，我们将元宇宙定义为下一代互联网，也就是第三代互联网。2021年是元宇宙元年，互联网迭代升级的大幕就此拉开。在这个阶段，前沿的技术有望实现融合应用，区块链创造数字化的资产，智能合约构建智能经济体系，物联网让物理世界的现实物体向数字世界广泛映射，人工智能成为全球数字网络的智慧大脑并创造"数字人"，AR实现数字世界与物理世界的叠加，5G网络、云计算、边缘计算正在构建更加宏伟的数字新空间。

互联网又一次来到了新的关键发展节点。我相信，未来十年将是元宇宙发展的黄金十年，转型窗口期已经悄然开启。每一轮互联网的升级，必定会出现一系列全新的"杀手级应用"，也会诞生一批伟大的经济组织，创新创业的新机遇就在眼前。财富形态也会随之升级，财富的数字化成为大势所趋。元宇宙的建设和普及还将促进数字经济与实体经济实现更深层次的融合，从而助力"百行千业"全面转型升级，为实体产业开辟全新的发展空间。

元宇宙不是数字乌托邦，而是一个全真的全新数字世界，它将实现我们总结的"五大融合"：数字世界与物理世界的融合、数字经济与实体经济的融合、数字生活与社会生活的融合、数字资产与实物资产的融合、数字身份与现实身份的融合。我认为，元宇宙会让现实世界变得更美好。

元宇宙的浪潮已经来到了我们的面前，给社会经济带来了一系列变革的大机遇，这些变革又会影响我们每一个人。在本书中，我们将围绕产业、数权、组织、身份、文化、金融六大维度，通过最新的全球案例帮你理解元宇宙时代的六大趋势（见图2）。

- 趋势1：数字经济与实体经济深度融合，数字资产与实物资产孪生。
- 趋势2：数据成为核心资产，数据权利被充分保护。
- 趋势3：经济社群崛起壮大，数字贡献引发价值分配变革。
- 趋势4：重塑自我形象和身份体系，数字形象映射自我认知。
- 趋势5：数字文化大繁荣，NFT成为数字文创的价值载体。
- 趋势6：数字金融实现全球普惠，DeFi（分布式金融）加快金融服务数字化变革。

图2 元宇宙时代将带来六大趋势

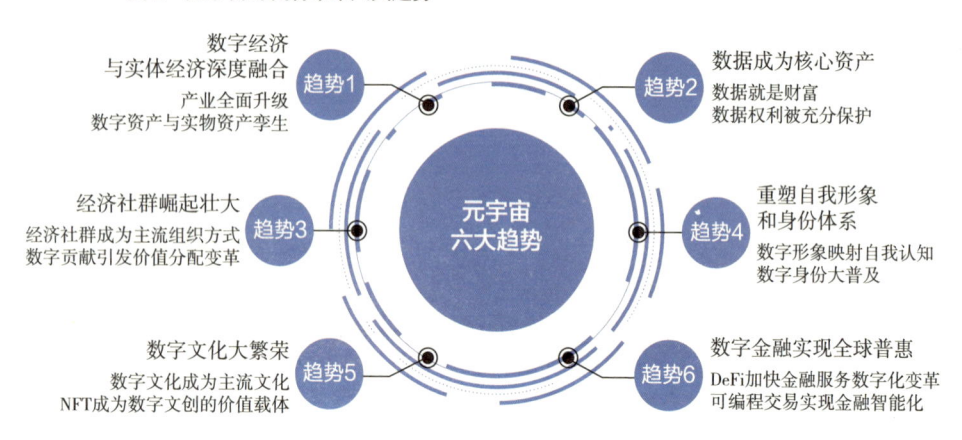

趋势1
数字经济
与实体经济深度融合
产业全面升级
数字资产与实物资产孪生

趋势2
数据成为核心资产
数据就是财富
数据权利被充分保护

趋势3
经济社群崛起壮大
经济社群成为主流组织方式
数字贡献引发价值分配变革

趋势4
重塑自我形象
和身份体系
数字形象映射自我认知
数字身份大普及

趋势5
数字文化大繁荣
数字文化成为主流文化
NFT成为数字文创的价值载体

趋势6
数字金融实现全球普惠
DeFi加快金融服务数字化变革
可编程交易实现金融智能化

元宇宙
六大趋势

在元宇宙的热潮兴起后，很多朋友问我，如何才能拥抱元宇宙的时代机遇。在我看来，当全新的变革浪潮来临时，每个人的前途命运取决于对新事物的认知，努力洞明事物的本质比急慌慌地行动更有必要。每个人都需要用大量的时间和精力进行学习和思考，以真正地理解元宇宙，特别是要打通思维层面的壁垒，掌握"元宇宙新思维＝技术思维×金融思维×社群思维×产业思维"，这样才能从容应对未来一系列新技术挑战。同时，我们在书中通过专栏的形式给出一系列具体建议，让每个人都能抓住机会，并找到适合自己的定位和方向，从而共同踏上探索元宇宙的新征程。

以上就是我的"元宇宙世界观"。威廉·吉布森（William Gibson）说过："未来已来，只是尚未流行。"我由衷地希望可以通过本书为大家展现元宇宙时代的全景，让每个人都能跟上时代步伐，并推动数字新世界的进步和发展，从而不辜负这个时代给予我们的最好礼物。

在写作本书的过程中，我得到了很多人的帮助和支持。科技部原副部长吴忠泽、中国工程院院士郑纬民和火链科技 CEO（首席执行官）袁煜明为本书写了推荐序。火大教育合伙人方军老师几乎参与了本书创作过程中的每一次讨论，对元宇宙研究和本书写作给予了全面而深刻的指导，对本书成稿有巨大贡献。李祺虹参与了本书第一章、第二章、第四章、第七章、第八章、第九章和第十一章的写作，周芳鸽参与了本书第一章、第三章、第四章、第五章、第六章和第十章的写作，张睿彬搜集整理了全书图片，并参与了附录的写作。郝智超、吴耀山、杨军、段圣明、郭凌宇、陈伯伦亦有贡献。中信出版集团财经事业部总经理朱虹、财经优品总编王宏静、策划编辑陈世明、营销编辑黄璐璐等各位老师为本书的顺利出版付出了巨大努力。没有以上各位的支持和帮助，本书不可能面世，向各位致以真诚的谢意。

于佳宁
2021 年 10 月

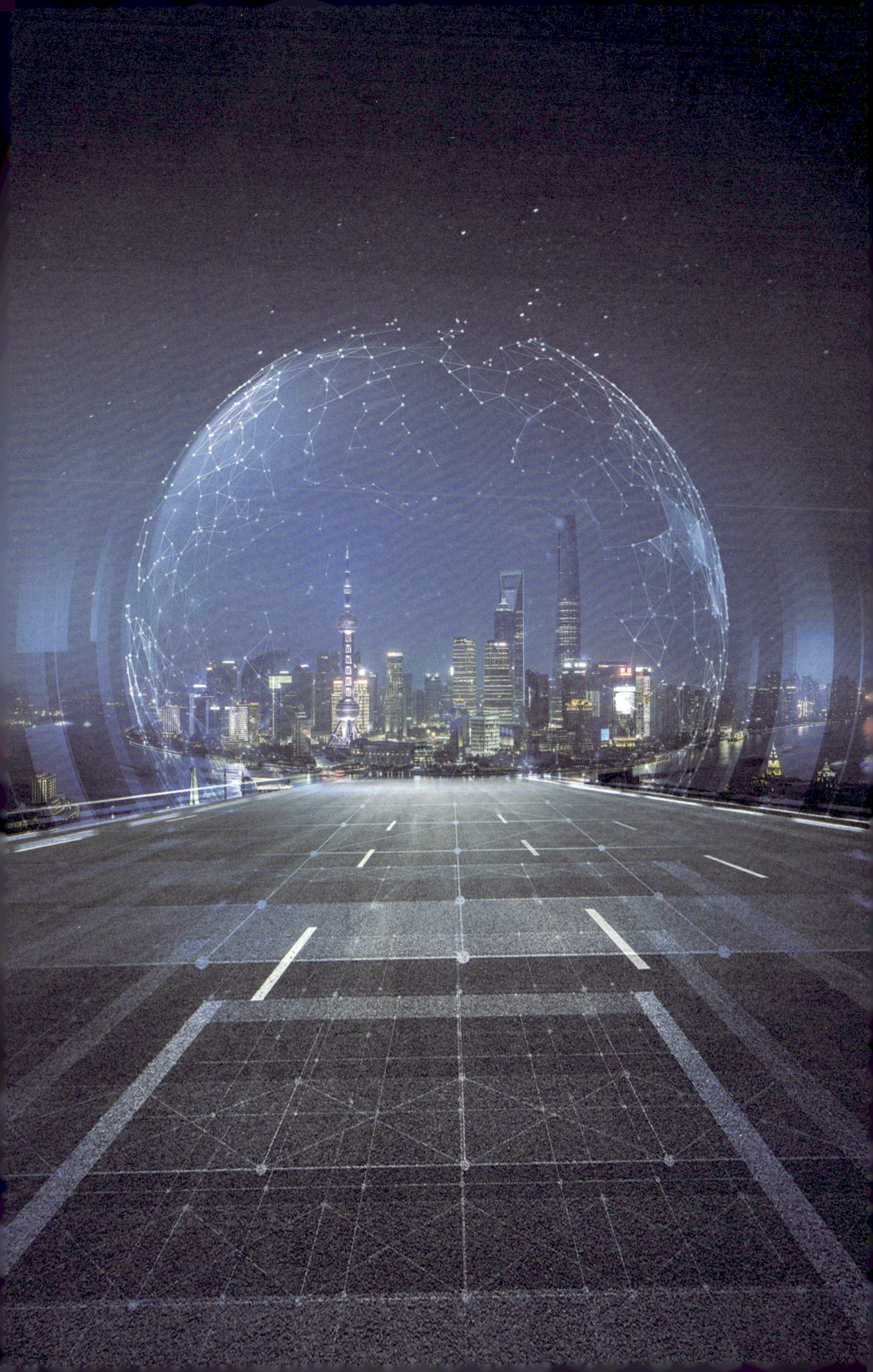

1

下一代
互联网新纪元

2020年4月，在全球疫情最严重的时刻，有一个演唱会聚集了1 230万的观众。很显然，这个演唱会不可能在线下举办，也不存在能容纳这么多人的场地。这是一场完全在数字世界中表演的演唱会，"举办地点"在Epic Games（英佩游戏）公司的大型网络游戏《堡垒之夜》（Fortnite）中。在演唱会开始的那一刻，歌曲响起，同时舞台上燃起了冲天的紫色光焰。在整个舞台被坠下的光焰砸碎的瞬间，歌手巨大的化身隆重登场。这个震撼的开场引爆了"现场"观众的热情。在演唱会过程中，巨大的歌手身影随着音乐起舞，偶尔还会瞬移到其他舞台。所有的观众都可以到歌手身边跟着音乐一起摇摆。这场只有15分钟的演唱会刷新了游戏史上最多玩家同时在线的音乐Live（现场）纪录。在那之后，类似的演唱会在《堡垒之夜》中还举办了很多场，几乎每场都吸引了全球数百万人参与观看，给身处疫情中的人们带来了全新体验。

这场演唱会有着非同寻常的历史意义。它预示着，数字空间不再仅仅是进行特定游戏的场所，在未来还可能会成为人们交流、协作、创造、工作和生活的空间。

下一代互联网的大幕已经拉开，那就是"元宇宙"。

元宇宙的起源：从《雪崩》到《头号玩家》

2020年以来，突如其来的新冠肺炎疫情让人们在物理世界中相互隔离，线下活动几近停摆，但人们在数字世界中的联系反而变得更加紧密。

在全球范围内，短视频、线上教育、新零售等新业态快速普及，各地的人们都开始习惯于在线上办公、学习、购物和娱乐。在诸如《堡垒之夜》这种强社交、沉浸式的数字世界中，参与者获得了与物理世界完全不同的体验。图1-1是美国流行歌手爱莉安娜·格兰德（Ariana Grande）在《堡垒之夜》中举办虚拟演唱会时的场景。

人们开始意识到，线上的大型数字世界并非只是游戏娱乐场所，而是未来社会交往和日常生活的新空间。在这样的大背景下，元宇宙的概念逐渐明确，并成为全球各大媒体、科技界、投资界和产业界广泛关注和讨论的新议题。

图 1-1　在《堡垒之夜》中举办的虚拟演唱会
（图片来源:《堡垒之夜》官方发布的演唱会视频花絮截图）

那么，到底什么是元宇宙？这得从美国著名科幻小说作家尼尔·斯蒂芬森（Neal Stephenson）于1992年出版的《雪崩》（*Snow Crash*）说起（见图1-2）。在这部科幻小说当中，主角阿弘通过一台特制的电脑，就能轻松进入与现实物理世界平行的另外一个世界。

阿弘电脑的顶部光滑而又平坦，只有一只广角鱼眼镜头凸出在外——这是一个抛光的玻璃半球体，覆盖着淡紫色的光学涂层……只要在人的两只眼睛前方各绘一幅稍有不同的图像，三维效果就能被营造出来。将这幅立体图像以每秒七十二次的速率进行切换，它就能活动起来。当这幅三维动态图像以两千乘两千的像素分辨率呈现出来时，它就如同肉眼所能识别的任何画面一样清晰。而一旦小小的耳机中传出立体声数字音响，一连串活动的三维画面就拥有了完美的逼真配音。所以说,阿弘并非真正身处此地。实际上,他在一个由电脑生成的世界里:电脑将这片天地描绘在他的目镜上,将声音送入他的耳机中。

阿弘的名片上留着各种联系方式:电话号码、全球语音电话定位码、邮政信箱号码、六个电子通信网络上的网址,还有一个元宇宙中的地址。

图 1-2　尼尔·斯蒂芬森在《雪崩》中首次提及元宇宙(图片来源:方军拍摄)

斯蒂芬森将这个平行于物理世界的数字世界命名为"元宇宙"。在他的描绘中，所有现实世界中的人在元宇宙中都有一个"网络分身"。数字世界主干道灯火通明，可容纳数百万人的"网络分身"在街上往来穿行。

在小说出版的 1992 年，互联网还只是一个襁褓中的婴儿。就在这一年，万维网（WWW）创始人蒂姆·伯纳斯-李（Tim Berners-Lee）将一张由欧洲物理界 4 名女性组成的乐队合影传到了网上，这张合影成为第一张在互联网上的照片。当时的计算机处理和网络传输速度，根本无法在网络上搭建一个元宇宙数字世界。

不过，暂时的技术限制并没有阻止人们对元宇宙的想象，比如另外一个"名场面"，相信很多读者有着深刻的印象。

2045 年，韦德·沃兹（Wade Watts）是住在阴沉沉的俄亥俄州贫民区斯泰克斯（The Stacks）的孤儿，这里有很多"摩天楼"——实际上只是许多层层叠起的杂乱无章的移动房屋。但韦德对物理世界的生活条件并不在意，他一回到家就戴上了 VR 头显等一系列装备，进入数字世界"绿洲"（Oasis）中寻求慰藉。

"绿洲"有着自己独立的社会经济运行体系，玩家能为自己设计全新且独特的数字形象。韦德在绿洲中华丽变身，成为一个名叫帕西法尔（Parzival）的蓝白皮肤男孩，在数字世界里攀登珠穆朗玛峰，开着改装车在曼哈顿飙车，历险寻找宝藏。其他的人也和韦德一样沉迷在"绿洲"中，仿佛在这个世界里活出了第二生命，也仿佛物理世界中的混乱并不存在。

这是著名导演史蒂文·斯皮尔伯格（Steven Allan Spielberg）执导的科幻冒险电影《头号玩家》（*Ready Player One*）中的场景，该电影更具象化地向我们展示了元宇宙的可能未来（见图 1-3）。

图 1-3 《头号玩家》描绘了元宇宙"绿洲"中的故事（图片来源：华纳兄弟）

"绿洲"也是一个巨大的"博物馆"，每个人都可以在这里读到、看到、听到、触到、玩到世界上的任何一本书、任何一部影视剧、任何一首歌、任何一件艺术品、任何一款游戏。每天都有数十亿人在"绿洲"中娱乐，他们全部生活在这个规模巨大且还在不断延展的无限世界里。有些人在其中相识，成为挚友，甚至结婚，但他们在物理世界中可能根本没有见过面。人们与他们的"数字形象"越发融为一体。在数字世界里流通的"绿洲币"也能够和物理世界的货币兑换。

从《雪崩》到《头号玩家》,再到 2021 年 8 月上映的电影《失控玩家》(Free Guy),这些文艺作品用科幻的方式,为我们描绘了一个可以满足参与者无穷想象的全新数字化空间,让人十分向往。它们也点燃了全世界无数极客天才创造元宇宙的梦想,也正是这些人的努力使元宇宙得以一步步走出科幻,使梦想照进现实。那么,我们距离元宇宙还有多远呢?

为什么 Facebook 和腾讯都在布局元宇宙

如果你关注科技新闻,那么你一定感受到了目前头部互联网公司对元宇宙的巨大热情。Facebook 是第一家将元宇宙提升到核心战略级别的互联网科技巨头。

Facebook 创始人兼 CEO 马克·扎克伯格(Mark Zuckerberg)在 2021 年 6 月底接受科技媒体专访时表示,Facebook 的未来规划远不仅是社交媒体,而是元宇宙。他计划用 5 年左右的时间将 Facebook 打造为一家元宇宙公司(见图 1-4)。

图1-4　扎克伯格运用VR技术在虚拟空间中接受记者采访
　　　（图片来源：哥伦比亚广播公司）

为什么互联网巨头里抢先布局元宇宙的会是Facebook？我们得从扎克伯格对互联网的愿景说起。扎克伯格曾经在一封信中写道："让世界上每个人都互相联系，让每个人都能够发表自己的意见，为改造世界做出贡献是一个巨大的需求和机遇。""联通世界"是他创建Facebook的初衷：希望人们通过互联网真正连接在一起，希望更多的人通过网络找到志同道合的朋友，希望朋友之间和家人之间更为亲密。

随着移动互联网时代的到来，Facebook进行了新的布局。在扎克伯格看来，智能手机等移动设备的普及将使手机聊天和手机照片分享等功能成为新一代社交的主要需求。2012年4月，Facebook以10亿美元的价格收购了当时仅有13名员工的图片社交应用

Instagram，又在 2014 年 2 月以 160 亿美元的价格收购了即时通信工具 WhatsApp。这两次收购让 Facebook 在移动互联网时代的网络效应进一步强化。截至 2021 年 6 月 30 日，Facebook 的全球月度活跃用户人数为 29 亿，超过全球总人口数的 1/3。

在这之后，互联网的下一代在何方？扎克伯格把元宇宙看作移动互联网的继任者。"今天的移动互联网已能满足人们从起床到睡觉的各种需求。因此，我认为元宇宙的首要目的不是让人们更多地参与互联网，而是让人们更自然地参与互联网，"扎克伯格曾描绘道，"我认为元宇宙不止涵盖游戏。这是一个持久的、同步的环境，我们可以待在一起，这可能会像我们今天看到的社交平台的某种混合体，也是一个能让你沉浸其中的环境。"

2014 年 1 月，扎克伯格造访了彼时成立不到两年的虚拟现实公司 Oculus。当第一次戴上 Oculus Rift 这款 VR 头显设备时，他说了一句话："你要知道，这就是未来。" 2014 年，Facebook 以 23 亿美元收购了 Oculus，并在 VR 业务上持续投入了大量研发费用。近几年，研发费用已经达到每年 185 亿美元的水平。Oculus 现在已经成为 VR 领域的全球领军企业，其消费级核心产品 Quest 系列 VR 头显设备通过技术的升级，使价格从 399 美元一路下调至 299 美元，市场份额达到 75%，并出现了诸如《节奏光剑》（Beat Saber）这种现象级的 VR 应用（见图 1-5）。Oculus 已经成为 Facebook 布局元宇宙最重要的一张"船票"。

图 1-5 现象级 VR 游戏《节奏光剑》（图片来源：Beat Games）

除 Facebook 之外，中国互联网公司也开始了对元宇宙的探索和布局。2020 年 12 月，腾讯出品了年度特刊《三观》，马化腾在前言中首次提出了"全真互联网"的概念，并强调"全真互联网"是腾讯下一场必须打赢的战役。

马化腾认为："虚拟世界和真实世界的大门已经打开，无论是从虚到实，还是由实入虚，都在致力于帮助用户实现更真实的体验。从消费互联网到产业互联网，应用场景也已打开。通信、社交在视频化，视频会议、直播崛起，游戏也在云化。随着 VR 等新技术、新的硬件和软件在各种不同场景的推动，我相信又一场大洗牌即将开始。就像移动互联网转型一样，上不了船的人将逐渐落伍。"

我们可以看到，"全真互联网"与元宇宙的思路非常类似。但不同于 Facebook 在 VR 设备和生态领域的深耕，腾讯选择另一条通往元宇宙的道路：从游戏出发。2021 年，腾讯的游戏核心开发团队天美工作室宣布在北美新建多家工作室，其招聘信息显示，目前正在开发一款开放世界游戏，画风偏向于写实风格，"电影《头号玩家》中的绿洲式虚拟社区是比较远期的对标方向"。

2019 年 5 月，腾讯宣布与元宇宙代表企业 Roblox（罗布乐思）合作成立其中国公司。2020 年 2 月，Roblox 完成 1.5 亿美元的 G 轮融资，腾讯也参与其中。在第二章中，我们还将详细分析 Roblox 这家公司的元宇宙探索之路。

除 Roblox 之外，腾讯还是另外一家元宇宙领域热门公司 Epic Games 的大股东。2012 年，腾讯以 3.3 亿美元收购了 Epic Games 48.4% 的已发行股份。本章开头提到的《堡垒之夜》就是其拳头产品。《堡垒之夜》是 2017 年 Epic Games 推出的大型逃生类游戏，在不断迭代升级之后，逐渐成为一个超越游戏的虚拟世界，显现出元宇宙的部分特质。在这里，漫威公司和 DC 漫画公司的经典角色可以混搭出现，《星球大战》最新电影片段也抢先进行首映，甚至 Epic Games 还与时尚品牌 Air Jordan（简称 AJ）联动，将 AJ 球鞋带到了游戏之中。截至 2020 年 5 月，全球有 3.5 亿《堡垒之夜》玩家，这里甚至逐渐成为玩家的社交平台。Epic Games 已经正式进军元宇宙，在 2021 年 4 月宣布获得 10 亿美元投资，用于构建元宇宙相关业务。

Epic Games 的业务包括两大部分：一方面，通过《堡垒之夜》为个人提供游戏服务；另一方面，开发虚幻引擎（unreal engine）。该引擎号称是世界上最开放、最先进的实时 3D 创建平台，可提供逼真的视觉效果和身临其境的体验，可为游戏、建筑、影视等需要物理渲染数字画面的行业提供企业级服务。虚幻引擎为《堡垒之夜》的持续扩展提供了通用框架，让那些使用该引擎开发并在 Epic Games Store（应用商店）上线的游戏集合成一个整体，玩家在《堡垒之夜》中设定的数字分身形象可以在该集合体中任意"穿梭"。Epic Games 希望打破游戏的围墙花园，支持游戏开发者一起构建出新的生态。该公司正在构造一个极为庞大的数字空间，这不仅是游戏的空间，也是社交和生活的空间。

一直以来，苹果公司对 App Store（苹果应用程序商店）上所有应用产生的每笔收入都会抽取 30% 的费用，这被称为"苹果税"。《堡垒之夜》因绕过苹果公司的支付系统，让用户在游戏中直接付费，结果被下架。2020 年 8 月，Epic Games 起诉苹果，质疑苹果的这些政策是市场垄断的表现。2021 年 9 月中旬，美国法官对这起案件做出裁决，要求苹果公司允许 App 开发者将用户引导至第三方支付系统，从 12 月 9 日起正式实施。在这份长达 185 页的判决书中，"元宇宙"一词出现了 17 次，并且一些证人的证词指出，《堡垒之夜》不仅仅是一款电子游戏，更是一个元宇宙。

Epic Games 的虚幻引擎应用场景已经大大扩展。美剧《曼达洛人》(*The Mandalorian*)的拍摄就抛弃了传统的绿幕，采用了 Epic Games 和工业光魔公司（Industrial Light & Magic）合作开发的 StageCraft 实时 3D 投影技术，可以在影视制作现场模拟出真实的环境，从而产生惊人的视觉效果（见图 1-6）。这让剧组不再需要奔波于全球各地寻找取景地，演员也无须仅仅依靠想象进行表演。

元宇宙就是第三代互联网

我们该如何定义元宇宙？维基百科对元宇宙的定义是，"元宇宙是集体的虚拟共享空间，包含所有的虚拟世界和互联网，或许包含现实世界的衍生物，但不同于增强现实。元宇宙通常被用来描述未来互联网的迭代概念，由持久的、共享的、三维的虚拟空间组成，并连接成一个可感知的虚拟宇宙"。

这是否就是大家所认知的元宇宙呢？其实，由于元宇宙还处于早期阶段，科技、商业、投资等行业人士从他们自己的角度出发，对元宇宙有着不同的理解。

扎克伯格认为，元宇宙是移动互联网的继任者，那将会是一个永续的、实时的且无准入限制的环境，用户能够用所有不同的设备访问。他认为："在那里，你不只是观看内容，你整个人还身在其中。"

Roblox 联合创始人及 CEO 大卫·巴斯祖基（David Baszucki）认为，元宇宙是一个人们可以花大量时间工作、学习和娱乐的虚拟空间。他认为："将来，Roblox 的用户不仅能够在平台上读到关于古罗马的书籍，还可以参观在元宇宙中重建的历史名城，在城里闲逛。"

在耐克技术创新全球总监埃里克·雷德蒙（Eric Redmond）看来，元宇宙跨越了现实和虚拟现实之间的物理和数字鸿沟。

《人工智能研究杂志》(*The AI Journal*) 创始人汤姆·艾伦（Tom

图 1-6 《曼达洛人》拍摄现场使用了基于虚幻引擎的实时 3D 投影技术
（图片来源：工业光魔公司）

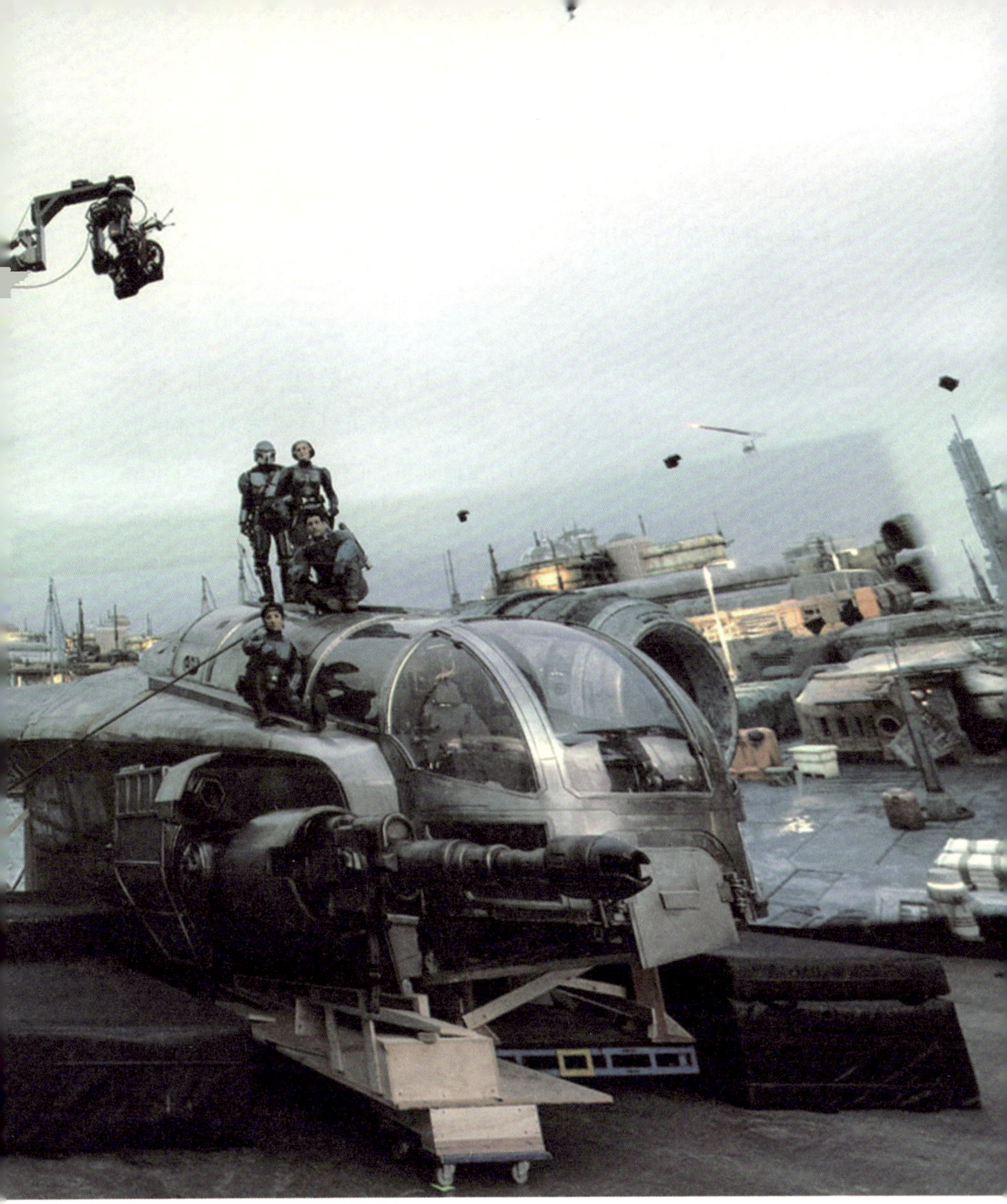

Allen）则表示，元宇宙是一个呈指数级增长的虚拟世界，人们可以在其中创造自己的世界，以他们认为的合适方式应用物理世界的经验和知识。

在我们看来，元宇宙是承载人类未来生活方式的数字新空间，是一个人人都会参与的数字新世界，让每个人都可以摆脱物理世界中现实条件的约束，从而在数字空间中成就更好的自我，实现自身价值的最大化。元宇宙是区块链、人工智能、5G、VR、AR、物联网、大数据、云计算、边缘计算等前沿数字技术的集成应用。

我们也可以给元宇宙下一个更简单的定义：元宇宙就是下一代互联网，也就是第三代互联网。

我们可以把过去 25 年互联网的发展历程视作池塘水面上的涟漪一圈圈往外扩散的过程，每一次互联网的发展迭代都是依靠技术创新推动应用场景范围一圈圈往外扩展的，进而助推社会经济向更高层次迈进。基于这个逻辑，我们可以把互联网分为三个发展阶段（见图 1-7）。

图 1-7　互联网的三个发展阶段

第一代互联网（Web 1.0）是 PC（个人计算机）互联网，从 1994年发展至今。第一代互联网的优势在于高效地传输信息，因此网络新闻、在线搜索、电子邮件、即时通信、电子商务、彩信彩铃、客户端和网页游戏等应用普及，互联网用户被迅速连接起来，从而提升了全球信息传输的效率，降低了信息获取的门槛。这一阶段的代表公司包括雅虎、美国在线、谷歌、亚马逊、新浪、搜狐、网易、腾讯、百度、阿里巴巴、京东等。

第二代互联网（Web 2.0）是移动互联网，从 2008 年左右拉开大幕，到今天仍然精彩纷呈。智能手机具备"永远在线"和"随时随地"的特点，这让移动互联网成为很多人生活的重要组成部分。"上网"这个概念在这个阶段逐步消失，我们时刻都生活在网络里。社交关系被大量地引入互联网，更多的新社交关系被建立。智能手机让各类传感器开始普及，让物理世界加速映射到互联网实现数字化，同时也让互联网上的各种服务能够应用到社会生活中，线上（online）和线下（offline）开始紧密地交互。社交网络、O2O 服务（线上到线下服务）、手机游戏、短视频、网络直播、信息流服务、应用分发和互联网金融等移动互联网服务成为主流。在这一阶段，苹果公司、Facebook、爱彼迎、优步、小米、字节跳动、滴滴、美团、蚂蚁金服、拼多多和快手等迅速崛起，成为各自领域的领军企业。

我们认为，第三代互联网（Web 3.0）就是元宇宙。2021 年是元宇宙元年，新一轮互联网迭代升级的大幕就此拉开。我们将看到一系列新变化：区块链让数据成为资产，智能合约打造可编程的智能经济体系，人工智能构建全球智慧大脑并创造"数字人"，物联网让物理世界的现实物体向数字空间广泛映射，AR 实现了数字世界与物理世界的叠加，5G 网络、云计算、边缘计算正在构建更加宏伟的数字新空间。这个发展阶段也同样会出现一系列全新的"杀手级应用"，诞生一批伟大的新型经济组织（而非垄断巨头企业）。

元宇宙的本质特征是五大融合

在我们看来，元宇宙的本质特征是五大融合：数字世界与物理世界的融合、数字经济与实体经济的融合、数字生活与社会生活的融合、数字资产与实物资产的融合、数字身份与现实身份的融合（见图 1-8）。元宇宙并非只是"虚拟空间"，发展元宇宙的关键是"融合"。

数字世界与物理世界的融合

开放世界游戏可以被视作元宇宙"数字世界"的雏形。在过去十年中，大型开放世界游戏逐步成为电子娱乐产业发展的重点，这些游

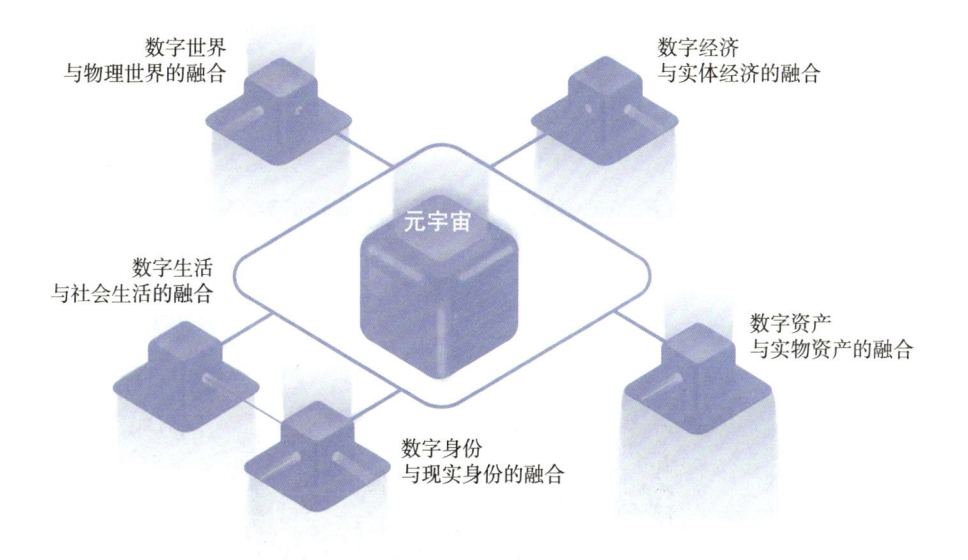

图 1-8　元宇宙的本质特征是五大融合

戏具备任务的非线性化、可自由探索的大型地图、高度智能强交互的 NPC（非玩家角色）等一系列特点，每个玩家都可以在这些游戏中找到自己个性化的游玩方式。

在《塞尔达传说：旷野之息》（The Legend of Zelda: Breath of the Wild）中，许多玩家热衷于探索套装风格多样化的升级方式，挑战各具特点的怪兽，尝试各类食材的不同料理方式，以至选择放弃"营救公主"的主线剧情。《上古卷轴5：天际》（The Elder Scrolls V: Skyrim）和《巫师3：狂猎》（The Witcher 3: Wild Hunt）也具有自由度极高的游戏体验，给予玩家定制化的角色、自由的职业搭配、多结局的剧情选择（见图1-9）。我们看到，在大型开放世界游戏中，游戏仅仅是一个背景，玩家可以充分自主地找到属于自己的独特经历，这与元宇宙带给用户的体验殊途同归。

图1-9　大型开放世界游戏《巫师3：狂猎》给玩家极大的游玩自由度
　　　（图片来源：CD Projekt）

和这些游戏相比，元宇宙数字空间的一个新的重要特点是具备"永续性"，这也就意味着，这个数字世界可以跟物理世界一样持续地存在下去，并逐步演进出更高阶的形态。元宇宙不会是由一家或几家公司控制的"中心化"世界，无论是元宇宙自身，还是用户在数字空间拥有的数据和资产，都将基于分布式存储体系实现永续保存，不会被随意地修改或者删除。

元宇宙不仅仅是数字世界，而是让数字世界和物理世界实现强交互、深融合。正因为如此，它才能推动互联网和社会经济向更高层次进步。数字世界如果不能给现实世界带来价值，就不会有太大的发展空间。

2020 年，Facebook 的 Oculus 发布了一款基于 VR 的 Horizon 应用，用户可以在其中创建一个会议室并召开远程会议。我（作者于佳宁）有一台 Oculus Quest 2 的 VR 头显设备，曾尝试在 Horizon Workroom 中搭建一个会议室，这种在数字世界的互动交流体验远超我的想象。在物理世界中，每个参会者身处不同的城市。在元宇宙的会议室中，参会者可以获得超越现实的交流体验。比如，在会议中，一位同事的"数字化身"坐在我的左边，当他和我说话时，我能清楚地感知到声音是从我的左侧传来的，甚至还可以看到他的肢体语言。尽管目前的场景还不够精细，有些简陋，甚至参会者只能漂浮在半空中，但参会的感觉与当前在线会议工具的 2D 版体验非常不同。一场会议下来，我对每个人的观点都很有印象，甚至能感受到真实的情感交流。每个人虽然都"远在天边"，但是在数字空间中"近在眼前"。这就是数字空间与物理空间融合带来的改变。

那么，元宇宙如何实现数字世界与物理世界的融合呢？我们可以将其拆分为"从物理世界到数字世界"和"从数字世界到物理世界"两个层次。

"从物理世界到数字世界"可以理解为"数字孪生"。比如，随着 3D 扫描技术的逐步成熟，我们可以对物理世界的对象进行 3D 快速建模，以实现这种转变。目前，这项技术已较为成熟，甚至连 iPhone 12（或 13）Pro 等搭载的 LiDAR（激光雷达）都可以对一个物理物体或场景进行快速扫描和建模,并生成 3D 数字模型。数字孪生还能应用于智慧城市和智能制造等诸多场景。想象一下,我们在为一座城市构建出数字孪生体后,就可以将这座城市完全接入元宇宙,让来自全球的人们在这个数字城市中尽情探索和创造。

随着科技的发展,第二个层次的"从数字世界到物理世界"也逐步成为现实。随着 AR 技术的发展,诸如微软 HoloLens、谷歌眼镜、Magic Leap 和 DigiLens 等 AR 眼镜设备已经开始在一些产业中应用。在这些设备的帮助下,数字世界和物理世界可以融合在一起,使用者可以同时与两个世界的元素进行交互(见图 1-10)。此外,无人机、智能机器人和机械外骨骼等设备的发展,也为数字世界和物理世界强交互提供了技术保障。例如,在出现灾难事故的时候,我们可以在元宇宙中基于数字孪生体对受灾现场进行快速的全面分析,并通过程序直接调用各类无人机、机器人参与到抢修和救灾活动中。据报道,上海电网公司应用无人机喷火清理挂在高压线上的塑料膜,而传统方法需要人工登塔清理,不仅耗时长,而且风险较大。在 2021 年河南特大暴雨灾害期间,就有不少水面救生机器人、"翼龙"无人机等新型智能设备参与水面救生、灾害探查、应急通信保障和应急投送等任务。

随着技术的逐步成熟,"从物理世界到数字世界"和"从数字世界到物理世界"的路径逐步畅通,两个世界可以实现共建共生。例如,敦煌文博会场馆建设全程采用全 3D 数字化并行工程设计,大面积推广以标准化设计、信息化管理、智能化应用为核心的装配式

图 1-10　AR 技术让"从数字世界到物理世界"逐步成为现实
（图片来源：视觉中国）

建筑，仅用了 8 个月时间就建造完成。由于敦煌大剧院的音响、灯光都预先在数字空间中建造了仿真模型，并做了大量的声学分析、计算、仿真，所以如此大型的公共建筑才能快速建设。未来在元宇宙中，类似的模式将很常见。元宇宙不是数字乌托邦，而是可以让现实社会变得更美好并赋能实体经济的下一代互联网。

数字经济与实体经济的融合

彭博行业研究（Bloomberg Intelligence）预计，全球元宇宙市场规模将在 2024 年达到 8 000 亿美元。[①] 根据长期研究元宇宙的风险投资家马修·鲍尔的观点，元宇宙需要形成一个完全成熟的经济体。除了刚才提到的信息交互，元宇宙也会实现数字世界与物理世界在经济层面的互通，从而形成一套高度数字化、智能化的完整闭环经济体系，实现数字经济与实体经济的融合。

元宇宙中更高层次的数字经济，也就是元宇宙经济，主要有以下四大特征。

第一，智能经济。智能经济是基于区块链和智能合约的一种新经济范式。区块链是协作协议和结算网络。基于区块链的智能合约，人与人（含"数字人"）、人与物甚至物与物都可以轻易实现自动化、

---

① Bloomberg Technology. Investing in the "Metaverse" [EB/OL]. 2021-07-02 [2021-09-01]. https://www.youtube.com/watch?v=k8USncWsHIo.

可信化的经济协作。除此之外,区块链还可以用原子交换(atomic swap)的方式,在数字世界实现"一手交钱,一手交货"(也就是货银对付,delivery versus payment,缩写为DVP),无须第三方机构作为信用中介提供担保。双方也不会面临信用风险,从而大大降低交易成本。

第二,普惠经济。新冠肺炎疫情在很大程度上改变了世界经济格局,使世界出现了严重的"内卷化"。而元宇宙将有望打破内卷化的发展模式,给予年轻人更多新的机遇,从而加快实现互利共赢、共同发展、共同富裕。此外,元宇宙也能让经济欠发达区域甚至国家找到新的发展空间,从而推动构建人类命运共同体。例如,在疫情期间,很多菲律宾人就通过区块链游戏元宇宙 Axie Infinity 获得了不错的收入。此外,在元宇宙中,"数字金融"将成为主流,可以让各国民众享受到低门槛、低成本、高效率的智能化金融服务,从而提高金融服务的可得性和便利性,促进经济实现包容性增长。

第三,创意经济。元宇宙的重要组成部分是数字内容,元宇宙是由创作者驱动的世界。用户不再是单纯的数字内容消费者,而是内容的创作者和传播者,从而形成一种基于 Prosumer(消费者即生产者)社群文化的发展模式。例如,Roblox 上的开发者收益总额在 2021 年第一季度就已接近 1.2 亿美元,同比增长 167%。[1] 创意经

---

[1] Roblox. Roblox Reports First Quarter 2021 Financial Results[EB/OL]. 2021-05-10[2021-09-01]. https://ir.roblox.com/news/news-details/2021/Roblox-Reports-First-Quarter-2021-Financial-Results/default.aspx.

济兼具商业和文化双重价值，不仅能刺激元宇宙经济增长，还能带来数字文化大繁荣。此外，在数字世界中，原生数字文创的价值将逐渐被社会认同，NFT 成为元宇宙中数字文创产品的价值载体。

第四，数据经济。数据经济的本质是，让现实世界中的物理交易变成数据的流动。在元宇宙中，从"数字土地"、道具装备到算法模型、数据资源，都可以形成有价值的数字资产，并在市场中流转形成公允价值。数据在元宇宙中上链并实现市场化配置，可以实现价值最大化，从而成为元宇宙中最重要的资产和生产要素。

在元宇宙时代，我们需要将数字经济与实体经济相结合。元宇宙中的原生经济形态就是数字经济，但无论元宇宙如何发展，其发展成果都必须以促进实体经济发展为目标。元宇宙最关键的应用场景是产业场景。在元宇宙中，身处世界各地的人们可以高效沟通协作，全面联网的智能设备将有效联动，产业链协作将变得更加透明高效。资产上链有望成为主流商业模式，可以促进数字资产和实物资产的融合"孪生"，全面提升资产流动性和价值。元宇宙将推动整个经济体系加快向数字化、智能化转型升级，实现技术变革、组织变革和效率变革，从而推动构建全新的数字化经济体系。

数字生活与社会生活的融合

在元宇宙数字世界中，试错成本极低，每个人都能把自己的奇思妙想进行实践，从而打破现实条件的约束，尝试过上梦想中的人生。元宇宙的数字世界是为所有人打开"平行世界"的一道传送门，每个人都可以充分利用数字世界的优势，尽情发挥想象力，探索这个世界的无限可能。这将是满足人们对美好生活热切向往的重要方式。例如，我们在 Decentraland 甚至可以体验乘龙飞行（见图1-11）。

近年来，模拟游戏、沙盒游戏越发受到广大玩家喜爱。这些游戏为玩家发挥创意、实践畅想提供了广阔天地。例如，《模拟城市》（Sim City）可以让玩家获得真实的城市管理体验。玩家可以将物理世界中城市的布局、交通、能源等数据输入游戏系统，在游戏中进行低成本的优化测试，再将测试的成果反馈到现实城市的管理实践中，因此这款游戏在热心城市管理和规划的人群中非常流行。再如，在《模拟人生》（The Sims）中，玩家从婴儿开始一步一步成长，可以尽情体验不同人生的成长过程；建筑师还可以使用其中的建筑编辑器功能快速设计房屋，验证想象中的建筑。

沙盒游戏的核心特点是，具有创造性，并以极高的自由度给予玩家充分施展拳脚的空间，让每个人都能基于自己的想法打造一个奇妙世界。在《我的世界》（Minecraft）中，玩家可以依据自身的喜好选择生存、创造、冒险、极限或者旁观模式：既可以选择打怪冒险，也可以选择构建属于自己的宏伟建筑。尽管像素风格的画面看起来比较粗糙，但这并未影响《我的世界》成为全球最受欢迎的游戏之一。截至 2021 年 5 月，《我的世界》全球销量达到 2.38 亿

图 1-11　Decentraland 中火爆的小游戏《神龙冲刺》（DragonRush），作者于佳宁并列第一（图片来源：Decentraland）

份，月活跃用户达到 1.4 亿。《我的世界》也是 2020 年在视频网站 YouTube 上被观看次数最多的游戏，其观看次数超过 2 000 亿次。①

这些游戏让玩家充分获得数字生活体验的自主权，这实际上展现了数字生活方式的精神内核，也是元宇宙中生活方式的雏形。但要想真正过上数字生活，仅靠键盘、鼠标或屏幕点触等方式与数字世界进行交互是不够的，数字生活也不可能仅仅局限在游戏中。在元宇宙时代，使用 VR、AR、MR（混合现实）设备，以及带有触觉、嗅觉甚至味觉的体感设备模拟五感，达到真正沉浸式的全身交互体验，是实现数字生活的必要前提。

TeamLab 的数字光影展基于数字技术在线下打造了极为梦幻的数字体验环境，我们曾专门组团去东京参观（见图 1-12）。观众身处其中，可以通过视觉、听觉、嗅觉、味觉、触觉等"全感官"沉浸式体验一个奇妙的世界。比如，在"涂鸦自然"作品展中，参观者站在原地不动，就可以感受到花朵在身边绽放，领略四季变换的神奇。在"小人儿所居住的桌子"的展览中，人们可以和数字小人儿互动，通过放置不同物品让它们跳跃或滑行以躲避障碍，如果它们走到了桌面中间的太阳那里，很多闪烁的星星就会出现。TeamLab 在北京、上海、澳门、台北、东京、新加坡、纽约等全球很多城市都有长期展览，受到了很多观众欢迎和喜爱。

---

① Minecraft. Minecraft Franchise Fact Sheet[R/OL]．2021-04-02[2021-09-01]．https://news.xbox.com/en-us/wp-content/uploads/sites/2/2021/04/Minecraft-Franchise-Fact-Sheet_April-2021.pdf.

图 1-12 TeamLab 利用数字技术在现实中营造的梦幻世界
（图片来源：TeamLab）

当然，尽管数字生活有诸多美好之处，但实际上，完全生活在数字世界非常不现实，甚至可能是一种非常"孤独"的体验。哔哩哔哩上一位叫作"闪现萝卜"的 UP 主就曾尝试戴着 VR 头显设备吃喝拉撒睡并连续生活了 5 天（120 个小时），他将这段经历制作成视频记录了下来。在数字世界里，他可以打游戏、上网课、写论文、社交，甚至可以来一次登月圆梦之旅。然而，在一开始的激情退却后，随着他在数字世界中生活的时间越来越长，副作用也开始显现。他在白天开始放空，在晚上又无法入睡，无比怀念户外的阳光、花香和草地。在视频的最后，他摘下 VR 头显设备，奔向附近的公园，张开双臂，让拂晓的阳光洒满整个身体。他感叹："科技的发展总让人觉得没有什么是不能被复制和模仿的，但就在此刻，我终于明白，有些东西是永远无法替代的。"

科技的发展能持续带给人们新奇，数字生活能给人们带来一种全新的体验，但来自社会生活的真实感受和体验永远不可或缺，两者只有融合，才能满足人们更高层次的精神需求。

数字资产与实物资产的融合

高效且可靠地转移价值的能力是现代金融的核心。在元宇宙中，区块链技术既可以让数字资产实现确权、流转并确保资产安全，也可以使元宇宙中的数字经济活动积累并形成大量数字财富。区块链上的数字资产——通证（token）——将成为连接元宇宙物理世界和数字世界的资产桥梁,这些数字资产与 DeFi 相结合,能让资产的流动性大大提升,从而真正激活资产价值。

NFT 将成为契合元宇宙经济的重要资产类别。每个 NFT 都是独一无二、不可分割的,其利用区块链技术发行,具有权属清晰、数量透明、转让留痕等特征。从 2021 年年初开始,NFT 开始爆发。2021 年 8 月,时尚品牌 LV(路易威登)推出一款手机游戏,其中的彩蛋就是 LV 限定的 NFT 数字收藏品(见图 1-13)。

图 1-13　LV 推出的手机游戏内嵌 NFT 数字收藏品
(图片来源: Louis Vuitton Malletier)

NFT 作为通证的非同质化形态,成为赋能万物的"价值机器",将成为产业区块链的新载体。未来,万物皆可 NFT。另外,大量资产会以证券型通证(ST)的方式映射到元宇宙中。资产上链并在数字世界实现价值流转与增值,这可以极大地提升资产的流动性和交易范围,降低交易成本和门槛,为资产扩展更大的价值空间。

数字身份与现实身份的融合

要想在元宇宙中生存,数字身份不可或缺。数字身份也会逐步与现实身份相融合,形成统一的新型身份体系,构建元宇宙中的数字信用。

在生活中,数字身份已有雏形。例如,很多中国的 App 或者小程序支持用微信账号、QQ 账号或支付宝账号授权登录,一些国际上的网站支持用谷歌账号、Facebook 账号或苹果账号授权登录,这些都是数字身份的雏形。但是,以上这些数字身份体系具有高度中心化的特点,实际上是让我们以失去对自己身份的控制权为代价换取些许便利。

在新冠肺炎疫情暴发后,被广泛使用的"健康码"也是一种动态的数字身份标识。较之静态的身份证,健康码可以更加全面准确地反映个人的身份、行程、健康等一系列状况。在各省的健康码中,广东的粤康码很有特色。在符合内地和澳门两地个人隐私保护相关法规要求(两地的个人数据不能直接跨境传输互换)的情况下,粤康码利用区块链和隐私计算技术,与澳门健康码实现了跨境互认,让"应用跨境而数据不跨境"成为现实,从而形成了一种通用型的数字身份验证新模式。这让我们看到，在元宇宙中，数字身份彻底实现跨平台互通、互认是完全可能的。

元宇宙中的数字身份将建立在区块链之上，数字身份与现实身份可实现融合统一。基于区块链的数字身份，不仅可以确保身份由所有者完全掌控，而且可以确保身份安全，从而提升数字身份的可信程度，避免伪造、冒用、盗窃身份，有效保护隐私，实现身份可验而不可见。

在数字身份体系中，隐私计算技术也发挥着基石性作用。隐私计算可以在多方利用个人数据的过程中增强对数据的保护，从而实现最小化信息披露，让数据"可用而不可见"。在"区块链＋隐私计算"所搭建的生态里，每个人都可以基于数字身份拥有自己的数据权益，在保护个人隐私的同时充分释放数据价值。

在瑞士楚格市，人们已经在使用基于以太坊区块链的 uPort 管理和验证个人数字身份。居民可以下载 uPort 应用程序并创建身份，将对应的唯一私钥保存在移动设备上，同时在以太坊区块链上运行身份合约和控制合约两个智能合约。uPort 的用户可以向特定的公司或者政府机构有选择地披露特定信息。用户如果丢失存有私钥的移动设备，那么可以通过以太坊上的控制合约恢复身份。

在物理世界中，很多人会通过服饰、手表、汽车等物品来展现自己的品位和实力，这其实是一种对外显示身份的方式。在数字世界中，以 NFT 形式存在的艺术品、收藏品将会成为数字身份的外在表现。比如，一些头像 NFT 虽然看起来就是电子图片，但实际上却是持有者展现自我认知的媒介。在元宇宙时代，每个人都会拥有自己的数字形象，并用这个形象参与元宇宙中的各种活动。数字形象与区块链上的身份标识共同组成元宇宙中的数字身份。基于数字身份，我们可以在区块链上将身份、资产、数据统一。全部数字资产基于数字身份管理，可以有效确保资产安全。

未来，你在元宇宙中的一天

我们一起来展望十年后阿弘在元宇宙中一天的生活。

阿弘生活在 2031 年。一天上午，吃完早饭后，他去上班，但是他并不需要离开家，而是通过 VR 设备接入元宇宙中的办公室并开始一天的工作。阿弘虽然是"远程办公"，但可以和同事在元宇宙中实现"面对面"的交流，沟通非常顺畅（见图 1-14）。今天，他的工作内容是去海外工厂进行巡检，并与合作伙伴签订一份专利购买合同。

9:00，在和同事开过"面对面"的早会之后，阿弘使用 VR 头显设

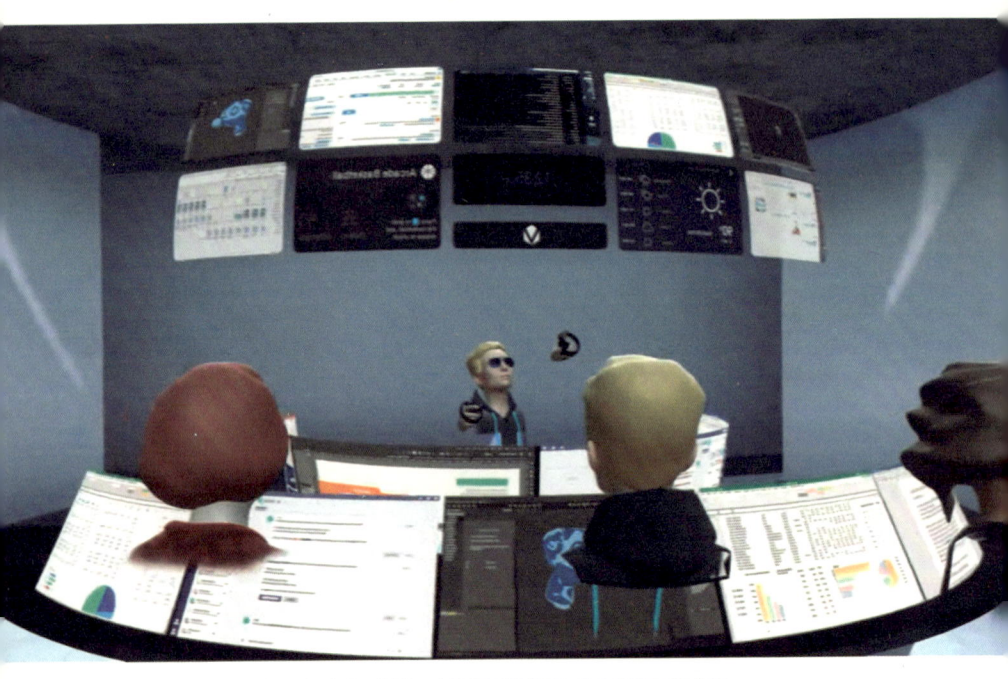

图 1-14　在元宇宙中可以与同事实现远程但"面对面"的交流
　　　（图片来源：vSpatial 公司官网）

备来到海外工厂的"数字孪生体"中进行巡检。在检查的过程中，阿弘发现设备出现异常，于是对出现问题的设备进行了详细的检查，调整了错误的参数，修复了故障零件。这些修复动作在物理世界的工厂中会由机器人同步执行，大量传感器可以捕捉实时数据，以确保物理世界中的工厂状态始终与元宇宙中的数字孪生体保持一致（见图1-15）。

图1-15　元宇宙中的数字孪生工厂与物理世界的工厂保持状态同步
（图片来源：iStock）

10:30，在结束巡检工作后，阿弘回到元宇宙的办公室中，为签订一份专利购买合同做准备。整个合同完全是以智能合约的形态存在的，因此他详细检查了智能合约的代码，并利用多种工具进行代码审计。

11:00，阿弘输入了合作伙伴办公室在元宇宙中的坐标，直接来到了对方公司进行签约。这份专利购买合同以智能合约的形式记录在区块链上，具有自动执行的功能。在双方确认过合同代码不存在问题后，阿弘将用于购买专利的央行数字货币（CBDC）存入该智能合约，随后对方也将专利授权证书以NFT的形式存入该智能合约。在阿弘对NFT专利证书进行验证后，智能合约会自动执行，按照预先的设定将第一批款项支付给对方，同时将NFT专利证书发送到阿弘所在公司的地址。智能合约自动执行的方式（原子交换实现券款对付）可以有效避免合同的违约风险，链上保存也可以确保合同不会被随意更改。

12:00，阿弘到元宇宙数字厨房选择了一系列食材，为自己精心搭配了一份午餐。该数字厨房是物理世界厨房的数字孪生体。当阿弘在元宇宙中搭配午餐时，在离他家不远的中央厨房中，机器人也同步在准备他的午餐，并将午餐通过智能无人机配送到他的家中。阿弘享用了一顿美味且健康的午餐。

14:00，阿弘乘坐无人驾驶出租车来到"火大教育"的教室，戴好AR头显设备开始上课。这堂课是关于NFT艺术创作的进阶课程，由全球顶级的数字艺术家授课。目前，阿弘已经初步掌握数字艺术创作的基本技能，并将课程的内容学以致用，利用业余时间创作了一批数字艺术品，出售并赚到了一些央行数字货币。这节课在亚洲十个城市的分校同步进行，老师并没有在任何一个教室中，而是在元宇宙的一个数字画室内进行授课。在上课的过程中，所有同学都可以通过 AR 眼镜看到老师授课的场景。在实践练习阶段，每个学生都会有一位"数字人"助教专门指导，以高效率完成练习任务。在上课过程中，阿弘既可以和身边的同学进行线下讨论，也可以通过 AR 设备与老师、"数字人"助教以及其他城市的同学交流研讨。

19:00，阿弘约了朋友在元宇宙中进行徒手攀岩和翼装飞行。他在家中换上了全套的体感设备套装并开始"攀岩"。尽管这些在物理世界中都是非常危险的极限运动项目，但在 VR 和体感设备的帮助下，阿弘可以安全地体会那种徒手攀上峭壁然后一跃而下向着落日飞行的感受（见图 1-16）。

图 1-16　元宇宙中每个人都可以安全又刺激地徒手攀岩
　　　　（图片来源：iStock）

2

先行者
如何创造元宇宙

目前，元宇宙生态的发展还处于早期的萌芽阶段，但是一些具有远见卓识的公司或者项目正在努力将元宇宙的伟大愿景变为现实。其中，Roblox、Decentraland 是比较有前瞻性和代表性的应用，我们将深入剖析这两个案例，看一看这些先行者是怎样构建元宇宙的。

Roblox：华尔街追捧的元宇宙超级独角兽

2021 年 3 月，一家名为 Roblox 的游戏公司登陆纽交所（见图 2-1）。该公司旗下只有 Roblox 一款产品，看起来就是一个小游戏平台。但令人惊奇的是，该公司上市首日的市值就超过了 400 亿美元。400 亿美元是什么概念呢？是《刺客信条》游戏开发商老牌游戏大厂育碧（Ubisoft）的六倍，是全球第二大游戏公司任天堂（Nintendo）的六成。

为什么这家名不见经传的公司会受到华尔街投资机构的追捧？为什么会有如此高的估值？

事实上，Roblox 并非一家简单的小游戏公司，而是一家致力于用自己的方式构建元宇宙的公司。在创始人大卫·巴斯祖基的眼中，"元宇宙是一个将所有人相互关联起来的 3D 虚拟世界，人们在元宇宙中拥有自己的数字身份，可以在这个世界里尽情互动，并创造任何他们想要的东西"。

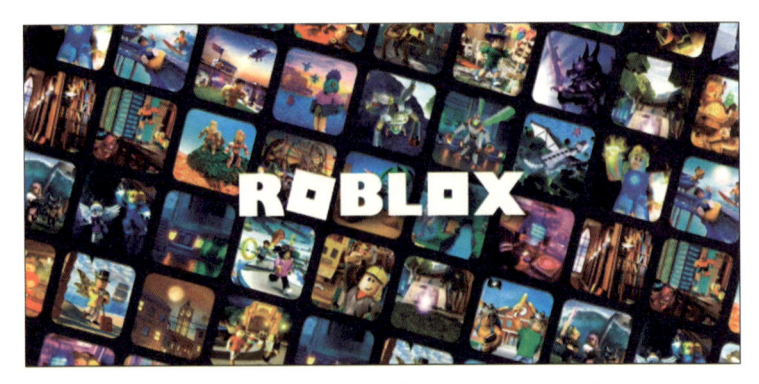

图 2-1 Roblox 公司成了元宇宙探索者（图片来源：Roblox）

在 Roblox 的世界中，游戏玩家不仅是游戏的参与者，也是游戏世界的创造者，可以自己搭建游戏应用（也被称为"体验"）并获得收益。这些收益既可以在该平台的其他游戏应用中使用，也可以提现。玩家只需要精心创造一个形象，就可以用这个形象参与 Roblox 的所有游戏。在招股书中，该公司专门总结了其眼中元宇宙的八大特征，分别是身份、朋友、沉浸感、随时随地、低摩擦、多样化内容、经济系统和安全（见表 2-1）。

表 2-1　Roblox 招股书中元宇宙的八大特征

特　征	描　述
身　份 （identity）	用户通过数字化身的形式拥有自己独一无二的身份，可以用数字化身来表达自我，变成自己想要成为的样子

（续表）

特　征	描　述
朋　友 （friends）	用户可以与朋友互动，包括现实世界中的朋友和在 Roblox 中新认识的朋友
沉浸感 （immersive）	Roblox 提供 3D 和沉浸式的场景体验，这些体验将变得越来越有吸引力，并与现实世界融为一体
随时随地 （anywhere）	Roblox 上的用户、开发者、创作者来自世界各地；客户端可在 iOS、Android、PC、Mac 和 Xbox 上运行，可在多种 VR 头显中使用
低摩擦 （low friction）	用户可以免费使用平台上的开发项目，在各种体验之间快速穿梭；开发者可以很轻松地构建和发布新的项目，所有用户均可访问；Roblox 为开发者和创作者提供一些关键的基础服务
多样化内容 （variety of content）	这是一个由开发者和创造者持续创造的巨大且不断扩展的"宇宙"，其中的项目包括模拟建造和运营主题公园、领养宠物、潜水、创造和扮演自己的超级英雄等等；还有数以百万计的创作者在创造数字物品，即用户生成内容
经济系统 （economy）	平台拥有一个名为"Robux"的游戏资产以及在此基础上充满活力的经济体系；用户可以用它为自己的角色购买道具，以装扮自己的数字化身；开发者和创造者则可以通过创造吸引人的体验和道具来获得 Robux

（续表）

特　征	描　述
安　全 （safety）	集成多个系统来确保文明的游戏环境和用户安全；遵循现实世界的法律和监管要求

资料来源：Roblox 招股书。

早在 1989 年，巴斯祖基开发了一个名为 Knowledge Revolution（知识革命）的教学软件，其最初的目的是让学生模拟二维物理实验，并用虚拟杠杆、斜坡、滑轮和射弹模拟物理问题，但学生却在这款教学软件上找到了游戏的乐趣。1998 年，Knowledge Revolution 被做专业仿真工具的公司 MSC Software 以 2 000 万美元的价格收购。后来，巴斯祖基又投资了一家社交网络公司 Friendster。就这样，具有强大创造工具的物理沙盒和社交概念成为 Roblox 的两个关键部分。

Roblox 成立于 2004 年，最初的名字是 Dynablox。Roblox 在测试版发布后的一段时间里的用户量非常小，高峰期大约只有 50 人同时在线。后来，该公司推出了 Roblox Studio，玩家可以自己创建游戏应用。到 2018 年，Roblox 已经拥有 400 万名创作者、4 000 万款游戏，日活用户超过 1 200 万人。头部的创造者年收入达到了 300 万美元，整个移动端的收入达到 4.86 亿美元，Roblox 成为当时收入最高的沙盒游戏。2019 年和 2020 年，Roblox 日活跃用户数量持续上升，分别达到了 1 800 万人和 3 300 万人。

特别值得注意的是，Roblox 的用户群体非常独特。它在北美 Z 世代（1995—2009 年出生的一代人）中极受欢迎，每天平均有 3 620 万用户登录。

现在，Roblox 已经成为一个大型的多人在线创作平台。整个生态非常多元化，不仅包括游戏体验、游戏开发、编程教育等应用，还打造了一个完整的经济生态。Roblox 通过游戏资产 Robux，打通游戏中消费者和创造者的连接通道，形成了一个完整的数字生态闭环，可以理解为一种元宇宙的早期形态。在该平台上，用户可以体验模拟经营、生存挑战、开放世界、跑酷、角色扮演等诸多数字场景，从而获得独特的精神体验，并建立和维护社交关系。

Decentraland：去中心化的元宇宙新空间

我们再来看看基于区块链的元宇宙 Decentraland（见图 2-2）。这是一个基于以太坊区块链的 3D 开放数字世界，在 2015 年由创始人兼开发者阿里·梅利希（Ari Meilich）和埃斯特班·奥尔达诺（Esteban Ordano）共同开发。梅利希最早的灵感也是来自《雪崩》，通过以太坊区块链，他让这个灵感变成了现实。

图 2-2 基于区块链的去中心化元宇宙数字空间 Decentraland
（图片来源：Decentraland）

作为区块链原生的元宇宙项目 Decentraland 与游戏类项目存在很大差异。2017 年 12 月，它进行了第一批"数字土地"的拍卖。这一次总计拍卖了 34 356 块"数字土地"，成交额为价值约 3 000 万美元的 MANA 通证。[①] 但是，这些通证并没有进行二次分配，而是被全部销毁，这就减少了通证的流通量，相当于将对应的价值平均分配给了所有通证的持有者。2018 年 12 月，它进行了第二次拍卖，参与竞拍的玩家最终以价值 660 万美元的通证购买了所有剩余"数字土地"。和现实中的土地一样，持有者也可以在二级市场上随时出售自己的"数字土地"。到了 2020 年 2 月，Decentraland 正式上线，上线后一周的活跃玩家数超过了 12 000 人。

---

① MANA 通证是 Decentraland 中基于区块链的通证，可以理解为这个世界中的一种通用数字道具。

Decentraland 还将应用场景扩大到了学习、会议、拍卖和展览等多个领域，搭建了一个更真实的世界。Decentraland 的 Genesis City（创世城）共有 90 000 块"数字土地"，每块面积为 10×10 平方米，"数字土地"以坐标的方式代表所在的位置。同时，持有者可以在"数字土地"上建造建筑物，能够开展娱乐、创作、展示、教育等各种类型的活动。

2020 年 4 月，由于新冠肺炎疫情的影响，线下的 Coinfest Conference（加密会议）改在 Decentraland 中举行（见图 2-3）。除了参与会议外，参会者还可以在数字游乐场娱乐，通过游戏的方式获得这个世界中的通行资产，也可以参观艺术馆并一键传送回主会场。当然，目前 Decentraland 中的画面还比较简单，和真实世界差距较大，无法达到让人完全沉浸的状态，因而仍有巨大的改进空间。

图 2-3　Decentraland 中举办的会议（图片来源：Decentraland）

很多公司正在从物理世界逐步迁移到元宇宙。例如，国盛证券区块链研究院在 Decentraland 中建设了公司总部（见图2-4）。这栋建筑共有两层：一层展示国盛证券区块链研究院的研究报告，访客点击后可以查看；二层有直播和路演大厅，可以开展直播和路演活动。

图2-4 作者于佳宁到访 Decentraland 中的国盛证券区块链研究院
（图片来源：Decentraland）

2021年6月，全球最大的拍卖行之一苏富比在 Decentraland 中建起了其标志性的伦敦新邦德街画廊。该数字画廊包括五个空间，在门口还设置了苏富比伦敦门卫汉斯·洛穆德（Hans Lomulder）的经典形象。苏富比的数字画廊展出了很多 NFT 作品，访客只要点击展览的作品就可以查看相关的拍卖信息，也可以直接跳转到苏富比的拍卖页面（见图2-5）。

图 2-5　作者于佳宁在苏富比数字画廊中欣赏 NFT 展品
　　　（图片来源：Decentraland）

2021 年 6 月 10 日，苏富比举行主题为"Natively Digital"（原生数字化）的 NFT 艺术品展览及在线拍卖活动。拍卖品主要是早期在以太坊区块链上发行的收藏品 NFT，整场拍卖也在苏富比数字画廊中同步进行直播。在这场拍卖中，一个编号为 #7523 的加密朋克（CryptoPunks）NFT 的成交价达到了 1 175 万美元，并创下了单个加密朋克 NFT 历史成交纪录。

我们可以预见，Z 世代将是元宇宙的"元住民"，Roblox 作为他们进入元宇宙的第一站，而 Decentraland 为元宇宙搭建了"样板间"。现在无论是在沉浸体验还是经济体系上，这些项目都还处于非常早期的阶段，仍有巨大的迭代空间。

元宇宙中的工作、学习、社交和娱乐

未来，我们每个人都将在元宇宙中工作、学习、社交和娱乐，尽情创造，快乐生活，充分发挥创造力的价值，并将这种价值反馈到现实中。元宇宙会给我们每个人带来同时超越物理世界和数字世界的"双超越"的人生体验。

元宇宙中的工作和学习

在新冠肺炎疫情期间，全世界大多数人都在居家办公，大多活动和会议都通过线上语音或者视频会议的方式进行，但这种会议效率实际上并不高。扎克伯格就曾经抱怨："在过去一年的工作会议中，我有时发现很难记住开会的人都说了些什么，因为他们看起来都是一样的，经常被记混。我认为部分原因是我们（在网络会议中）没有那种空间感。而借助 VR 和 AR 技术，元宇宙将帮助我们（在数字空间）体验'临场感'，我认为这种临场感将让我们在互动上自然得多。"

因此，不少公司将活动搬到了元宇宙中。2020 年 7 月，一位名为艾伦·诺瓦克（Allan Novak）的加拿大用户通过元宇宙的方式参加了一场数字空间中的会议活动。这种形式的线上会议与传统的视频和音频会议相比，沉浸感更强。参会人员可以选择坐在任何地方，可以看到会场的其他参与者，也可以举手发言并参与交流。

很多学校不仅将课堂搬到了线上，甚至把毕业典礼也搬到了元宇宙数字空间中。2020年，美国加州大学伯克利分校（University of California，Berkeley）的100多名学生与校友，在《我的世界》中搭建了大部分校园建筑，并成功举办线上毕业典礼。哥伦比亚大学傅氏基金工程和应用科学学院（The Fu Foundation School of Engineering and Applied Science）的师生也在《我的世界》中搭建了一个数字校园，并举办了毕业典礼，这让毕业生即使不回到学校也能"身临其境"地感受毕业的氛围（见图2-6）。

图2-6 哥伦比亚大学在《我的世界》中举办毕业典礼
（图片来源：哥伦比亚大学官方推特）

元宇宙中的社交

社交是元宇宙的关键应用场景,物理世界里的大多数社交场景正逐渐在元宇宙中实现,比如和朋友聊天、约朋友逛街、参加聚会、看电影、旅行等。Decentraland 中就有各种各样的展览和活动,用户可以把坐标地址发给朋友,让大家一起参与进来。目前,Decentraland 中每个月都有几十场活动,涵盖会议、音乐、游戏、艺术等各个领域。

在 Steam VR 和 Oculus 商店中曾经排名第一的免费 VR 应用 VRChat 就是一个大型的在线社交平台。玩家可以自定义形象,自由穿梭于无数场景、游戏、活动中,与来自世界各地的玩家一起进行社交和探索。凭借 VR 设备或者电脑,玩家可以通过语音、手势进行极为真切的情感交流,甚至可以配合使用体感设备在数字世界中实现触摸、拥抱。

2020 年 11 月,VRChat 有 24 000 人同时在线,其中使用 VR 设备接入的用户的占比高达 43%。在 VRChat 中,大部分虚拟场景都是用户自主生成的,其社交和创造环境非常自由,充斥着各种流行文化和亚文化,形成了一个带有浓厚 Z 世代气质的文化场域。VRChat 网站上有一个官方日历,列出了各个虚拟房间举办的各种活动。这些活动包括开放麦之夜、日语课程、冥想练习和即兴表演等。

元宇宙中的娱乐

目前,娱乐是与元宇宙结合最密切的落地场景。除了一些元宇宙游戏外,很多商场中都有 VR 游戏体验场所。人们只要戴上 VR 头显设备,坐在模拟的座舱里,就可以身临其境地体验过山车、海盗船、宇宙探险等奇妙场景。但这只是一种虚拟现实的游戏体验,不能算是真正的元宇宙娱乐体验。元宇宙中的玩家应该既是游戏的参与者,可以尽情地参与互动;也是游戏的创造者,可以开发他们想要的游戏场景。比如在 Roblox 中,我们随意打开一款水上公园的小游戏,就会发现这个游戏是由玩家自行创建的。进入游戏后,我们可以挑选喜欢的衣服、帽子、太阳镜,装扮虚拟形象。之后,我们可以体验各种水上游戏项目,就像专业运动员一样。

基于元宇宙的娱乐场景对社会发展也有着重大意义。根据马斯洛的需求金字塔理论,人类的需求可以分为五级,从底部向上分别为生理(食物和衣服)、安全(工作保障)、社交(友谊)、尊重和自我实现。其中,自我实现是最高层次的需求。但是,在物理世界中满足自我实现需求的门槛实在太高,只有一小部分人有机会能够实现。元宇宙让更多的人有机会满足自我实现的需求。无论一个人的年龄、职业、身体条件如何,他在元宇宙中都能和所有人一样拥有广阔的数字世界。即使是养老院的一位老人,也可以在元宇宙中周游世界。哪怕是行动不便的残疾人,也能在元宇宙中上天下海,无所不能。

在由游戏工作室 Ready At Dawn 开发的基于 VR 平台的 Echo（回声）系列游戏中，用户可以使用 VR 设备接入一个可以自由飞翔的世界，在零重力环境下探险、竞技。罗杰·怀尔德（Roger Wild）是一位居住在英国的 51 岁帕金森患者，其病症严重到影响他的记忆，就连工作、生活都变得困难。在那之后，他经常用 VR 设备玩《回声竞技场》（Echo Arena）这款游戏，生活质量因此有了明显提升。罗杰·怀尔德表示："在《回声竞技场》中待得越久，就认识越多人，如果你也因为帕金森症等问题在真实世界中的社交圈子有限，感到孤独，那么 VR 也许能为你提供和全世界交流的机会。"在这些元宇宙的娱乐场景中，即使是身体残疾的用户，也能创造傲人的成绩。瑞安·格林（Ryan Green）是一名强直性脊柱炎患者，需要长期坐在轮椅上，但是在游戏《太空镖客》（Space Junkies）中，他甚至冲进了 VR 联盟赛第三赛季的总决赛。

迈向元宇宙生活的新挑战

2020 年，亚马逊制作了一部有趣的情景喜剧《上载新生》（Upload）。故事的背景是，2033 年，整个世界实现了全面的数字化和智能化，人们在去世前将自己的思维数据"上载"到一个名为湖景庄园（Horizen Lakeview）的数字世界，借此实现"永生"。男主角内森

（Nathan）在影片刚开始时就遇到了非常严重的车祸，濒临死亡。内森的女朋友说服他放弃抢救，因此他在逝世前将自己的思维数据"上载"到了湖景庄园。

湖景庄园中的生活体验几乎与物理世界一模一样，比如内森在数字世界中拥有与物理世界相同的样貌，会感觉到饥饿和寒冷，也可以参加各种活动。当然，内森还可以获得一些超越现实的体验，例如在付费后，可以一键调节窗外的景色和季节（见图2-7）。湖景庄园的世界也可以与物理世界进行互动。

内森在湖景庄园中日复一日地过着普通的生活。湖景庄园里的生活看似美好，却存在着很多的问题。例如：用户在湖景庄园中的所有消费需要由现实中的人进行续费；用户对湖景庄园并没有任何话语权，所有的一切都是由湖景庄园项目的开发公司和管理员控制的；用户的隐私数据被人们随意买卖，当成下饭的视频；服务器出现问题导致很多用户数据丢失，从而导致他们直接变成像素极低的"马赛克人"。这些湖景庄园中的经济生态和数据权利问题虽然都来自想象，但也切实反映了我们进入元宇宙的障碍。要想真正迈向元宇宙，我们必须通过一系列技术应用找到解决这些问题的方案。

经济生态

在湖景庄园的世界里，用户购买的服务都是以美元计算的。比如，

图 2-7　内森在湖景庄园中可以一键调节窗外景色

（图片来源：电视剧《上载新生》，出品商亚马逊）

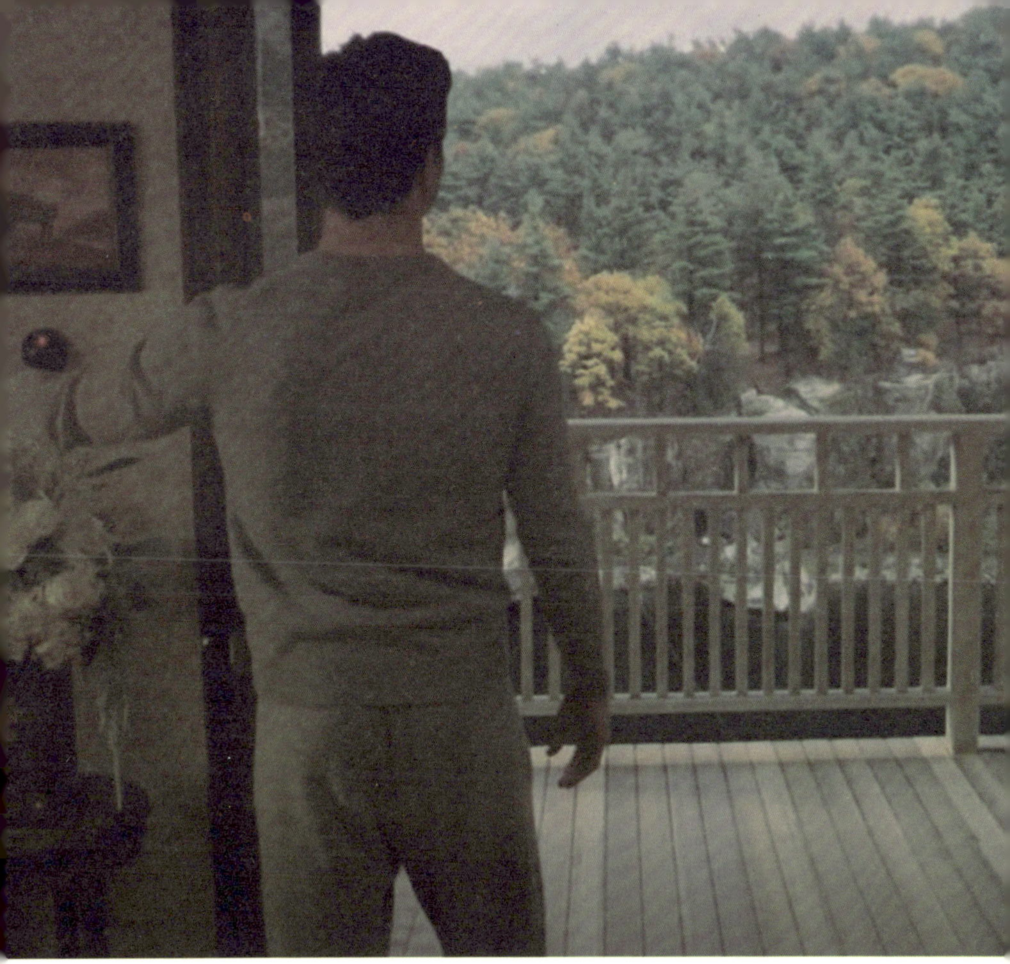

如果用户想要获得打喷嚏体验,那么他需要支付 1.99 美元。这些生活在湖景庄园里的用户依赖现实生活中的亲人帮他们交纳高额费用。比如,男主角内森就靠现实生活中的女朋友帮他充钱"续命"。

也就是说,湖景庄园中并没有原生的经济形态,这就带来了一系列的问题。第一,湖景庄园是数字化的世界,一切都是由数据组成的,所以引入另外一套外部独立的结算体系(例如,用现实生活中的美元进行结算)并不是最优的选择,效率很低,也很容易出错。第二,湖景庄园中没有内部的经济生态,系统运转高度依赖外部价值输入,没有生产机制,无法形成财富"创造-消费"的闭环,只是一个数字化的消费场景,很难长时间持续。因此,湖景庄园算不上一个真正的元宇宙。真正的元宇宙世界不仅需要在内部创造一个闭环的经济体系,还需要将资产价值外溢到物理世界,这样才有可能长期存在下去。

元宇宙是数字化的世界,这就要求经济体系的基础也应该是数字化的。基于区块链技术的通证经济,可以有效满足元宇宙经济生态的需求。比如,DeFi 可以通过智能合约自动完成所有金融活动的结算,NFT 可以使数字内容"资产化",资产上链可以打通物理世界和数字世界的资产。我们认为,基于区块链技术,元宇宙有望打造一个真正闭环的数字化经济生态。

数据保护

湖景庄园由公司开发并管理，用户几乎没有任何拥有自己数据的权利。物理世界中的管理员既可以对湖景庄园的用户进行管理，也可以穿上硬件设备进入湖景庄园和用户交流，因而他几乎是那个世界中至高无上的存在，甚至可以为所欲为。例如，尽管湖景庄园明令禁止不许随意修改用户的外形数据，但管理员还是可以轻而易举地修改用户的外观。男主角内森在刚刚到湖景庄园的时候，通过程序中的bug（漏洞）给管理员找了不少麻烦，比如偷偷趴在服务员的背上去泳池免费游玩。有一次，管理员非常生气，就通过程序修改他的数据，让内森的手上长了七根手指（见图2-8）。在元宇宙中，用户应该对自己的形象等个人数据拥有绝对的控制力和管理权，不应该存在这样能随意修改数据的超级管理员。

还有一次，湖景庄园的服务器出现了问题，用户数据大量丢失，受到影响的用户在湖景庄园中变成了像素极低的"马赛克人"。数据安全问题对于数字世界来说极为重要，在未来元宇宙的世界中，我们不希望自己搭建的场景、设计的外形、拥有的道具等关键数据因为服务器出错等问题"付之一炬"。所以，如何让数据安全有效地存储，也是迈向未来元宇宙时代的重要挑战之一。

在关于数据保护的问题中，最关键的是要采用去中心化的治理机制，并运用好基于区块链的智能合约、分布式存储等技术。在区块链上，由于分布在世界各地的节点可以共同管理数据信息，我们既

图 2-8 《上载新生》的主角被管理员随意增加了两根手指

（图片来源：电视剧《上载新生》，出品商亚马逊）

不用担心有人能够篡改数据，也能避免某一节点的数据问题影响元宇宙整体的数据安全。

数据确权

在湖景庄园的世界中，用户对自己的数据并没有足够的掌控力，每位用户的私密记忆数据都可以被其他人随意复制甚至拿去贩卖，从而成为人们的下饭搞笑视频。在元宇宙中，数据权利保护是个极为重要的话题。试想，如果我们未来将工作都迁移到元宇宙，但对由自己产生的数据没有所有权，也就是这些信息可以随意被别人复制并进行买卖，那么我们在元宇宙中的劳动将会毫无价值，财富创造更是空谈。

区块链让我们在元宇宙中可以拥有数据的所有权，也可以在必要的情况下授权对方读取数据信息，甚至可以选择将自己的数据出售给其他人，以获得收益。如果有人在元宇宙中创作了一件数字艺术品，那么他可以生成NFT来代表这件艺术品的所有权，也可以授权画廊展出，每个人都可以在画廊中欣赏这件作品。所有数据流转、授权、交易的过程都是在区块链上进行的，产权清晰，无法篡改，因此每个人都可以真正成为自己数据的主人。

3

未来财富
将在元宇宙中创造

元宇宙是第三代互联网，而每一轮互联网的升级，都会带来巨大的创新和财富新机遇，新巨头往往也会在产业升级的关键窗口期诞生。元宇宙的建设和普及将促进数字经济与实体经济实现更深层次的融合，并在数字世界中创造新的财富。数字资产具备良好的流动性、独立性、安全性、可编程性和广阔的应用潜力，有望成为元宇宙中数字财富的关键载体，也会连接物理世界资产和数字世界资产，成为赋能万物的价值机器。目前，互联网已经来到了新的转型节点，关键窗口期已经悄然开启。

未来十年将是元宇宙发展的黄金十年，也将是数字财富的黄金十年。

数字财富是互联网时代的新财富形态

图瓦卢（Tuvalu）是位于中太平洋南部的一个小岛国，是世界上面积最小的国家之一（见图3-1）。由于资源匮乏，几乎没有工业，图瓦卢被联合国列为"最不发达国家"之一。20世纪90年代，图瓦卢获得了一个意料之外的财富。在ISO 3166标准中，图瓦卢的二位字母代码被指定为TV，所以在1995年，互联网号码分配局（IANA）根据该代码授予图瓦卢".tv"的域名。当时，图瓦卢的民众并未认识到这意味着什么。

"TV"一词很容易让人们联想到电视节目、影音视频、直播栏目等，也易于被人们认知和记忆。".tv"这个顶级域名具有了与众不同的识别度。20世纪90年代，多家网络运营商发现了".tv"域名的独特性，便前往图瓦卢首都富纳富提（Funafuti）谈判，希望将其作为电视台或视频网站的互联网后缀名。1999年，一位名叫杰森·查普尼克（Jason Chapnik）的加拿大商人拿下了".tv"域名的经营权和使用权。

图 3-1　图瓦卢主岛富纳富提（图片来源：iStock）

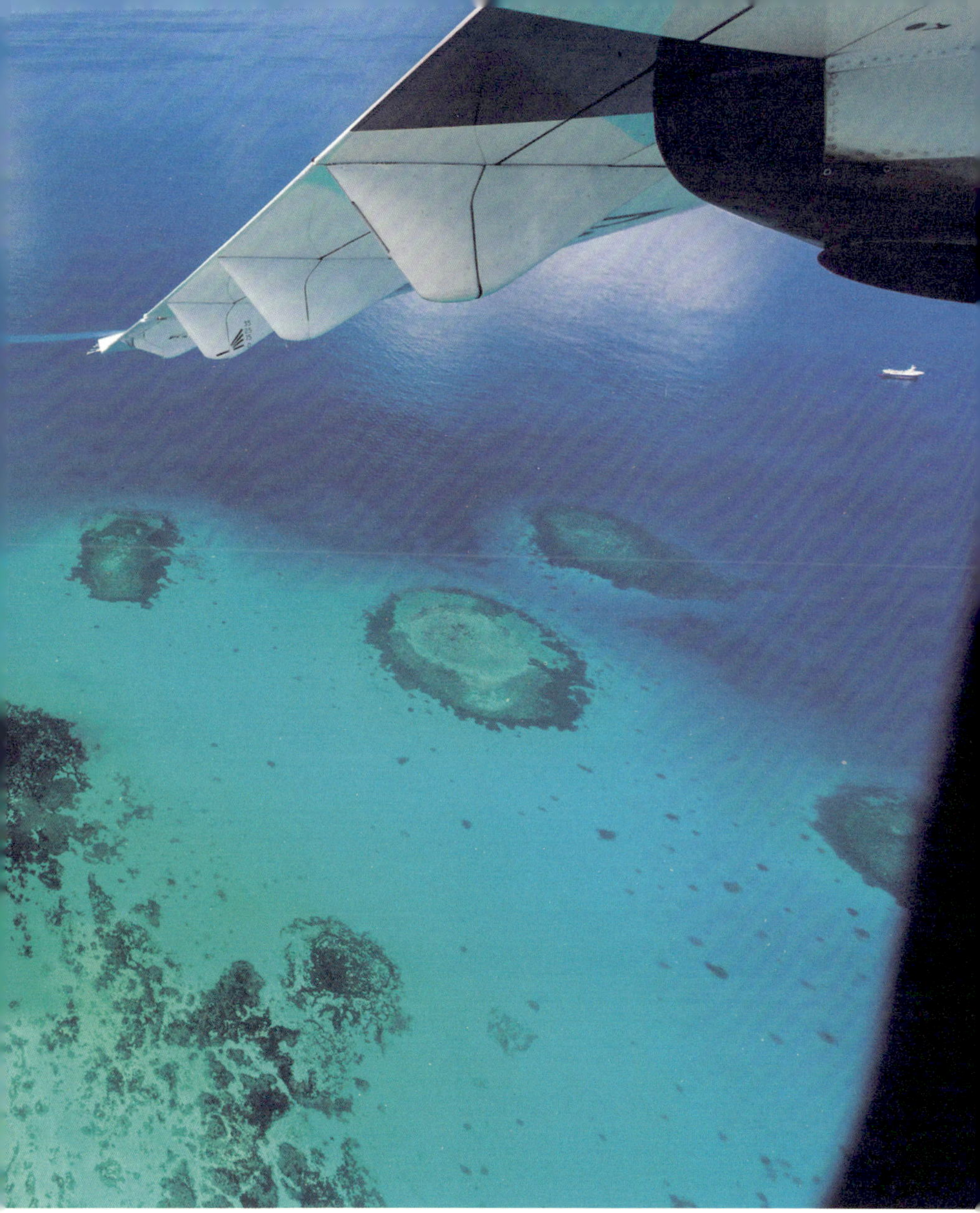

图瓦卢与查普尼克在美国加利福尼亚合资成立一家新公司 DotTV，图瓦卢岛民拥有该公司 20% 的股权，并在 12 年合同期内获得了 5 000 万美元。这笔从天而降的财富让图瓦卢有了发展的机会，它用这些钱缴纳了联合国会费，在 2000 年成为联合国第 189 个成员国，并建设了公路、学校和飞机跑道。

2001 年，美国一家运营网络域名的公司威瑞信（VeriSign）收购了 DotTV 公司，并从那时起控制着".tv"域名的分发。2011—2021 年，威瑞信继续控制该域名，并承诺每年支付图瓦卢政府 500 万美元。尽管威瑞信没有披露运营".tv"域名的具体盈利情况，但凭借着诸如".com"".net"等顶级域名，威瑞信每年可从域名服务中赢利数亿美元。近年来，在直播和视频热潮兴起后，".tv"域名迎来了它的高光时刻。我们所熟知的虎牙直播、熊猫直播、斗鱼直播、全民直播等都一度将".tv"后缀的域名作为主域名。

为什么域名居然可以成为一个小国的收入来源？实际上，一个好的域名并非简单的网址，而是互联网流量的重要来源。在互联网发展的早期，门户网站和搜索引擎并不完善，用户往往会通过商标名的对应域名来访问对应的公司官网。因此，域名可以被视作企业的网上商标，对企业品牌展示起着至关重要的作用。无论是搜索引擎的索引，还是用户对企业官网更精准的访问，域名都发挥着重要作用，一个优秀的域名具有聚合流量的作用，而流量是互联网上最关键的要素。

正如一处位于好地段的房地产能够吸引更多的客流，一个简洁、响亮、好记的优秀域名可以吸引流量、带来现金流，因此我们可以认为域名具有资产分类中资本资产（capital assets）的特点。每个域名都具有唯一性和排他性，好域名存在明确的稀缺性，因此部分特殊域名也具有价值存储资产（stock of value assets）的属性。在有些国家，域名甚至可以作为抵押物，可以获取贷款。例如，2000年，韩国工业银行曾开展域名抵押贷款业务，贷款人通过抵押持有的域名最多可得到1 000万韩元的贷款。因此，域名可以成为个人、企业甚至图瓦卢这类国家的重要无形资产，可以成为一种独特的数字财富。

2000年后，多家互联网公司接连上市，掀起了一轮又一轮的造富狂潮，这些互联网公司的早期员工也成了百万富翁甚至千万富翁。"员工期权"这种新的数字财富形态开始出现在公众面前。

2000年，李华从湖南大学信息通信技术专业毕业，他没有选择在深圳发展银行或华为工作，而是加入了当时成立不到两年的腾讯，成为其第18号员工。他也是腾讯对外招聘的第一位大学应届毕业生。2001年，腾讯对前65号员工进行了第一次期权激励，这是李华第一次接触到员工期权。他一头雾水，有点犹豫。当时的上司对他说："你赶紧签个字，不会害你，对你只有好处没什么坏处。"尽管那些期权当时的账面价值只是他几个月的薪水，但在获得期权后，李华第一次感受到公司的发展与自己紧密关联。2004年6月，腾讯成为第一家在香港主板上市的内地互联网企业，发行价为3.7港元/股。在之后短短四年时间里，腾讯股价上涨了近19倍。员工期权让不到30岁的李华获得了财富自由。2008年,李华从腾讯离职,开启了自己的创业之路。

这是富途控股创始人李华的故事。其实,这仅仅是互联网财富大潮中的一朵浪花,很多公司都有类似的故事。在2005年上市前夕,百度宣布,凡是在当年1月以前加入公司的员工,都能以每股10美分的价格购买一定数量的原始股。2005年6月,百度成功登陆纳斯达克,其发行价为27美元/股。首发当日,其股价涨幅最高达354%。这次IPO(首次公开募股)造就了8位亿万富翁、50位千万富翁以及约250位百万富翁。

这些互联网巨头的员工期权为什么可以成为新的造富工具?这是互联网自身迭代升级的结果。在互联网发展早期,各大网站刚刚起步,各大站长获得的流量不分伯仲。而随着互联网行业的发展,到了Web 1.0时代后期,小型平台逐步退出互联网的主流,取而代之的是聚合类平台。互联网行业强者恒强、自然垄断等特性也开始显现,流量趋于集中,巨头开始崛起。互联网由此进入一个相对中心化的阶段,巨头开始占据主要地位,而它们的竞争优势和商业价值也逐步反映到公司股价上。

1997—2021年,亚马逊股价由18美元/股的发行价最高涨至3 719美元/股,涨幅超2 000倍;2012—2021年,Facebook股价由38美元/股的发行价最高上涨至375美元/股,上涨近10倍;2004—2021年,腾讯股价由3.7港元/股的发行价最高上涨至766.5港元/

股，涨逾 207 倍；2005—2021 年，百度股价由 27 美元/股的发行价最高上涨到近 340 美元/股，涨幅为 12 倍左右（见图 3-2）。

图 3-2 互联网巨头的市值增长（数据来源：谷歌财经）

为何这些互联网巨头的市值能够增长得如此迅速？员工的贡献是非常重要的因素之一。随着社会和技术的发展，人的贡献在财富创造过程中的作用越来越明显。在工业经济时代，价值主要由机器创造，而机器背后是资本，因此公司价值主要归属于股东。但是，到了信息经济时代，优秀的软件或者网站取得成功的关键要素是卓越的创意和技术。毫无疑问，机器提供不了创意，创意需要由骨干员工来贡献。关键生产要素的变化需要匹配价值分配方式的变化。如何给这些骨干员工分配公司价值呢？一种新的方式就是分配员工期权。这些大的互联网公司奉行的并非"股东至上主义"，而是将公司的利润和长期价值通过期权分配给骨干员工，从而让他们更积极地贡献自己的力量。

员工期权的实质就是，把一部分原来归属于股东的互联网平台价值分配给那些有杰出贡献的员工和高管。他们分享的不是当期的利润，而是长期的价值。因此，互联网从业者形成了一种以资产为核心的财富观，不再将工资和奖金作为主要收益，而是将自身贡献与公司长期价值挂钩。员工期权正是公司长期价值的载体，因此成为互联网时代新的数字财富形态。

总的来说，互联网业态发展带来了数字财富形态的升级。在 Web 1.0～2.0 时代，财富形态已发生了巨大的改变，域名、员工期权这些在早期被人看不见、看不起、看不懂的资产，逐步变成备受瞩目的数字财富，给很多参与者带来了巨大的回报。当然，我们要记住，财富来自贡献。无论是域名的持有人还是员工期权的获得者，大都是互联网早期的建设者，他们用新的技术和创意帮助互联网升级，因此才能获得相应的数字财富。

区块链技术让数字财富进一步升级

出生于 1994 年的维塔利克·布特林（Vitalik Buterin）受父亲影响，

从 2011 年开始研究比特币,和朋友联合创办了全球最早的数字资产杂志《比特币杂志》(*Bitcoin Magazine*),并担任首席撰稿人。2013 年,维塔利克进入加拿大滑铁卢大学学习,但是入学仅 8 个月,他就申请了休学,一边游历世界,一边给杂志撰写稿件赚取稿费。他逐渐意识到,比特币底层的技术(区块链)具有很重要的应用价值和发展空间,如果能引入图灵完备的编程语言,区块链系统就可以从"世界账本"升级成"世界计算机"。

维塔利克决心利用区块链打造一个全新的平台,并将其命名为以太坊。2013 年 12 月 9 日,他发布了以太坊的白皮书初版——《以太坊:下一代智能合约和去中心化应用平台》(*A Next-Generation Smart Contract and Decentralized Application Platform*),并在全球招募开发者共同开发这个平台。2014 年 1 月,维塔利克向世界展示了以太坊,并击败了 Facebook 的创始人扎克伯格,获得了 2014 年 IT(信息技术)软件类世界技术奖。2015 年,以太坊区块链系统正式诞生。

"分久必合,合久必分"是社会发展的必然规律。在过去的几十年里,互联网获得了极大的成功。但随着互联网平台的完善和发展,人们开始意识到,互联网正在从"开放花园"走向"封闭花园",从开放创新走向平台垄断。这带来了一系列弊病,让互联网出现了潜在危机。如何让互联网重新焕发新的生机,就成了重要议题。

以太坊的出现让很多人眼前一亮,无论是它描绘出的"价值互联网"蓝图,还是去中心化的"世界计算机"愿景,都让人兴奋不已(见图 3-3)。

随着互联网的发展,人们已经发现,超级平台过度中心化存在严重弊端。用户在使用这些平台的服务时,需要将自己的数据和资产托管到这些平台,客观上面临着很大的风险。2018 年,Facebook 爆出丑闻,英国咨询公司剑桥分析(Cambridge Analytica)在未经用户同意的情况下,通过 Facebook 获取了数百万用户的个人数据,这些数据被用于政治广告,甚至影响了 2016 年的美国大选结果,这就是"Facebook-剑桥分析事件",让人们看清了个人数据被中心化机构滥用的恶果。

基于区块链技术的系统有一项关键特征,即数据并不托管在单一机构控制的服务器上,而是由用户自己掌管,这就是所谓的"去中心化"(decentralization)。系统中也没有类似"管理员"的角色。整套系统建立在分布式的体系之上,由遍布全球的众多节点服务器共同提供服务,任何参与方都无法控制整个系统。这样可以防止数据被篡改,极大地保障了使用者的数据安全性。

以太坊是一个开源的有智能合约功能的公共区块链平台,以太坊虚拟机(Etheruem virtual machine,缩写为 EVM)上可以运行各种去中心化应用(decentralized application,缩写为 DApp)。2015 年至今,越来越多的开发者在以太坊上开发智能合约程序或创建数字资产,以太坊逐步成为区块链领域规模最大、最为重要的基础设施。

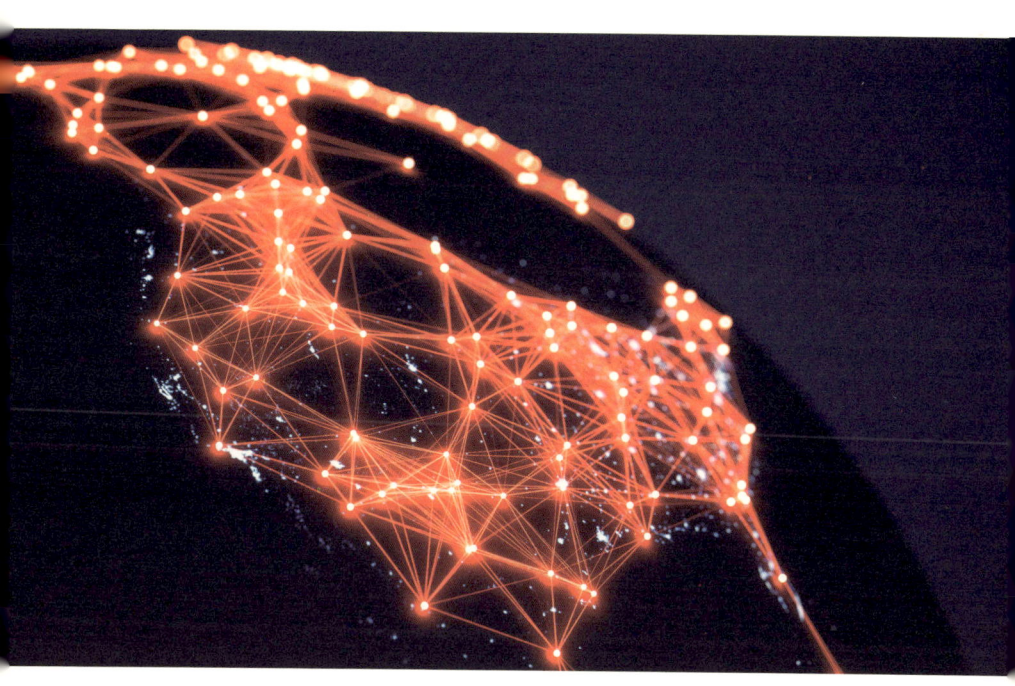

图 3-3　区块链技术让互联网重回去中心化（图片来源：iStock）

以太坊这个去中心化的世界计算机之所以能成功，其精巧的经济模型设计功不可没。以太坊包含了一种原生资产，即"以太坊通证"（ETH）。这里的通证表示基于区块链的价值载体，目前通常被理解为基于区块链的数字资产。任何人要想使用以太坊运行智能合约，就必须使用一定数量的以太坊通证，给节点作为手续费，也就是所谓的燃料费（gas），而那些分布在世界各地的节点可以通过提供算力共同支持以太坊运行。同时，以太坊区块链系统也会奖励一些以太坊通证给节点。[①] 以太坊通证是以太坊区块链系统中内生的要素，可以使这样一个由多方共同运营的分布式系统顺畅运行。

以太坊发展至今，形成了一个由原生的以太坊通证、同质化通证（采用 ERC20 标准）和非同质化通证（采用 ERC721 与 ERC1155 等标准）等诸多数字资产组成的生态。新兴应用场景的不断涌现也为以太坊的进一步发展提供了更多空间，二者相辅相成。我们看到，以太坊区块链既是新物种，也是孕育新物种的母体。在此基础上，新兴的数字财富正在孕育。

我们应该如何理解这些以区块链为基础的新兴数字财富呢？我们首先来看资产的属性分类。1997 年，大和证券副主席罗伯特·格里尔（Robert J. Greer）在论文《究竟什么是资产类别？》（What is an Asset Class, Anyway?）中将所有资产分为三个超级类别，分别是

---

① 这里描述的运行机制为以太坊 2.0 升级前的机制。以太坊 1.0 采用工作量证明（PoW）作为共识机制，该机制依靠物理计算机产生的算力来验证交易并创建新的区块。以太坊 2.0 则采取权益证明（PoS）作为共识机制，依靠抵押了以太坊通证的验证者来创建新区块。

资本资产、可消耗/可转换资产和价值存储资产。

资本资产指的是未来可以生成现金流的资产。资本资产可以通过预期现金流进行贴现计算得到净现值，以作为合理估值。股票、债券和房地产等都可以归属到这个类别。

可消耗/可转换资产是指那些可以消耗或者转换为其他形态的资产。大宗商品，包括石油、小麦、矿产等，都属于这一类资产。这类资产具有现实的使用价值，但不会持续产生现金流，因此不能通过计算净现值的方法进行估值，需要通过分析特定市场的供需关系来判断价值。例如，石油的需求和供给预期变化都会影响其价格走势。

价值存储资产不能被消费，也不能产生收入，但依旧具备价值，因为这类资产能存储价值，且价值可以跨越时间和空间持续存在。这类资产的特点是，具有较强的稀缺性，很难生产或复制。因而，很多人对这类资产形成了一种"观念上的需求"，即"共识"。这种主观的需求经过长期文化积累形成，往往更加牢固、持久。因此，这类资产经常被视作"避险资产"，用于规避不确定性事件，或者为资产组合提供多元化配置。贵金属（黄金、铂金等）、艺术收藏品等资产都属于这个类别。

对于价值存储资产，我们可以通过存量增量比（stock to flow，缩写为 S2F）指标进行估值。[①] 有分析师曾通过存量增量比模型讨论贵金属稀缺性和价值的关系，如表 3-1 所示。在黄金、白银、钯金以及铂金四种金属相关数据中，黄金有着最高的存量增量比（62.0，表示需要 62 年的生产才能够达到目前的库存量）以及最低的供应量增长率（1.6%）。因此，黄金总市值为四者最高。这说明对于价值存储资产而言，稀缺性和价值有较强的相关性。

表 3-1 黄金、白银、钯金和铂金的存量增量比指标

	存量（吨）	增量（吨）	存量增量比	供应量增长率（%）	价格（美元/盎司）	市值（万美元）
黄金	185 000.0	3 000.0	62.0	1.6	1 300.0	841 750 000.0
白银	550 000.0	25 000.0	22.0	4.5	16.0	30 800 000.0
钯金	244.0	215.0	1.1	88.1	1 400.0	1 195 600.0
铂金	86.0	229.0	0.4	266.7	800.0	240 000.0

资料来源：PlanB. Modeling Bitcoin Value with Scarcity.

值得注意的是，一项具体资产可以拥有多重属性。例如，黄金的主要属性是价值存储资产，但黄金在工业中也有应用，很多半导体器件的制造需要黄金作为原材料，因此黄金也具备可消耗/可转换资产的特性。房地产用于出租时可以获得现金流收入，因此具备资本

---

① 存量增量比的计算方式为资产存量/预期每年增发量。其数值越大，表明该商品越稀缺，其供应量增长率也越低。

资产的特性；同时，其增量受制于土地供给的约束，具有稀缺性，因而也具有价值存储的资产属性。但一般来说，大多数资产只会具备一种或两种属性。

但是，一些基于区块链的数字资产可能同时具备上述三类资产的属性，形成同时横跨三种资产超级类别的"超级资产"，以太坊通证是代表性案例（见图3-4）。

需要注意的是，这些资产非货币当局发行，不具有法偿性。

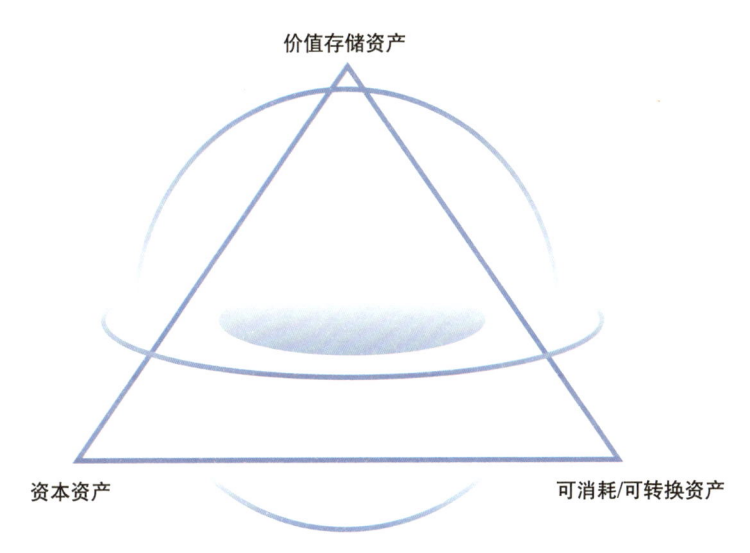

图3-4 "三位一体"的超级资产

科技巨头与华尔街拥抱数字资产

2020 年之前,提起埃隆·马斯克(Elon Musk),我们第一时间想起的会是特斯拉和 SpaceX(太空探索技术公司),他从电动汽车、商业火箭发射、卫星互联网到火星移民的一系列探索,实现了许多人关于科技的梦想。但从 2020 年年底开始,大量关于马斯克的热点新闻是与数字资产有关的。华尔街的金融精英的想法也发生了快速的转变。例如,《原则》作者、桥水基金创始人瑞·达利欧(Ray Dalio)就改变了对数字资产的看法,他认为一些数字资产在过去十年中已经确立了作为黄金类资产替代品的地位,并且可以作为分散化储备的工具。传奇投资管理人比尔·米勒(Bill Miller)也认为,作为对冲通货膨胀的工具,数字资产与黄金相比有很多优势。

这些变化预示着,随着数字资产的优势被全球越来越多的人认可,这类资产正在快速主流化,成为"新主流资产"。以数字资产为代表的新一代数字财富正在全球范围内快速发展。很多传统金融巨头,如芝加哥期权交易所(Chicago Board Options Exchange,缩写为 CBOE)、芝加哥商品交易所(Chicago Mercantile Exchange,缩写为 CME)和新加坡星展银行(DBS Bank)等,都启动了数字资产业务。2021 年,数字资产平台 Coinbase 在纳斯达克成功上市,更在全球掀起了一波"数字资产风暴"。

2012 年,爱彼迎的前工程师布莱恩·阿姆斯特朗(Brian Armstrong)

创立了Coinbase。在仅仅九年的时间里，这家公司就成为美国最大、最具影响力的数字资产平台，并在2021年成功登陆纳斯达克，当日收盘价为328美元/股，收盘总市值达653亿美元。Coinbase财报显示，该公司经身份验证的用户在2018年第一季度末仅为2 300万人，到2021年第一季度末就爆发增长至5 600万人。此外，2019年以后，越来越多的机构用户通过Coinbase拥抱数字资产，并成为其增长的主力。仅2020年，机构用户就从大约4 200家增加到7 000家，同比增长了67%左右。到2021年第二季度，该平台上的机构用户数量已超过9 000家。

Coinbase并不是一开始就很成功，在早期甚至不太受市场欢迎。2017年，该公司首次实现盈利，2019年又净亏损3 000万美元。正如布莱恩·阿姆斯特朗自己说过的："伟大的事物都是从卑微的起点开始的。你身边看到的大多数东西一开始不过是一个简单的想法和一个粗糙的原型，要让它'一夜成功'，需要5到10年的时间，一路上要经历几十次挫折和路线修正。"这家公司一直坚持自己的发展路线，等到了来自传统大型机构大规模入场，终被市场认可。Coinbase迎来了爆发，在2020年实现净收入3.22亿美元，在2021年第二季度净收入达到约16.1亿美元。

Coinbase在安全、合规运营方面堪称业内典范。该公司获得了非常多的数字资产运营合规牌照，对平台内资产的选择也较为严格，制定了一系列标准。其标准具体包括数字资产与公司核心价值的一致程度、网络技术评估、法律和合规标准、市场供需要求以及通证经济模型等。Coinbase 的成功上市代表着其合规、风控等标准已经被主流机构认可，代表着它真正步入了主流市场，堪称数字资产产业发展的一个"里程碑"。

那么，数字资产的未来趋势会怎样呢？跨越鸿沟模型可以给出一些解答。1990 年，杰弗里·摩尔（Geoffrey A. Moore）出版了开创性著作《跨越鸿沟》（*Crossing the Chasm*），讨论高科技创新应用从早期向主流的转变。杰弗里·摩尔在书中提出了跨越鸿沟理论，认为在每一个产品范畴当中，创新者（innovators）是率先采用新产品的一群人，其次是早期采用者（early adopters），再分别是早期大众（early majority）、后期大众（late majority）以及落后者（laggard）。一项新技术产品在早期采用者与早期大众之间存在着巨大的"鸿沟"。能否顺利跨越鸿沟并进入主流市场，将决定这个新产品的成败。

目前，数字资产正处于跨越鸿沟的关键阶段。2008—2015 年，只有技术狂热者（也就是模型中的创新者）感兴趣。然而，到了 2016 年，数字资产开始从创新者阶段向早期采用者阶段过渡，越来越多的人开始看到其潜力。早期采用者在新技术扩散中的作用非常重要，他们思想相对开放，对新技术的认可接受度高，并推动着向早期大众阶段扩散。

随着数字资产生态的不断繁荣，其用户量在 2020 年开始出现指数级的爆发。到 2021 年，代表性的数字资产可能已经拥有了约 1.35

亿的用户（相当于1997年的互联网用户数量，但增长速度远高于当时的互联网）。这意味着，在全球范围内，数字资产可能已经迈过初期的创新者阶段，开始向早期采用者阶段前进，这个发展速度比以往的互联网应用要迅速得多。例如，电子邮件发明于1972年，直到1997年才被超过1 000万人真正应用；而数字资产在2008年只是一个概念，仅在十余年的时间里就获得了超过1亿的用户。

根据分析师威利·胡（Willy Woo）搭建的预测模型：到2025年，数字资产的用户数量可能会达到10亿人（相当于2005年的互联网用户数量），互联网渗透率将超过20%，这将使得数字资产有望正式跨越鸿沟，进入早期大众阶段（见图3-5）。主流市场的认可和生态完善可能会推动其实现规模扩张。

图3-5　数字资产发展曲线（图片来源：威利·胡）

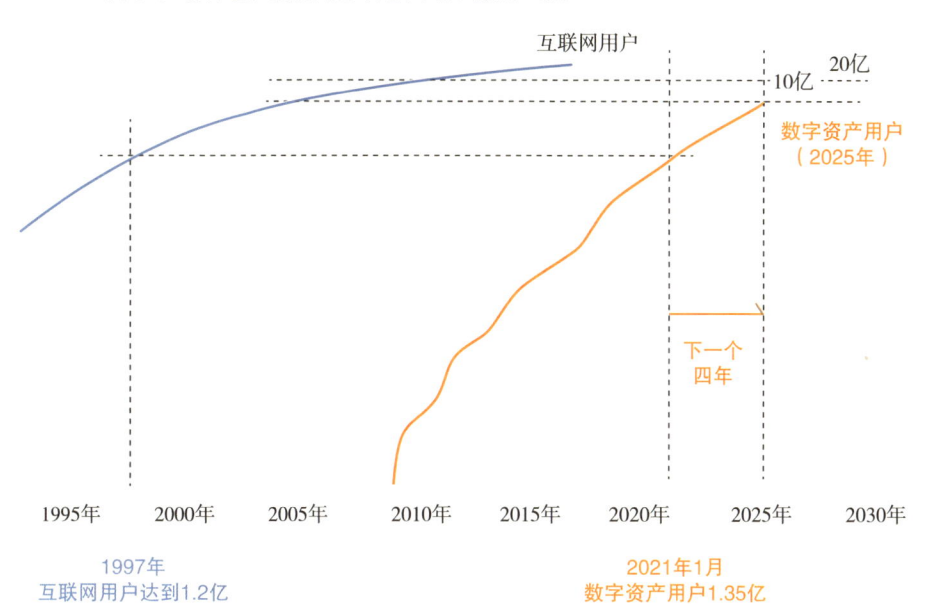

在元宇宙时代，经济规则和商业逻辑不仅会发生根本性的变化，财富形态也会实现升级。

元宇宙引爆数字财富的黄金十年

哈佛商学院教授克莱顿·克里斯坦森（Clayton M. Christensen）在《创新者的窘境》（*The Innovator's Dilemma*）中提出，需要最终用户改变行为的创新才是颠覆市场的创新，这种创新能够带来巨大的商业价值，被称为"非连续性创新"或"破坏性创新"。管理学者查尔斯·汉迪（Charles Handy）则提出了更直观易懂的"第二曲线"理论。他认为，对于任何一个趋势、技术、公司、产品，其发展往往都遵循 S 曲线的规律。简单来说，就是一个趋势刚刚出现时，在初始阶段常不被人看好，发展速度也看似迟缓，但实际上处于最具潜力的"探索期"。而随着技术的发展和用户量的增加，这一趋势将呈现出类似于抛物线的爆发型增长，进入"成长期"。但是，到顶峰时，这一趋势的增长速度会大幅下降，进入"成熟期"，随后还将进一步进入"衰退期"。

查尔斯·汉迪认为，沿着某一条 S 曲线的路径进行创新改进被称为"连续性创新"，它在一条曲线内部进行渐进性的改良和发展，这条发展曲线也被称为"第一曲线"。在达到第一曲线的极限点后，市场会出现新的发展方向，并开启增长的第二曲线。创新技术酝酿的阶段就是极为短暂但机遇无穷的窗口期。市场从第一曲线向第二曲线转型会遇到很多困难，但是只有这样才能迎来真正巨大的发展空间，这样的创新过程被称为"非连续性创新"。

互联网的发展过程也同样遵循 S 曲线的规律（见图 3-6）。1994 年，中国接入国际互联网。2000 年前后，互联网开始爆发。现在已经出现了从 PC 互联网 Web 1.0 到移动互联网 Web 2.0 的两次时代浪潮，也就是出现了两条 S 曲线。2000—2010 年，网民使用互联网的方式以 PC 为主，信息高速公路快速建设并逐步畅通，这是第一曲线。随着智能手机的普及，互联网开始向移动互联网过渡。到了 2012 年，我国通过智能手机上网的比例达到了 74.5%，超过了台式电脑的 70.6%，正式宣告移动互联网时代来临。在随后的十年中，互联网已经通过移动终端渗透到生活的方方面面，移动互联网的发展同样遵循 S 曲线的规律，这可以被认为是第二曲线。

图 3-6 互联网发展的 S 曲线

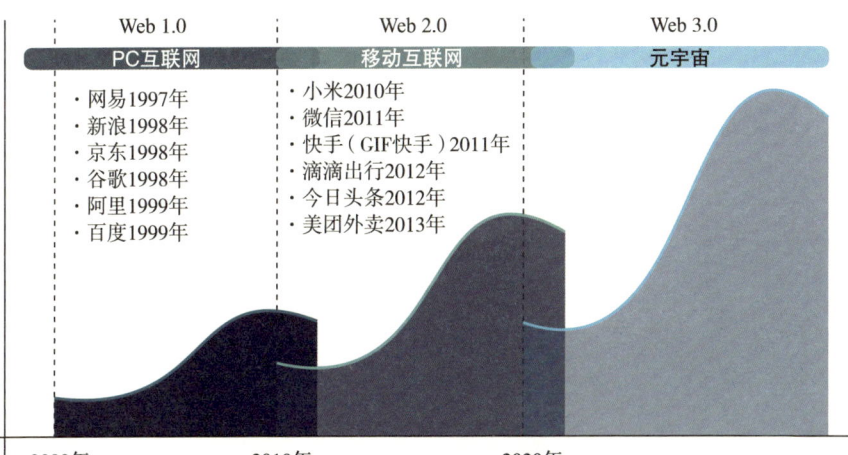

Web 1.0	Web 2.0	Web 3.0
PC互联网	移动互联网	元宇宙
·网易1997年 ·新浪1998年 ·京东1998年 ·谷歌1998年 ·阿里1999年 ·百度1999年	·小米2010年 ·微信2011年 ·快手（GIF快手）2011年 ·滴滴出行2012年 ·今日头条2012年 ·美团外卖2013年	
2000年	2010年	2020年

2007 年 1 月 9 日上午，在美国旧金山举行的 Macworld 大会上，史蒂夫·乔布斯（Steve Jobs）身着他经典的黑色高领衫向世界宣布"今天，苹果将要重新发明手机"。当时，很多人对初代苹果手机的出现不以为然，认为这只是会打电话的 iPod（苹果音乐播放器）。我们现在都知道，苹果手机并不仅仅是浏览网页、打电话、听音乐的"三合一"设备，而是移动互联网革命的发端。事实上，2010 年，全球各国互联网使用比例平均已达到 34.8%。美国的互联网渗透率达到 79%，中国的互联网渗透率达到 34%，因而依靠电脑带来的用户增长已经开始放缓，PC 互联网已经进入了"成熟期"，转型成为必然趋势。

那时，只有极少数极为敏锐的公司意识到互联网即将进入第二曲线。知名创投机构红杉中国算是其中一个。红杉资本在 2005 年进入中国，成立了红杉资本中国基金（简称红杉中国）。2009 年春天，在北京郊区一家名为长城脚下的公社的酒店，红杉中国召开了主题为"Mobile Only"的互联网被投企业年会。红杉中国创始人沈南鹏在会后接受采访时表示："如果 CEO 没有意识到必须站在全新角度想产品的话，那么这将是非常危险的。'Mobile Only'这个主题我不知道怎么翻译合适，我们就是想给大家一个警醒，新的移动互联网时代要到来了。"2009 年之后，红杉中国的投资方向开始全面向移动互联网领域倾斜，从衣、食、住、行四个领域全面拥抱移动互联网。红杉中国投资了唯品会、美团、饿了么、滴滴出行等一批移动互联网核心领域中的公司。

美团（在2010年获得了红杉中国1 000万美元A轮融资）也将这个思路发挥到了极致。2008年，团购鼻祖Groupon成立，国内的创业者在2010年纷纷入局。2011年，几乎所有流量网站都推出了团购相关项目，团购网站超过5 000家。同年，Groupon上市前累计融资达到了11.6亿美元，IPO估值达到了100亿美元。但一年之后，行业风口停摆，大量的团购网站纷纷倒闭，Groupon的股价也出现了大幅跳水。2012年，王兴做了一个重要的决定，就是All-in（全面投入）移动互联网，将所有PC端的资源全部导入移动端。王兴在2013年"第十二届中国企业领袖年会"上表示：

我们到用户所在的地方，他们转向手机，我们也转向手机……虽然已经预见互联网冲击会非常迅猛，但当冲击真正到来时，它还是比想象中要猛烈得多的……改革的过程当中，谈不上走弯路，大的方向非常明白，就看你能不能跑得足够快。

事实证明，这个决定是非常正确且及时的。两年后，美团90%的团购订单都转移到了手机上，几乎所有其他从千团大战中活下来的团购项目则倒在了移动互联网的门前。只有看到窗口期并成功转型的美团，才真正成为移动互联网时代的顶级公司之一。2014年5月，美团完成不到3亿美元的C轮融资，估值为20亿~30亿美元。而到2021年8月，美团股价达到460港元/股最高点，其市值为2.7万亿港元，约为3 400亿美元。

2009—2019年，在美国股票市场，互联网板块占科技股的市值的比例从 25% 提升至 36%。苹果公司的市值从 2009 年的 1 990 亿美元涨至 2019 年的 1.29 万亿美元；微软则从 2 686 亿美元上涨至 1.2 万亿美元。到 2021 年 7 月，仅美国科技互联网五大巨头 Facebook、谷歌、微软、亚马逊、苹果公司在标普 500 指数公司市值中的占比就达到了 22%。[①] 这些都是在移动互联网时代转型成功的科技巨头，它们在 Web 2.0 的黄金十年中造就传奇，并创造出巨大的财富。但也有些转型不力的公司，例如 Web 1.0 时代的巨头英特尔，未能在移动互联网设备芯片领域取得领先优势，其市值在 2009 年为 1 127 亿美元，十年后，其市值仅仅上涨到 2 567 亿美元。

中国的情况也非常类似，无论是传统巨头阿里巴巴、腾讯、百度和京东，还是近几年崛起的今日头条、拼多多、美团等企业，无一不是看到了 Web 1.0 第一曲线的极限。它们在第二曲线跃迁的短暂窗口期勇于转型，成为 Web 2.0 移动互联网时代的赢家。我们相信，到 Web 3.0 元宇宙时代，中国有望继续保持并提升在互联网领域的创新优势。例如，Decentraland 的黄金地段有一个"龙城"，展示了不少中国文化艺术品（见图 3-7）。

从宏观层面来看，在移动互联网的黄金十年中，各国的数字经济都处于发展的快车道，互联网产业创造了巨额财富。2010 年，美

---

① 中信证券. 2020 全球互联网行业回顾与展望 [R/OL]. 2020-7-16 [2021-09-01]. https://tech.sina.com.cn/roll/2020-07-16/doc-iivhvpwx5613885.shtml.

图 3-7　作者于佳宁在元宇宙中参观"龙城"（图片来源：Decentraland）

国互联网经济占 GDP 比重为 3.8%，中国的该比重为 3.3%。①2019 年，美国数字经济规模达到了 13.1 万亿美元，占 GDP 的比重为 61%；中国数字经济规模达到了 5.2 万亿美元，占 GDP 的比重达 36.2%。②2020 年，美国数字经济继续蝉联世界第一，规模接近 13.6 万亿美元；中国位居世界第二，规模逼近 5.4 万亿美元。从占比来看，德国、英国、美国的数字经济在国民经济中占据主导地位，其占 GDP 的比重都超过了 60%。③

产业创新升级就是从一个 S 曲线转型到另一个 S 曲线的过程。目前，移动互联网已经广泛普及。2021 年 6 月，我国网民规模已经达到 10.11 亿，较 2020 年 12 月仅增长 2 175 万；互联网普及率已经高达 71.6%，较上年年底仅提升 1.2%；手机网民规模达 10.07 亿，较上年 12 月仅增长 2 092 万；网民使用手机上网的比例为 99.6%，与 2020 年 12 月基本持平。④很显然，移动互联网已经进入了"成熟期"，逐渐进入存量搏杀时代。我们是时候该向下一条第二曲线转型了。

---

① 麦肯锡全球研究院 . 中国的数字化转型：互联网对生产力与增长的影响 [R/OL]. 2014-07-01 [2021-09-01]. https: //www.mckinsey.com.cn/wp-content/uploads/2014/08/CN-MGI-China-ES.pdf.
② 中国信息通信研究院 . 全球数字经济新图景（2020 年）[R/OL]. 2020-10-01 [2021-09-01]. http://www.caict.ac.cn/kxyj/qwfb/bps/202010/P020201014373499777701.pdf.
③ 中国信息通信研究院 . 全球数字经济白皮书——疫情冲击下的复苏新曙光 [R/OL]. 2021-08-02 [2021-09-01]. https://mp.weixin.qq.com/s/G3Mi8GlNOV-RygGEfGsAiHw.
④ 中国互联网络信息中心 . 第 48 次中国互联网络发展状况统计报告 [R/OL]. 2021-08-27 [2021-09]. https://tech.sina.com.cn/zt_d/nnic48/.

伴随着 5G、人工智能、云计算、大数据、物联网、工业互联网、VR、AR、区块链等关键技术愈发成熟，第三代互联网（元宇宙）已经呼之欲出，互联网的发展又一次来到了新的转型节点，关键窗口期已经悄然开启。每一轮互联网的升级，都会带来巨大的创新创业和财富升级新机遇，新巨头往往也是在产业升级的关键窗口期诞生的。元宇宙的建设和普及将促进数字经济与实体经济深度融合，并实现财富形态的再次升级。随着元宇宙时代的来临，全球经济中数字经济的占比将持续提升。到 2030 年，全球数字经济占 GDP 的比重有望达到 80%。而数字财富的本质是数字经济发展的结果，因此我们可以大胆地预测：未来 80% 的数字财富将在元宇宙中创造。未来十年将是元宇宙发展的黄金十年，也将是数字财富的黄金十年。关键机会来自第三代互联网，数字财富升级也将是未来十年最强劲的风口。

4

趋势1：
数字经济与实体经济深度融合

——元宇宙中产业全面升级，数字资产与实物资产孪生各国经济的兴衰史一再证明，实体经济是国家强盛之本。每一次技术革命带来的不仅是生活方式的变化，更是产业升级的大机遇。发展元宇宙绝不是"脱实向虚"，而是实现数字经济与实体经济深度融合，从而切实赋能实体经济全面升级，让各行各业都能找到"第二曲线"新发展空间。**元宇宙最关键的应用场景是产业场景。**在元宇宙中，身处世界各地的人可以高效沟通与协作，全面联网的智能设备将有效联动，产业链协作将变得更加透明和高效。

元宇宙时代的产业大变革

我们继续展望阿弘在元宇宙中的一天。阿弘公司的海外工厂交付了一批新产品,这些产品通过机器自动分拣,分配给了自动驾驶的运输车队。2030 年,5G 和物联网技术已经高度成熟,所有的车辆也都实现了无人驾驶。

这次货物运输一共由十辆无人驾驶的卡车共同参与完成,这些卡车在高速路上行驶的时候,会基于车联网技术与路面上其他卡车互相通信。路上的卡车会自发地排成一个紧密的车队(无人驾驶汽车不需要保持太大的车距),这个车队如同一列超长的火车。而且,不断有其他卡车加入其中,形成几十辆卡车列队前行的景象,颇为壮观。这种运行模式被称为 platooning,即自动化列队行驶(见图4-1)。这些卡车为什么要这样行驶?因为排在第一辆的卡车可以为后面的车"破风",能够让车队中的卡车降低能耗,进而降低成本和碳排放。

图 4-1　卡车在高速公路上以自动化列队行驶的方式运行（图片来源：iStock）

具体来说，在车队高速行驶的过程中，第一辆卡车实际上承担了"破风手"的角色，可以将前方的空气"推开"，从而在其车辆尾部形成一个低压区（又被称为"真空带"），让后面的车辆借助牵引气流行驶。这种效应会逐辆传递，使得排在车队中的卡车承受的风阻都降下来，从而降低整体能耗。

这种行进方式虽然在技术上可以实现，但在经济逻辑上存在问题：虽然第一辆卡车可以为其他车破风，但是它自身的能耗和成本都不会下降，这相当于虽然让后面的卡车"搭便车"，自己却得不到任何收益。这个问题如果得不到解决，就没有卡车会愿意排在第一的位置，每辆卡车都会想跟在后面搭便车。无人驾驶人工智能目标函数中必然包含收益最大化、成本最小化，人工智能又没有道德判断和"大局观"，我们不能指望机器像人类一样"舍己为人"。因此，如果没有办法从根本上解决这个问题，无人驾驶卡车就不可能实现列队前进，也就无法实现能源和碳排放的节约。

那么，我们能否在不改变无人驾驶人工智能目标函数的情况下，通过某种经济手段来解决这个问题呢？答案是肯定的，那就是让机器之间互相交易，让车队中的每辆卡车都给前车支付一点费用，这样无论谁排在第一位都不会觉得有损失。这相当于将总体节约的成本用公平的方式实现再分配，从而找到了经济上的最优解。只要能实现这一点，卡车就能够分工与协作。为了达到这样的目标，这些卡车不仅需要即时通信，还需要随时交易。

卡车之间的交易又如何实现呢？显然，卡车无法开设银行账户（即使技术上可行，也会面临很多法律难题），也不可能使用 Paypal（贝宝）、支付宝等第三方支付服务。卡车之间需要采用一种完全数字化、可编程的媒介和方式进行交易。而最与之匹配的技术就是区块链和智能合约。每辆卡车只需要在加入车队之前，在指定的智能合约中锁定一点数字资产，然后将自己加入这个临时车队后产生的实际能耗等数据都记录到区块链上，就可以让智能合约计算应付金额并实时结算。这样一来，任何卡车要想参与到这个车队中，只需向前车支付少量费用，就都能享受到前车"破风"带来的实惠。

因此，如果这些无人驾驶卡车能够基于区块链实现机器之间的交易，整个车队的成本和碳排放就可以系统性降低，整个交易过程就可以在区块链上基于智能合约实现，从而确保公开、公正、公平。这样的车队开在高速公路上，会吸引更多的无人驾驶卡车加入，进而完全改变高速公路运输模式。

我们对整个机制做一下总结：区块链、人工智能、物联网等数字技术实现了物与物的协作与交易，物物交易实现了利益的公平分配，公平分配带来了整体效率的提升，效率提升又会加速构建更大规模的协作体系。因此，我们可以看到，在元宇宙时代，区块链等数字技术确实可以给交通运输行业带来真正意义上的全新模式和价值增量。这是一个数字经济与实体经济深度融合的典型实例，在一定程度上揭示了元宇宙时代产业变革的方向。

这样的场景并不是我们的想象，也并不需要在很遥远的未来才能实现，现实世界中已经有相关研究和尝试。德国博世公司（BOSCH）与区块链项目 IOTA 合作，尝试通过物联网与分布式账本（distributed ledger）来实现可以进行调度和管理的卡车自动化列队行驶模式。

在元宇宙时代，"万物互联"将逐步走向"万物互信"，再到"万物交易"和"万物协作"。在这个过程中，交易不仅在人与人之间发生，人与机器、机器与机器之间的交易也会频繁发生，到那个时候，产业必须整体升级，每个环节都必须实现完全的数字化。比如，每个智能硬件需要有自己的数字身份，交易机制必须完全实现自动化，交易媒介必须是可编程的，支付方式应该是实时清算的。数字化技术给产业带来的变化绝非简单的技术升级，而是底层商业模式和产业链条的革新。元宇宙时代会有与现在完全不一样的产业图景和商业形态，数字经济与实体经济将深度融合。

除了区块链技术之外，AR 技术也是推动产业变革的关键性技术。该技术可以将数字信息叠加在物理对象之上，实现数字世界与物理世界的融合（见图 4-2）。与之相关的技术应用开始帮助很多产业优化设计、测试、制造等关键流程，因而带来了巨大的价值。以飞机制造业为例，飞机上的"短舱"（nacelle）是推进系统最重要的核心部件之一，包裹着发动机和燃油系统。而相对于航空发动机热端部件，短舱属于"低温部件"，包括一套极为复杂的集成系统，其建设成本约占发动机成本的 25%。在以往的短舱制造测试过程中，人们常使用破坏性测试，导致许多高价值的部件在测试中报

图 4-2　AR 技术已经开始在产业广泛应用（图片来源：iStock）

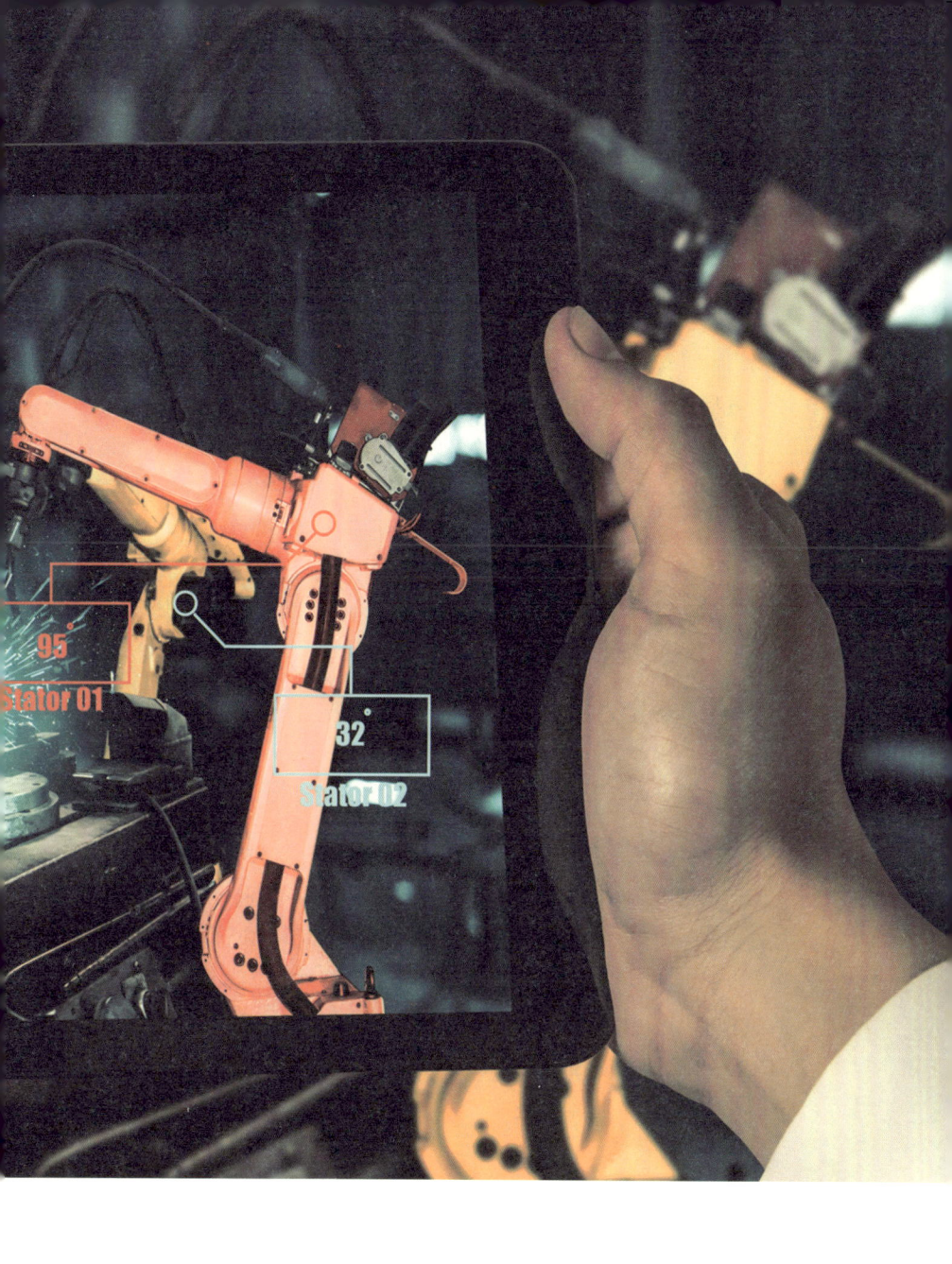

4　趋势 1：数字经济与实体经济深度融合

废,效率也比较低。近年来,全球飞机短舱的第二大供应商赛峰短舱公司(Safran Nacelles)在生产 A320 和 A330 系列客机的发动机短舱时,使用了一个名为 IRIS(InfraRed Inspection System)的机器人系统,其用红外热成像系统对部件进行扫描,并使用 AR 技术将扫描后的数据直接"投影"到被检查的部件上。这套新的检测方法使短舱生产的检验周期缩短了 50%。

外科医生在手术之前需要耗费极大的时间和精力来研究患者的各种二维检测图像,以确定最佳手术方案。但是,受制于二维图像信息的局限性,医生可能会误判,导致术中出现临时变更方案等一系列问题,从而增加手术风险。

硅谷的 EchoPixel 公司基于 AR 技术开发出交互式 3D 手术平台和术中软件,可提供裸眼观看、非接触式、交互式的三维解剖成像,支持各类结构性心脏手术。该公司的 True3D 软件使心脏医疗团队能够与三维的医学数字对象实现直接交互,从而让医生的判断更加全面、准确。该公司利用计算机断层扫描(CT)、磁共振(MR)、超声心动图和 C-arm 透视图来创建实物大小的器官、血管和其他结构的全息数字版本,并允许医生与特定解剖结构的"数字孪生体"进行交互,以确定治疗目标、手术方法和导管位置,从而捕获更准确的测量值、距离和角度。这些技术大幅缩短了医生的诊疗和准备时间,既减少了医院的成本,也减少了病人为治疗所花费的时间和成本,还有效降低了风险。

VR 和 AR 技术将在制造、医疗、传媒、教育、考古、旅游、建筑等诸多领域发挥广泛的应用价值。当然，以上案例仅仅是元宇宙中产业变革的先行尝试。未来，整个工厂、医院甚至城市都将完成数字孪生，各项资源均可在数字世界快速调用，外部影响均可被准确估计。届时，无论是制造领域还是医疗领域，都可以在数字世界中进行全面而精准的测试，从而得到最优化的方案。方案在执行时甚至不需要人类干预，通过智能机器人就可以将数字世界的状态同步到物理世界，从而完成制造或者医疗过程，使经济效率实现本质性提升。

在元宇宙时代，另一项能够推动产业变革的关键技术是人工智能。人工智能将加速海量数据的深度分析，从而协调整个元宇宙的资源配置与运转。例如，基于人工智能和大数据的"城市大脑"在很多城市已经得到了广泛应用（用于协调整个城市的资源，提升城市的运行效率和公共事务治理水平），已经接近元宇宙时代公共治理方式的早期版本。例如，现在杭州的城市大脑可以对城市交通进行实时分析，从而得到每一辆机动车或行人当前运动的方向以及速度。城市大脑还可以有效感知城市各区域实时交通状况，智能调节红绿灯，使得道路车辆通行速度最高提升 11%。

未来，实时计算、自动感知、仿真推演、多端协同将成为现实，城市管理的智能化将进一步加速。越来越多的智能交通工具和道路等基础设施将产生大量数据，并被上传到云端。城市大脑可以在数字空间中对车流、事故、天气等数据进行实时分析，甚至可以直接给出个性化的智能调度建议,从而帮助车辆选择最合适的路线,提高整体交通效率。

人工智能应用也可以赋予机器一定的分析能力,使其与人类更加紧密地协作,这样便能将数字世界的指令落实到物理世界中,从而实现两个世界的状态同步。2020年5月,宝马已经开始尝试为工厂中的物流机器人和智能汽车运输机器人安装高性能人工智能模块,这些模块是由宝马与英伟达(Nvidia)合作开发的。在给机器人配置人工智能模块后,机器人就拥有了一定的"思维能力",变得更加"聪明",可以更好地自主优化流程。例如,在添加智能模块后,机器人的协调性得到了提高,其对人和物的识别能力也增强了。与此同时,导航系统变得更有效,能更快、更清晰地识别叉车、拖车和人员等,还能在几毫秒内计算出替代路线,从而使机器人快速避开障碍物并继续行驶。①

在元宇宙时代,产业变革方向不仅局限在提升生产力方面,数字技术的应用也将改变产业的组织方式,从而改进生产关系,提升社会协作水平。例如,在足球领域,球迷被称为球队的"第十二位成员",对足球俱乐部的发展至关重要(见图4-3)。球迷会为各自喜爱的俱乐部提供许多关键性支持,各家俱乐部也都声称十分重视球迷的看法。但非常遗憾的是,事实上,球迷并不能影响俱乐部和球队的任何决定。就算是球队球衣或周边产品样式等小问题,球迷也

---

① 刘丹丹. 宝马集团:将"智能化"嵌入当下汽车商报[EB/OL]. 2020-05-25[2021-08-01]. https://www.sohu.com/a/397562045_294030.

图 4-3 球迷被称为球队的"第十二位成员"(图片来源:iStock)

无力改变。然而，这些情况正在发生变化。2020年1月，尤文图斯俱乐部进行了一次有趣的尝试，让俱乐部的球迷投票选择俱乐部主场进球时播放的歌曲。最终，球迷选择了英国模糊乐队（Blur）的歌曲《歌曲2》(Song 2)。表面上，这虽然只是关于一首歌曲的无关紧要的选择，却是球迷直接参与俱乐部决策的一次尝试。这次尝试让俱乐部球迷真正觉得自己成为球队的"第十二位成员"，并拥有了参与管理球队事务的权利。

这次投票是在球迷互动系统Socios上进行的，该系统搭建在Chiliz这个以区块链技术为基础的文化体育平台之上。球迷可以通过该系统获得俱乐部通证，随后可以在Socios上对俱乐部球衣颜色、体育场音乐和徽标、友谊比赛安排等事宜进行投票。基于区块链的智能合约技术，Socios让球迷的投票实现了透明化，并确保俱乐部会执行投票结果。这在一定程度上改变了俱乐部的组织和治理方式，改变了俱乐部衍生品的发售模式，甚至也正在改变体育竞技产业的商业模式和组织方式。

过去，俱乐部的运作机制像一个"黑盒"，即使是最忠诚的球迷，也无法了解和影响其内部的决策机制，赛事安排存在的人为操纵、弄虚作假等问题更是受到长期诟病。区块链和智能合约等技术可以使决策过程公开、透明，使决策结果不可篡改。因此，很多人认为，数字技术不仅能提升生产力，还有机会变革生产关系。

无论技术多么先进，其价值都必须通过切实帮助产业转型升级、提质增效体现出来——给产业带来增量的价值才是技术的真正价值。元宇宙是第三代互联网，是一系列数字技术的融合，帮助产业转型也同样是元宇宙的核心使命。元宇宙最关键的应用场景是产业场景。在元宇宙中，我们在建设一家实体工厂的同时也要建设一个数字孪生体，以实现物理世界与数字世界的实时映射。千万辆车的行驶数据上传云端，可以共同绘制成一幅实时反映区域经济运行的地图。身处世界各地的人可以基于数字世界实现高效协作，全面联网的智能设备可以有效联动，产业链协作将变得更加透明和高效。

数字资产与实物资产融合

赣酒曾荣获第五届国际名酒博览会金奖。在高峰期，赣酒省市县三级的区域性经销商达 30 家以上。但 2020 年，新冠肺炎疫情导致江西赣酒公司库存大量积压，经销商无法及时支付购货款，以致公司扩大产销计划严重受阻。面对如此产销两难的严重困境，赣酒公司董事长张辉军一度非常焦虑："虽然公司总资产在 1.3 亿元左右，年产能达万吨，酒基近 2 000 吨，但负债率有点高，公司急需融资'回血'，却又提供不了符合要求的可抵押物。"在得知赣酒的困难后，央行金融研究所的专家们提出利用库存酒基质押融资的模式，积极协调指导赣酒公司、江西银行吉安分行、火链科技开展三方合作，以"酒基+存货+供应链+区块链"的"动产数字贷"新融资模式，让基酒和成品酒实现"资产上链"，使得经销商可以凭借成品酒申请贷款。

这种创新的融资模式，利用供应链中核心企业（赣酒公司）的库存白酒可流通、可保值的特性，基于区块链技术实现了成品酒的数字化。由于在区块链网络上，代表白酒资产的凭证可实现拆分、流转，可大幅提升资产的流动性，这就相当于让低流动性的"固态资产"转变为高流动性的"气态资产"，进而带动资产价值的提升。这种方式盘活了核心企业存货资产和应收账款，也有效减轻了下游经销商的资金压力，从而促进下游经销商扩大销售。比如，新干县淦瑞商行的老板皮显虎就表示："这次江西银行给了30万元低利率信用贷款，我一口气进了120箱赣酒。赣酒公司帮我担保贷款，我给赣酒公司卖酒，进货不用自己掏一分本钱，这生意好得很。"①

这是一个区块链供应链金融赋能实体经济的典型案例，其类似模式已经在多地应用。尽管目前我国社会信用体系建设工作正在加速推进，但是在一些情况下，建立商业信任仍然较为困难。比如，中小微企业由于体量小、固定资产较少，所以难以从金融机构获得足够的资金支持。特别是在新冠肺炎疫情发生后，小微企业面临着更加严峻的挑战。区块链可以将资产数字化，促进数字资产与实体资产相融合，这样资产发行人（赣酒公司）、资产使用者（下游经销

---

① 谢文君."动产数字贷"助赣酒香飘四方 [EB/OL]．2021-07-23[2021-08-01]．https://www.financialnews.com.cn/qy/dfjr/202107/t20210723_224110.html.

商)、生态服务商(江西银行吉安分行、火链科技)等各方都能通过资产形态升级获得实质性收益,可谓"三赢"。此外,上链后的"数字化资产",更容易实施穿透式管理,无论是金融机构还是投资人,都可以更实时地了解底层资产的变化情况,从而降低风险、节约管理成本。因此,贷款利率也可以适当降低。这就相当于投资人让利于融资者,以缓解小微企业融资贵等问题。

资产上链赋能实体经济

区块链堪称"信任的机器"。信息上链后,就会被分布存储、多方见证,不可篡改。但值得注意的是,区块链虽然可以保证链上数据不可篡改,但是无法保证链上数据的真实性和准确性。但在未来,企业可以通过物联网、工业互联网等方式实现"数字孪生",从而把上下游企业的 ERP(企业资源计划)系统、生产系统、库存系统、物流系统等底层的系统全部打通,并直接接入区块链系统。这将大大增加造假成本,降低链上数据的伪造风险,进一步提升资产上链的可信性和安全性。因此,资产上链实现了数字资产和实物资产的融合,可以有力赋能实体经济发展,在元宇宙时代有望成为主流商业模式。

除了实物资产上链，金融资产上链也是非常重要的探索方向。例如，证券型通证是实现金融资产上链的途径之一。证券型通证处于数字资产和传统金融资产的交叉领域，以非常严格的合规为前提。在已经出台相关法律或政策的国家或地区，证券型通证可以与股权、债权、不动产等实体资产挂钩，比如公司股权、私募基金、私募债都可以通过 STO（证券型通证发行）的方式实现发行并同步上链，可在合规的前提下有效降低发行和流通成本，并提升资产的流动性。这对金融行业发展变革具有重要的意义，对赋能实体经济也很有价值。

当然，证券型通证目前仍然处于探索早期，2019 年就出现过讨论热潮，但是这几年的发展速度并不快。这说明证券型通证还存在一些弊端和亟待解决的问题，在未来仍有很长的一段路要走。证券型通证在变革金融资产、提升流动性方面值得高度关注。未来，在元宇宙时代，数字金融会全面落地，证券型通证也有望进一步优化升级，成为实体资产与数字资产的连接桥梁与融合加速器。

特别值得注意的是，证券型通证目前主要在美国、瑞士、新加坡等国家和中国香港地区进行探索，在中国内地还未实现合规，这些项目也并不接纳中国内地居民参与投资。为了保护自身的合法权益，读者应理性看待这一新兴事物，增强风险意识。

区块链也开始与艺术、收藏、游戏等文创领域广泛结合，这就是 NFT 的探索。通过 NFT 的方式，我们还可以将各类非标准化资产映射到区块链上，使其形成数字资产。这样可以极大提升这些非标资产的流动性和交易范围，有效降低交易成本和门槛，扩展更大的价值空间。因此，NFT 化也是实现资产上链的重要途径。在元宇宙时代，万物皆可 NFT。Decentraland 中有一家数字土地交易中心，在其中进行交易的数字土地就是以 NFT 的形式存在的（见图 4-4）。当然，目前这些数字土地不对应任何实体土地，但是在元宇宙时代，数字世界与物理世界可以深度融合，未来物理的土地可能也会实现 NFT 化，从而降低交易成本，提高交易效率，控制交易风险。本书第八章会专门讨论 NFT 有关话题，这里就不进行展开。

我们有理由相信，在元宇宙时代，大多数资产都是数字资产与实物资产的融合形态，融合性的数字资产将迎来大爆发。随着物联网、大数据、区块链技术的融合发展，未来会有越来越多的资源通过上链实现资产化，实现有效确权并获得流动性，进而提升价值。随着数字世界与物理世界的融合，传统金融体系与基于区块链的数字金融体系也将进一步融合。

因此，资产上链有望成为元宇宙发展壮大的关键基石，从而进一步推动物理世界的数字化转型。但我们也要清楚，资产上链只是将物理世界的资源映射到数字世界中的手段。资产上链的目的是，推动产业全面上链，促进数字经济与实体经济深度融合，并通过互相促进来赋能实体经济转型升级，从而催生新产业、新业态、新模式，壮大经济发展新引擎。

图 4-4　作者于佳宁参观数字土地交易中心（图片来源：Decentraland）

专栏：企业如何把握元宇宙大机遇？

元宇宙是未来社会和经济发展的新空间，有多种应用场景，各行各业都要考虑在元宇宙中实现落地。元宇宙的变革也会给很多行业带来一系列全新挑战。那么，企业如何才能把握元宇宙的机遇，从而成功实现转型呢？

- **把握元宇宙黄金十年的短暂窗口期**。移动互联网的红利期已进入尾声，赢家通吃的"马太效应"在各细分领域都很显著。而企业进行元宇宙转型可以未雨绸缪、制胜未来。未来十年将是元宇宙发展的黄金十年，企业需要深刻理解窗口期中涌现的各种可能性，只有尽早布局，才有机会在元宇宙中取得先发优势。（参见第三章）

- **思维认知和企业文化优先转型**。元宇宙即将引发的产业变革速度、广度和深度都将远超移动互联网。元宇宙变革的本质是思维变革：元宇宙新思维 = 技术思维 × 金融思维 × 社群思维 × 产业思维。认知和文化优于战略，企业应优先建立对元宇宙的整体认知，形成全面拥抱元宇宙的企业文化。（参见第十一章）

- **尽早制定企业的元宇宙总体战略**。企业应将元宇宙转型的战略问题放在优先级别（由企业主要负责人亲自推动），尽早制定企业的元宇宙总体战略，确定企业在元宇宙中的定位，明确元宇宙转型的总体目标，并从最终目标反推需要进行的一系列变革。

- **把数据纳入核心资产，尊重用户数据权利**。在元宇宙中，数据是个人和企业的核心资产。首先，企业需要进一步加强数据安全保护，在确保数据安全的前提下提升数据利用效率和挖掘深度。其次，在开展业务时，企业需要充分考虑、尊重并保护用户的数据权利，将数据的所有权切实归还给用户。最后，企业需要推动数据资产化，让数据真正成为企业的生产要素。（参见第五章）

- **考虑向经济社群化的组织逐步转型**。在元宇宙中，以平台化、社群化、在线化为特征的新型协作组织方式将逐步成为主流，因此企业要思考建立适应元宇宙的组织方式以及具体转型路线图，逐步适应并建立新的协作机制和经济社群式组织方式。（参见第六章）

- **重视数字贡献者的重要性**。企业需要重新思考外部数字贡献者的来源和重要性，其中有些可能是供应商，有些可能是用户。企业要仔细思考他们以何种方式为企业贡献了何种关键资源，以及给他们分配价值的方式是否合理。企业要尝试构建新的利益分配系统，打破边界，实现生态价值最大化。（参见第六章）

- **重视 IP（知识产权），强化直接交付用户体验的能力**。在元宇宙中，来自物质的约束将被打破，IP 将是一切产业的灵魂，创意可能是唯一的稀缺资源。因此，企业在制定战略时，需要将 IP 经营放在关键位置，系统性地梳理 IP 资源，重新思考企业业务

的文化属性，明确未来在数字世界的新商业模式，强化直接交付用户体验的能力。（参见第八章）

- **利用 NFT 实现产品形态突破**。NFT 有望成为元宇宙中的关键价值载体。企业要利用好 NFT 等工具，开发新形态的数字商品，激活 IP 价值，找到让企业软实力变现的有效路径。这是元宇宙战略中较为重要的一环。（参见第八章）

- **积极尝试新技术，实现数字孪生，在业务和资产等维度全面思考数字化融合**。元宇宙是数字世界与物理世界的融合空间。其中，数字经济与实体经济融合发展，数字生活与社会生活相互促进，数字身份与现实身份两者结合，数字资产与实物资产实现互通。因此，在元宇宙中，企业必然要走融合发展之路，这就要求企业不仅要把业务流程、产品形态、关键资产、营销驱动全面数字化，还要通过"数字孪生"等技术让线上线下的场景和资源真正融为一体，这样才有机会在元宇宙中取得竞争新优势。（参见第十章）

5

趋势 2：
数据成为核心资产

——元宇宙中数据就是财富，数据权利被充分保护

在元宇宙时代，数据就是如同石油一样的核心战略资源。

数据对生产效率的倍增作用日益凸显。基于数据的定制化产品和服务既让商业效率大幅提升，也让每个人的生活变得更好。每台终端设备无时无刻不在产生数据，数据总量呈指数级增长，而机器学习把数据的作用极度放大。同时，善用数据可以使公司获得巨大的收益，懂数据的公司变得越来越值钱。未来在元宇宙中，中心化互联网机构垄断数据资产、滥用用户隐私数据的模式会终结，取而代之的是一个充分实现数据权益保护、数据资产化和要素化的全新经济体系。区块链技术可以作为"确权的机器"，可以提供一种极低成本的数据确权服务，并通过智能合约实现数据的交易和价值分配，从而让数据成为每个人真正的资产，让数据价值最大化。

你的数据就是你的资产

2020年,新冠肺炎疫情致使菲律宾数百万人失业。在菲律宾首都马尼拉北边的一个小城甲万那端(Cabanatuan),一个没有电脑的名叫阿特·阿特(Art Art)的22岁青年却找到了赚取生活费的独特方式。每天,破旧的网吧里闪烁着电脑荧幕的彩光,他的电脑桌面上打开着一个名叫Axie Infinity的虚拟世界的主页,他在里面养殖一种叫Axie(阿蟹)的精灵宠物并完成各种任务,居然获得了相对不错的收入。这个故事来自一部名为《边玩边赚》(*Play to Earn*)的微型纪录片。2020年,一款被誉为"区块链版宝可梦"的游戏Axie Infinity在东南亚受到追捧(见图5-1)。阿特·阿特靠着这个游戏赚钱谋生。他告诉很多人这是个有趣的游戏。正是因为他的介绍,这款游戏在这个小城中迅速流行,成为许多人在新冠肺炎疫情失业潮中新的谋生之道。一对75岁的菲律宾夫妇每天可以赚5~6美元,带孩子的母亲以及刚毕业的大学生都能从中获得一些收入,甚至有些高手能每周获得300~400美元的收入,这远高于当地的平均收入水平。

图 5-1 Axie Infinity 成为一些菲律宾人新的收入来源（图片来源：纪录片《边玩边赚》，制作者 Emfarsis）

从游戏的角度来看，Axie Infinity 是一款关于数字幻想精灵 Axie 的卡牌对战类游戏，玩家可以在这个游戏中收集、饲养和繁殖 Axie 精灵。每只 Axie 精灵拥有不同的属性，包括血量（HP）、士气（morale）、技能（skill）和速度（speed），这些属性也决定了 Axie 精灵的战斗力。同时，每只 Axie 精灵也都是一个基于区块链技术的 NFT 数字资产，可以在交易市场上进行流转。

Axie Infinity 的主要玩法大体可以分为三种：对战模式、繁殖模式和数字土地模式。

对战模式分为人机对战以及玩家间对战。在对战模式中，玩家需要先通过赠予、租赁或购买等方式获取 3 只 Axie 精灵，并组成队伍。每只 Axie 附带 4 张技能卡牌，卡牌影响着 Axie 精灵在游戏中的强弱（见图 5-2）。在每个回合，玩家都需要通过严谨的排兵布阵来击败对手，从而拿到获胜奖励"小爱情药水"（smooth love potion，缩写为 SLP）。游戏中还有任务激励机制和排名机制。玩家完成每日任务能获取 50 个 SLP。官方每月根据积分给玩家排名，奖励给一小部分玩家一些游戏通证 AXS。

繁殖模式是指，Axie 精灵可以通过两两繁殖来培育后代。Axie 精灵宝宝的属性由父母的基因决定，当然也会因突变而出现拥有特殊属性的新精灵。SLP 和 AXS 是繁殖 Axie 精灵的必需品，每次繁殖需要 4 个 AXS 和一定数量的 SLP，一只 Axie 的繁殖次数越多，繁殖时需要的 SLP 也越多。为了避免精灵数量的过度增长，每只

Axie 精灵的可繁殖最大次数为 7 次。因此，那些繁殖次数少、属性好、卡牌与精灵属性匹配的 Axie 的价值就相对较高。SLP 和 AXS 是基于区块链发行的数字资产，Axie Infinity 正是通过它们构建了游戏中的经济模型。除了繁殖精灵需要使用之外，SLP 还是游戏中的重要道具，而 AXS 也可以用于提出改善方案和投票治理。

图 5-2　Axie Infinity 的对战场景
　　（图片来源：Axie Infinity，开发商 Sky Mavis）

数字土地模式是指，Axie Infinity 中存在 90 601 块数字土地，每一块都是一个 NFT，而土地拥有者对地块上产生的任何数字资产奖励都有优先获取权。未来的玩家还可以通过地图编辑器在自己的地块上建造和装饰家园，从而构建 Axie Infinity 的元宇宙（截至 2021 年 8 月，游戏内的数字土地使用场景还未上线）。

在 Axie Infinity 的游戏生态里，玩家可以通过对战、冲击排行榜以及繁殖售卖等多种方式获得收益，这也导致游戏中存在着排名代练、战斗代练、繁殖工作室等角色。不同于传统游戏生态，这些角色不再是灰色产业的一角，而是真正推动游戏发展和帮助玩家的生态群体。

Axie Infinity 为什么能在菲律宾等国家红透半边天？不仅是因为 Axie 精灵呆萌可爱，游戏核心玩法设计合理，玩家需要对空间关系、战斗流程和策略做缜密的考量才能在对战中获胜（具有较强游戏性），而且更重要的原因是，玩家在享受游戏乐趣之外，还能通过 Axie 精灵的培育以及赢得 SLP 和 AXS 等方式赚到钱。

以 Axie Infinity 为代表的区块链游戏与传统互联网游戏有三大不同之处。

首先，经济模型不同。在传统网络游戏中，付费（也被称为"氪金"）是玩家与游戏厂商之间的交易。在 Axie Infinity 中，由于 Axie 精灵只能通过交易和繁殖两种方式获得，新人想要参与游戏，就需要首先通过赠予、租赁或购买等方式从老玩家或游戏厂商处获得精灵。也就是说，该游戏中的关键道具以数字资产的形式在玩家之间自由流转，因此带来了新的分布式经济模型，甚至是"边玩边赚"的全新模式。Axie Infinity 背后的开发公司 Sky Mavis 当然也可以因游戏生态的繁荣而获利，该公司的盈利主要来自 Axie 精灵销售、数字土地销售、Axie 精灵交易手续费和 Axie 精灵繁殖费四类。该公司也持有一定量的 AXS 和 SLP，其价值也会随着游戏的火爆而持续增长，这些机制使得游戏厂商和玩家的利益变得更加一致。

其次，玩家的组织方式不同。对于传统网络游戏，特别是电子竞技属性较强的游戏来说，专业玩家的部分收入与游戏锦标赛奖金、赞助以及广告收入有关，但是很大一部分收益都归职业玩家和电竞公会所有。Axie Infinity 也同样出现了游戏公会的模式，以 YGG（Yield Guild Games）公会为代表。它向新手玩家出借 Axie 精灵，并由社区经理对新玩家进行培训。在玩家获得的收益中，10% 作为精灵租金支付给公会，20% 作为培训费用支付给社区经理，玩家自己则能保留 70% 的收益。在这种新型组织方式中，各方分工明确：公会负责提供"生产资料"，社区经理提供"生产技能"，玩家则主要负责在游戏中进行"生产"，各方得到相应的回报。2021 年 7 月，YGG 公会全体成员共赚取超过 1 177 万个 SLP，这也推动了 Axie Infinity 的游戏生态进一步发展。

最后，游戏账户和道具的透明度和归属权不同。在传统网络游戏领域，游戏道具等资产的所有权实际上属于游戏厂商，厂商可以随意发行游戏道具（实际发行的数量和分配方式不透明），甚至有权更改玩家持有的道具，玩家实际上仅拥有游戏资产的使用权。而在 Axie Infinity 中，借助区块链技术的赋能，玩家可以真正拥有这些游戏资产的所有权。道具的总量和分配也非常透明，AXS 和 SLP 是游戏中繁殖 Axie 的核心要素，但 AXS 只能通过排名奖励获得，每个账号每天能获得的 SLP 也存在上限。任何人都可以实时通过区块链浏览器查询 AXS 和 SLP 的发行和分配情况，无法造假。由于游戏道具实现了通证化，其交易成本大幅下降，其流动性大大提高，因而成为真正的数字资产。

很显然，尽管这些游戏道具以数据的形态存在，但是玩家为了获取这些道具投入了劳动或者金钱，并且道具有明确的市场价值。因此，这些道具应该被视作资产，并且应该归创造者所有。Axie Infinity 成功的因素之一就在于，它将玩家的道具等数据变为真正的资产，并确权到玩家手中（见图 5-3）。[①]

让用户拥有游戏资产，是一个重大的变革。尽管网络游戏行业快速发展多年，但网络游戏虚拟装备的归属权长期存在争议，并引发了一系列问题。在大众普遍认知里，游戏账号和拥有的道具被认为是玩家的虚拟资产，玩家按理说应该可以自由交易这些虚拟资产，市场上也一度出现如 5173.com 这类网络游戏道具交易平台。全球网络游戏虚拟资产交易市场规模一直在持续增长，从 2014 年的 191.6 亿美元增长至 2020 年的 388.2 亿美元。2020 年，全球共有 4 亿多游戏玩家参与游戏账号、装备的相关交易。[②] 我国《民法典》第一百二十七条规定："法律对数据、网络虚拟财产的保护有规定的，依照其规定。"国家制定该条款就是为了满足互联网时代保护个人数据与网络虚拟财产的需求。

[①] 需要特别注意的是，在我国运营的网络游戏需要取得由国家新闻出版广播电影电视总局批准的相关游戏出版运营的批文号，即游戏版号，Axie Infinity 尚未在我国取得游戏版号。
[②] 智研咨询. 中国游戏市场持续火热，全球网络虚拟物品交易行情究竟如何？[EB/OL]. 2021-07-30[2021-09-01]. https://www.chyxx.com/industry/202107/966003.html.

图 5-3　作者于佳宁到访 Axie 展示空间（图片来源：Decetraland）

但另一方面，游戏厂商却从不认同游戏账号和道具是玩家拥有的虚拟财产。早在 2004 年，时任网易游戏市场总监黄华就表示："这些所谓的'虚拟财产'都是属于游戏开发者的。就像一个软件一样，著作权是属于软件开发者的。玩家只是游戏的'使用者'和'体验者'。"

2021 年 4 月，腾讯在广州互联网法院起诉 DD373 游戏交易平台，庭审视频在互联网上被广泛传播并引发巨大舆论浪潮。DD373 是一家网络游戏交易平台，玩家可以在该平台交易游戏道具和游戏账号，例如在这个平台上，就有玩家交易腾讯运营的游戏《地下城与勇士》（DNF）的账号、金币和道具等。腾讯认为，该平台的交易模式影响了《地下城与勇士》这款游戏的运营，损害了腾讯公司的利益，因此将其告上法庭，要求赔偿 4 000 万元并道歉。

在庭审过程中，腾讯声称，如果用户接受网络服务商提供服务所形成的数据虚拟财产，那么包括玩家的游戏币在内的虚拟财产便属于公司的数据，其权属在游戏公司的手中。游戏账号和游戏道具不属于虚拟财产，玩家只有使用权，没有所有权。《地下城与勇士》的知识产权归腾讯所有，游戏中的道具、金币等物品所有权也应该归属于腾讯，玩家和第三方平台无权对此进行买卖和交易。最终，腾讯未能赢得诉讼，但游戏道具的归属权仍有巨大的问号。

互联网已经走过近 30 年的历史，改变了我们每个人的生活方式。但我们从网络游戏道具权属争议中可以看到，作为互联网用户，事实上我们从未真正拥有过数字生活空间中最关键也是最宝贵的资源——数据。你可能并不是游戏玩家，但是这些争议反映出来的"数据权利"问题与我们每个人都息息相关。不可否认的是，在Web 1.0～2.0时代，要想让数据有效确权确实不容易，成本不菲，需要众多第三方机构的验证，因此权属不清是常态，数据并不能被视作真正的资产。

在元宇宙时代，这些问题必须解决。我们认为，区块链技术可以作为"确权的机器"，为元宇宙提供一种极低成本的数据确权服务，并且可以通过智能合约进行数据交易和价值分配，因而有望让数据成为每个人真正的资产。区块链技术第一次实现了在不依赖于第三方机构的情况下，快速进行所有权的确权，从而给我们的数据权利保护提供了全新的解决方案。当然，数据资产化和数权保护还面临众多障碍，尤其是牵涉复杂的法律问题，仅仅依靠区块链是远远不够的。但无论如何，我们通过 Axie Infinity 等创新尝试已经看到了数据资产化雏形，这也是更加普惠的新数字经济时代的曙光。虽然它只是一个游戏，但它更是一个利用区块链技术实现数据确权的有益尝试。游戏中的精灵、道具虽然只是一些数据，但是经区块链确权后可以成为由用户真正拥有的数字资产。基于系统中的经济模型更可以让这些数据真正成为新的生产资料，为数字经济创造越来越多的价值，形成新的数字财富。

一定要记住，在元宇宙中，你的数据就是你的资产。

围绕数据的争执

2021年年初，苹果公司和Facebook围绕用户数据的问题出现严重争执。苹果公司发布了新的系统（iOS 14），其最大的特点之一是极大地加强了用户的隐私保护：要求手机App明确透露如何收集数据，如何共享数据，以及是否将其用于广告跟踪。用户也可以明确选择是否让手机App对自己的信息数据进行追踪和分析。

这对于Facebook来说是沉重一击。目前，Facebook的商业模式是以大数据为基础的精准广告投放，即通过追踪用户的使用数据，帮助广告商精准地找到用户，并推送精心策划的个性化广告。广告投放的精准度和转化效果取决于对用户数据的深度挖掘与分析利用。财报显示，Facebook在2021年第二季度营收290.8亿美元，广告提价是营收增长的主要推动力，广告收入占总营收比重超过98%。现在，苹果手机的隐私保护功能将极大地影响了Facebook的商业运作。

2021年1月，扎克伯格指责苹果公司的这种行为是"个性化广告和隐私之间的错误权衡"，认为苹果公司滥用其"主导平台地位"推广自己的应用，同时干扰Facebook的应用。他表示，尽管苹果公司声称这项举措是为用户提供隐私保护的，但这实际上只是为了苹果公司自身的竞争利益。有消息称，Facebook正准备针对苹果公司的App Store规则提起反垄断诉讼。苹果公司首席执行官蒂姆·库克（Tim Cook）在计算机、隐私和数据保护会议上则针锋相对："技术的成功并不需要从几十个网站和应用程序中收集大量个人数据……如果一项业务建立在误导用户、利用数据、根本没有选择的选择之上，那么它不值得我们称赞，就应该改革。"

实际上，苹果公司对Facebook等巨头公司在用户数据保护上的质疑已经持续多年。2014年，库克公开抨击Facebook和谷歌是"从收集用户数据中获利的科技公司"，并表示消费者有理由担心自己的个人数据被滥用。2018年，Facebook经历了史上最大规模的数据泄露事件，也就是恶名昭彰的"Facebook-剑桥分析事件"。库克曾就此事发言称："我压根儿不会让自己陷入这样的境地……Facebook应该在用户数据问题上加强自我监管。"苹果公司和Facebook围绕数据的争执告诉了我们一些"真相"：中心化互联网巨头不仅无偿"霸占"我们的数据，而且它们对数据的滥用已经危害到了我们每个人的数据安全，对社会发展也产生了负面影响（见图5-4）。

在"Facebook-剑桥分析事件"之后，Facebook对此问题进行了反思。2021年8月11日，Facebook产品营销副总裁格雷厄姆·马德（Graham Mudd）撰文表示，Facebook正重建其在线广告系统机制。他在文章中说："因为数据与个性化推荐是我们所有系统的关键，从广告定向到优化再到度量，在接下来两年内，Facebook上几乎所有系统都将重建，事实上这已经在进行中了。"Facebook希望利用科技创新实现个人数据隐私安全和个性化数据利用的平衡，希望

图 5-4　捍卫数据权利（图片来源：iStock）

在广告主和平台都无法得到具体个人信息情况下,通过最小化数据处理量,实现广告效果度量和优化,以及个性化推荐等关键功能。同时,关于这些问题的反思可能也是 Facebook 战略转向元宇宙的原因之一。

依赖于数据的谷歌也面临着类似的问题。2017 年,欧盟反垄断执法机构对谷歌的调查报告显示,当用户搜索与产品有关的关键词时,谷歌把自己的比价服务显示在更突出的位置上,从而实现获利,这涉及滥用市场垄断地位的问题。这其实也是谷歌利用用户搜索数据的结果,用户越频繁使用一个搜索引擎,就会有越多数据被用于优化搜索结果,自然也就会使得该搜索引擎越受到广告商欢迎,进而强化其垄断地位。最终,欧盟委员会认定谷歌滥用搜索引擎市场支配地位,对其处以 24.2 亿欧元的巨额处罚。

实际上,在互联网发展早期的拓荒时代,Facebook、谷歌、亚马逊等拥有着极为庞大用户数据的巨头悄然制定了一个利于自己发展的"潜规则",那就是用户要享受便利的互联网服务,就要以无偿贡献自身数据为代价。这些公司凭借"免费"的互联网产品与服务,将用户产生的数据和虚拟财产"据为己有",将本应该属于互联网用户的数据直接变现并纳入囊中。这种"潜规则"绝非合理。随着互联网发展愈发成熟,这些行为也引起了各国监管部门的高度关注,各国正逐步用法律法规加以规范。

2016 年 4 月 14 日,在历经四年的协商后,欧盟《通用数据保护条例》(General Data Protection Regulation,缩写为 GDPR)获得通过,并于 2018 年 5 月 25 日正式生效。这是一部关于隐私和数据保护的法规,要求公司对用户隐私的保护措施要更加细化,对数据的保护协议要更加细致,以及对隐私和数据的保护实践要进行披露。2019年 1 月,法国国家信息与自由委员会(CNIL)就根据该条例开出首张罚单:因谷歌违反了条例中关于数据隐私保护的相关规定,决定对其处以 5 000 万欧元罚款。随后,谷歌提出上诉,但法国最高行政法院还是在 2020 年 6 月驳回上诉,称谷歌没有向安卓用户提供足够清晰透明的隐私保护信息。

从 2019 年开始,我国也对手机 App 过度索取用户授权的现象进行整治。截至 2021 年 3 月,工业和信息化部共完成 73 万款 App 的技术检测工作,责令整改 3 046 款违规 App,下架 179 款拒不整改的 App。时任工信部副部长刘烈宏表示,一些即时通信工具、输入法和地图导航等 App 使用麦克风权限,在读取文字输入内容后超出用户许可范围将信息用于"其他途径",这带来了风险隐患。

我国的个人信息保护立法也在逐渐趋于完善。2021 年 8 月 20 日,《中华人民共和国个人信息保护法》获表决通过,于 2021 年 11 月 1 日起施行。该法律针对个人信息的保护做出了详细规定:任何组织、个人不得非法收集、使用、加工、传输他人个人信息;处理个人信息应当具有明确、合理的目的;个人信息处理者利用个人信息进行自动化决策,应当保证决策的透明度和结果公平、公正,不得对个人在交易价格等交易条件上实行不合理的差别待遇。

诚如《人类简史》和《未来简史》的作者尤瓦尔·赫拉利（Yuval Noah Harari）所述："我们已沦为数据巨头的商品，而非用户。"人们即使知道并且不满这样的数据窃取和资产掠夺行为，仍然无法放弃使用这些互联网产品。也正是因为如此，我们必须认识到，数据是有价值的资产，应该归于创造者，互联网公司不应无偿免费滥用我们的数据。不过，数据的权利界定、交易机制、定价方式等要素分配体制的不完善，导致个人很难有效保护自己的数据资产，更无法分享数据红利。

如果个人数据可以流通变现，那么企业购买用户数据或在交易中抽成也可以实现共同获利，或许能打破目前的数据困境。2018年9月20日，知名科普杂志《科技新时代》（*Popular Science*）的一篇报道称，基于以太坊区块链的Brave浏览器被列为谷歌Chrome浏览器的可行替代品。Brave是一个将隐私放在第一位的新款浏览器，由Mozilla（火狐Firefox浏览器背后的非营利组织）联合创始人、JavaScript（计算机编程语言）的发明者布伦丹·艾克（Brendan Eich）开发。Brave浏览器希望将用户在网上的活动和数据访问权限还给用户，通过阻止跟踪程序，实现快速、安全和高隐私的上网体验。Brave浏览器的创新对传统互联网广告模式造成了冲击，让用户能够得到数据价值。

Brave浏览器是怎样实现这一目标的呢？首先，一些网站无节制地向用户推送各类广告，用户只能接受这种骚扰，而网站能从中获取大量利益。Brave浏览器全面阻止了各网站识别和追踪用户的企图，这也会使用户的上网速度显著提高。其次，Brave 浏览器提高了用户的浏览私密性，用户的上网数据会被加密，以提升匿名程度，从而有效保护隐私。最后，Brave 浏览器存在 Brave Rewards 功能，用户可以选择观看注重隐私的广告，赚取基于区块链的数字资产，并可以用这些数字资产支持自己喜欢的网络创作者，也可以用其兑换优质内容和礼品卡。而观看广告的行为是可以由用户自行控制的，比如设置每个小时观看的广告数量。Brave 浏览器的透明广告收入分享模式让其成为很多人的新选择。

到 2021 年 3 月，Brave 浏览器的月活跃用户达 2 900 万，每日活跃用户达到 980 万。而其发展的最大动力是，用户基于 Brave 浏览器可以获取自己原本就应该拥有的数据价值，从而让数据的资产化和价值化成为现实。

保护个人隐私和数据权利将是下一代互联网发展的根基。元宇宙的商业模式将建立在数据资产价值公平分配基础之上。随着个人信息保护的法律法规的完善，以及用户数据权利意识的觉醒，我们将看到数据确权和交易会成为用户的刚需。尽管高替换成本、强网络效应和用户体验一致性等因素是互联网巨头的竞争壁垒，看似很难被颠覆，但我们相信，随着个人数据开始变成更有价值的资产，看似无法实现的数据交易将变得可行，用户对数据权利的追求将使互联网商业规则发生根本变化。帮助用户数据实现资产化并实现流通的能力将是互联网公司新的关键竞争力。

专栏：元宇宙时代，如何保护自己的数据权利？

每个人都应该意识到，你的数据就是资产，在未来则可能是最宝贵的资产和财富。但是，这笔财富往往很少能被我们真正管理和保护。那么，我们应该如何保护自己的数据权利呢？

- **像爱护眼睛一样保护自己的隐私数据**。各个 App 的数据保护政策并不相同，我们在使用时必须对此保持关注，对任何授权、追踪、记录 Cookie（储存在用户本地终端上的数据）的请求都要查看，不要直接点同意，以免自己的数据被互联网公司随意收集。这些数据不但会被平台无偿使用，还可能被用在对我们不利的方面，比如"大数据杀熟"等。我们应给手机上各种 App 仅授予非常必要的权限，即使是对互联网巨头或大型企业的产品也要如此。除非在非常必要的情况下，我们不要随意启用面部识别等功能，以防止极为关键的个人生物信息被收集和滥用。

- **像保护财产一样保障自己的信息安全**。不要对手机进行"越狱"或 Root（获取超级用户权限）操作，要在个人电脑上安装正版操作系统。不要盲目注册来路不明的 App 或者网站。要将不常用的电脑软件或者手机 App 一律卸载，等要用的时候再安装。要定期使用系统自带的恶意软件扫描工具进行全盘扫描。对于不了解的小程序或者 H5 页面，不要轻易授权社交网站的个人信息，以防止身份信息被恶意使用。要在不同网站或 App 采用不同用户名和密码,若记不住用户名及密码,就启用密码管理器,从而避免个人信息和密码被纳入"社工库",避免成为网络上的"透明人"。在重要网站或者应用中,应尽可能启用"两步验证"功能。在公共场合,不要轻易连接免费 Wi-Fi(无线网络),绝不扫描不明二维码。不要点击不明短信中的链接,不答复任何不明来电。

- **宁可付费也不随便付出数据**。很多免费软件或服务的背后是以数据授权为代价的,它们往往需要获取大量权限,那些所谓破解版的软件或者 App 甚至可能会窃取敏感信息,用户付出的实际代价可能更高。天下没有免费的午餐,互联网上的流量价格昂贵,免费服务总要有其他的变现机制。虽然付费软件需要用户支付一定费用,但其隐私性和安全性往往会稍好一些。因此,我们要尽可能从官网或者应用商店下载软件或 App。

- **时刻准备好捍卫你的数据权利**。我们要深入了解关于个人隐私数据的法律条文和维权方式,一旦发现个人数据被泄露、窃取或滥用,或 App 存在损害隐私权利的行为,就要勇于用法律的武器坚决维权。

懂数据的公司越来越值钱

2020年，视频网站网飞（Netflix）出现了惊人的增长，全年新增了3 700万付费会员，营收达到250亿美元，收入同比增长24%，营业利润甚至增长76%，达到46亿美元。为什么网飞能在各类流媒体网站中脱颖而出，追根究底是善用数据带来的巨大力量。网飞发布的报告显示，有80%的用户在选择观看影音内容时，会受到大数据分析推荐的影响。网飞正是一家善于应用大数据的公司。网飞利用人工智能分析用户数据，得到用户偏好，进而实现内容的个性化推荐，有效增加了影音内容的观看人次和用户的忠诚度，令其奠定了流媒体领域的霸主地位。

为什么我们反复强调数据可以成为资产？因为数据确实很值钱。当下，数据对提高生产效率的倍增作用日益凸显，"定制化"的产品和服务让商业效率大幅提升，也让我们的生活在某些方面变得更好。每台终端设备无时无刻不在产生数据，数据总量呈指数级增长，机器学习把数据的作用放大，数据已经变成了财富。善用数据的公司或个人可以获得巨大的收益，懂数据的公司变得越来越值钱。这些逻辑在网飞等公司身上得到了非常好的验证。

但是，很多行业存在数据高度分散、标准不统一、系统不互通等问题，这便导致数据采集和利用面临成本高、效率低、不合规等困难。区块链技术的出现在很大程度上解决了这些问题，使数据的篡改难度和可追溯性得到了大幅改进，同时也使链上数据分析成为大数据领域的关键赛道之一。其中，成立于 2014 年 10 月的 Chainalysis 公司是这个赛道的领军企业。

2014 年 2 月 7 日，当时还非常年轻的区块链行业遭遇了"黑色星期五"，受到了史无前例的重创。这是因为当时全球最大的数字资产交易平台 Mt. Gox 再次遭受到黑客攻击，这也是它遭受过的最严重的一次打击。[①] 这次攻击造成了共计约 85 万枚比特币被盗，尽管此后 Mt. Gox 号称找回了 20 万枚比特币，但仍有 65 万枚比特币不知所踪。按当时的价格计算，被盗比特币的价值约为 5.2 亿美元；如果以 2021 年 9 月的价格计算，被盗比特币的价值约为 3 250 亿美元！这一重大黑客事件也导致了当时市场对交易平台的安全性极度不信任。也正是在那一年，区块链数据分析公司 Chainalysis 应运而生。

2017 年 6 月，一些区块链公司代表参与了美国国会众议院听证会，Chainalysis 联合创始人乔纳森·莱文（Jonathan Levin）表示，他确切知道丢失的 65 万枚被盗比特币的去向（当然，这不意味着能把它们拿回来）。Chainalysis 后来逐步成为美国政府在区块链领域

---

① Mt. Gox 常被戏称为"门头沟交易所"，原为万智牌（又译为魔法风云会）线上交易平台，由杰德·麦凯莱布（Jed McCaleb）创立，其命名源于万智牌英文名称"Magic: The Gathering Online eXchange"的首字母缩写，后转型为比特币交易平台，于 2011 年卖给了马克·卡伯利斯（Mark Karpeles，人称"法胖"）。2013 年，Mt. Gox 成为当时世界上最大的数字资产交易平台。但在黑客事件发生后的 2014 年 3 月 9 日，Mt. Gox 在美国申请了破产保护。

的合作机构，并协助政府打击了诸多利用区块链的犯罪活动。例如，2019 年 10 月，基于 Chainalysis 的服务，美国司法部成功关闭了 Welcome to Video（WTV）这个世界上最大的儿童色情网站，抓获了数百个犯罪分子，还解救了 23 名儿童。

Chainalysis 作为链上数据分析赛道的领头羊，在获得政府和市场认可的同时，也获得了资本的持续关注和投入。在 7 年的时间里，Chainalysis 就获得了 9 轮融资，共募集了 3.66 亿美元的资金。2021 年 6 月，Chainalysis 以 42 亿美元的估值完成了 1 亿美元的 E 轮融资，这是 Chainalysis 的第三次进行过亿美元的融资，其余两次分别在 2020 年 12 月和 2021 年 3 月，融资节奏之密集也从侧面反映了其发展速度。Chainalysis 之所以如此值钱，是因为其具备极为精准和专业的对区块链上数据的分析能力。

Chainalysis 的核心业务包括定制化的数据服务（Chainalysis business data）、数字资产交易监控服务（Chainalysis KYT[①]）、链上数据深度分析（Chainalysis kryptos）、投资决策数据支持服务（Chainalysis market intel）、链上资产流动调查服务（Chainalysis reactor）等（见图 5-5）。该公司掌握着 2 000 多家区块链服务商的数亿个地址标签，精准掌握着区块链世界的数据流动背后的本质。也正是因为如此，Chainalysis 为分布在全球 60 多个国家或地区的 400 多个政府机构、银行金融机构、保险公司、网络安全公司和交易平台等机构

---

① KYT 指的是"了解你的交易"（know your transaction）。

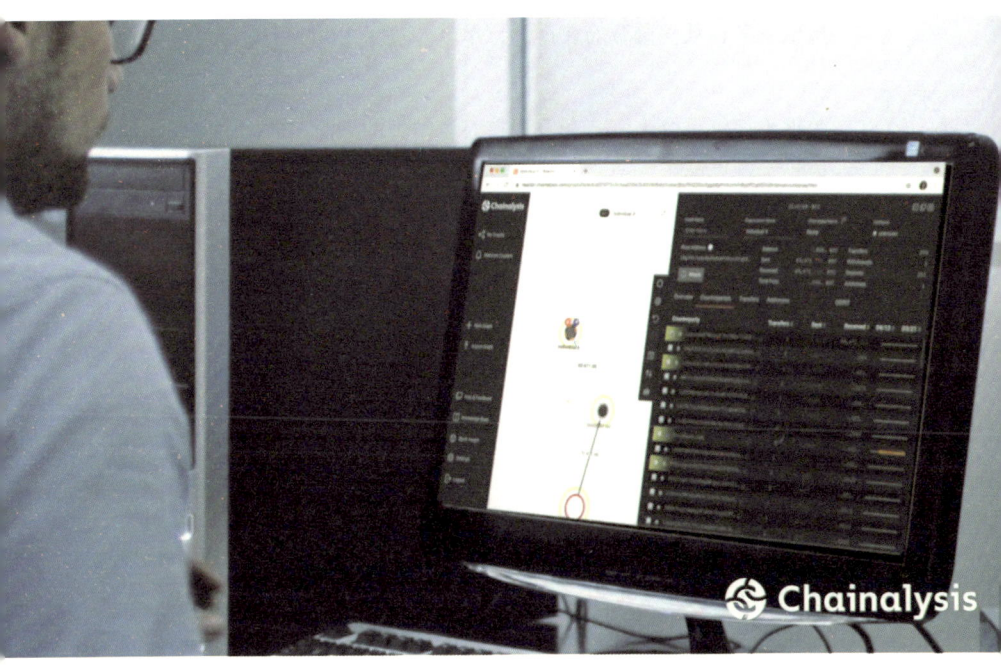

图 5-5 Chainalysis 提供区块链上的数据分析服务
　　　（图片来源：Chainalysis 官方宣传片）

提供服务，从美国政府获得的订单就超过了 1 000 万美元。

数据不仅仅是个人资产和公司核心竞争力的来源，数据对国家来说更是关键性的生产要素。我国已将提振数据价值、发展数据要素市场上升为国家政策。2015 年 8 月，国务院印发《促进大数据发展行动纲要》，提出全面推进我国大数据发展和应用，加快建设数据强国。2019 年，党的十九届四中全会提出，健全劳动、资本、土地、知识、技术、管理、数据等生产要素由市场评价贡献、按贡献决定报酬的机制，这是我国首次将数据纳入生产要素范围。随后，国务院副总理刘鹤在《人民日报》上发表了《坚持和完善社会主义基本经济制度》一文，对"数据"作为新的生产要素进行了细致的解释，其中特别提到"数据对提高生产效率有乘数作用"，还提到"要建立健全数据权属、公开、共享、交易规则"。2020 年 4 月，中共中央、国务院发布《关于构建更加完善的要素市场化配置体制机制的意见》，首次明确数据与土地、人力、资本、技术并列为五大生产要素，并明确提出加快培育"数据要素市场"、推进政府数据开放共享、提升社会数据资源价值、加强数据资源整合和安全保护等要求。

通过这些政策文件，我们能够看到我国已经把数据作为重要的"生产要素"。数据是取之不尽、用之不竭且会保持高速增长的一种新型资源。将数据纳入生产要素并转型为数据驱动的增长方式，会推动经济发展走向新的阶段。

未来，在元宇宙的世界中，数据规模将是非常惊人的，这势必会推动建立全新的数据秩序。在充分保障数据权益和隐私安全的前提下进行数据价值的再创造，是企业创新的新机会。中心化互联网机构垄断数据资产、滥用用户隐私数据的时代将被终结，取而代之的是一个充分实现数据权益保护、数据资产化要素化的全新商业模式。元宇宙中的内容创作者不用再担心文字、图片、视频等作品被随意转发而得不到版权保护，也不用担心分不到版权产生的利益。消费者不用再担心自己的购物偏好、出行数据甚至生物信息等被商业机构私下交易并且滥用，我们可以选择将个人数据出售给自己认可的商业机构，不仅能获得相应的报酬，还能实现个人数据价值最大化。

6

趋势 3：
经济社群崛起壮大

——元宇宙中经济社群成为主流组织方式，数字贡献引发价值分配变革自互联网出现以来，不少人只是聚集一些同好，并拉起一个社群，就能做出一些以往大公司无法做到的伟大成就。到了元宇宙时代，组织形态的升级是比资产形态和商业模式变革更加深层次的变化，"公司组织"将逐步衰落，**开放、公平、透明、共生的"经济社群"有望成为主流的组织形态**，组织目标转变为"社群生态价值最大化"，以组织变革的力量，助力各行业实现效率变革，开创更加公平、更加普惠、更加可持续的数字经济新范式。

当下，经济社群组织与区块链智能合约等自动化工具结合，出现了"收益农耕"等新型分配方式，以及DAO（分布式自治组织）等新型治理模式，让数字贡献者真正参与到社群的治理中，使得社群治理规则更加公平、透明、有效，强化数字贡献者和平台的共生关系，吸引更多资源，扩大网络规模，形成正向循环的"飞轮效应"。

元宇宙时代经济社群替代公司成为主流组织

2016 年 6 月 12 日，新生的以太坊区块链迎来了一个"生死攸关"的时刻。一个名为"The DAO"的初创项目被黑客攻击，共被盗走 360 万个以太坊通证，这个数量超过该项目众筹资产总额的三分之一。The DAO 是 2016 年的明星项目，它募集的以太坊通证占到当时总流通量的 15%。这个黑客事件不仅让参与 The DAO 项目众筹的支持者可能蒙受巨额损失，还有可能对以太坊生态造成不可逆转的损害。

打个比方，黑客如同飓风一般，将以太坊生态的所有参与者精心建造的稍有规模的小镇一夜毁坏，尽管土地还在，但是很多人不得不选择搬迁到别处。这是一个威胁到以太坊生态能否存续的关键时刻，这些"小镇居民"的自救过程又出现了更大的问题。

这一事件要从 2016 年 4 月 30 日说起。当时，The DAO 在以太坊上发起了众筹，成功地在 28 天内从支持者处筹得当时价值 1.5 亿美元的以太坊通证，这是当时最大的众筹。The DAO 在获得市场广泛关注的同时,也很不幸地引来了黑客的注意。2016年6月12日,The DAO创始人之一的斯蒂芬·图尔(Stephan Tual)宣称,他们发现了智能合约程序中存在递归调用漏洞(recursive call bug)。在他们修复漏洞期间,黑客利用这一漏洞直接盗走了大量以太坊通证,并转到一个他控制的智能合约。幸运的是,由于The DAO的规则限制,黑客需要等待28天之后才能提取,也就是黑客虽然表面上暂时"拥有"了这些以太坊通证,但无法将其转出或抛售,这让以太坊社群有28天的自救时间。

以太坊社群在面对The DAO被盗这样严重的事件做出了怎样的反应呢?2016年6月17日,以太坊创始人维塔利克·布特林发布了一份报告,提出了"软分叉"(soft fork)解决方案,提议所有节点统一升级到新的版本。根据这个方案,在2016年6月24日早上9点44分(也就是区块高度1 760 000)后,任何与The DAO事件相关的交易都会被确认为无效交易,以阻止黑客转出那些被盗窃的以太坊通证。这个方案得到了社群的支持,大多数节点升级了客户端软件。但不幸的是,由于更新的软件有问题,软分叉方案并没能成功解决问题。

此时,距离黑客可以转出数字资产的期限只剩下两周,剩下的唯一解决方案是将以太坊区块链进行"硬分叉"(hard fork)。按照这个方案,以太坊社群可以用升级区块链底层程序的方式,从The

DAO 和黑客掌握的智能合约①中"强行取回"被黑客盗走的资产和 The DAO 剩余的资产,也就是将约 1 200 万个以太坊通证转移到一个名为 WithdrawDAO 的智能合约中,随后返还给众筹参与者。

这个提案在社群里引发轩然大波,一些社群参与者坚决反对硬分叉。他们认为,如果因为区块链生态里的一个重要项目出现问题,他们就要对整个网络进行更改,这就会违背区块链"不可篡改、去中心化"的精神。去中心化网络的目标就是没有人有权做这种事情。网络论坛 Reddit 上有人称:"以太坊基金会参与并推广 The DAO 项目就是个错误。以太坊应该为一些能够成功的项目提供基础架构……并且坦然面对挑战。硬分叉就是对这种挑战的妥协。"

当天,一位自称是黑客代理人的人出现在 The DAO 的网络聊天频道中,他表示,黑客将拿出 100 万个以太坊通证和 100 个比特币,奖励那些反对硬分叉方案并坚持原先规则的节点。随后,一封自称来自黑客的公开信表示:"任何分叉,不管是软分叉还是硬分叉,都会极大地伤害以太坊,都会摧毁它的声誉。"

情况陷入了僵局:一边是以太坊社群的争议不断,无法达成共识;另一边是黑客即将提取盗窃而来的资产。由于时间紧迫,尽管争论

---

① 在黑客盗取了 The DAO 约 30% 的资产后,一群"白帽"黑客将 The DAO 中剩余资金用和黑客类似的手法转出到几个专门的智能合约(这些合约被称为 the white hat DAOs,以保护这些资产不会落入黑客之手),盗窃资产黑客控制的智能合约被称为 Dark DAO,因此硬分叉实际上影响的是上述智能合约。

仍在继续，但是技术团队同步在做相关的准备，多个以太坊开发团队创建了允许节点自行决定是否要启用硬分叉的客户端，各个节点可自行做出选择。

2016年7月15日，以太坊社群就硬分叉方案在区块链上发起了非正式的投票。具体过程是，以太坊通证持有人将自己的以太坊通证发送到一个特定的智能合约地址中，赞成和反对各对应一个地址（无论发送到哪个地址，全部资产都会被智能合约立即退回，但会被计数）。投票结束后，发起人会分别统计发往两个地址的以太坊通证数量，并由此得到投票结果。当时，共有大约450万个以太坊通证参与了投票，其中87%支持硬分叉方案。于是，2016年7月20日（区块高度1 920 000），以太坊的硬分叉正式实施。

但是，以太坊社群内依旧存在对本次硬分叉升级方案的不同意见，有一些节点坚持自己的观点，拒绝参与硬分叉升级。这导致以太坊实际上分化成了两条链，这两条区块链代表着不同的社群共识（见图6-1）。一条是进行了硬分叉升级后的区块链（这条链继续被称为"以太坊"）。支持这条链的节点认为，黑客攻击的行为是违法且不道德的，严重威胁了整个以太坊生态，他们必须要采取行动还击。另一条是拒绝了硬分叉的区块链（这条链被称为"以太坊经典"或"以太经典"，英文名称是Ethereum Classic，缩写为ETC）。他们认为，区块链的精神就是去中心化，用修改底层代码的方式改变链上信息的行为是破坏去中心化原则的严重问题。

图 6-1 硬分叉方案最终使以太坊分裂为两条区块链（图片来源：视觉中国）

现在，这两条区块链还都在正常运转。支持硬分叉的那条区块链得到了以太坊基金会（持有以太坊的商标）和绝大多数节点的支持，其影响力远大于以太坊经典，因此被继续称为以太坊区块链。但以太坊经典同样保持着一定的活力，发展出另一套生态。这就是以太坊在早期被迫硬分叉的故事，也是社群组织集体决策、处理分歧的一个重要实践案例。

当时，技术缺陷导致了那么大的危机，又引发了那么多的争端，整个解决过程看起来比较混乱，最后居然以项目分裂告终。这似乎并不是一个成功的案例。在后来的发展过程中，以太坊再没有为了解决应用层次的错误而修改区块链底层的代码。我们不想评价以太坊的孰是孰非，而是希望通过这个"极端"的案例，让读者了解以太坊社群的运作机制。因为就是这样一个主要依靠社群成员（包括基金会成员、节点运营者、通证持有者、应用开发者和应用用户等很多角色）共同治理的极为庞大且复杂的全球性社群组织，一直创造着让我们感到惊奇的辉煌成就。

在 The Dao 事件后的不到两年，以太坊就成长为全球最主要的众筹平台，其市值一度最高达到 1 354 亿美元。尽管在随后经历了泡沫破裂，其市值一度下跌了 93.6%，但在之后又奇迹般地找到了新的应用场景，即 DeFi，这使得以太坊从 2020 年开始又出现了更大的爆发，并一直保持"公链之王"的绝对领先地位。到 2021 年上半年，由于承载了大量的分布式金融活动、数字艺术和收藏品创建与交易、支付活动，以太坊区块链变得极为繁忙和拥堵，其市值又一次创出新高，接近 5 000 亿美元。2021 年上半年，以太坊的独立地址数（可近似理解为注册用户数）接近 1.7 亿个，单日承载的交易总额曾达 554 亿美元，锁定资产价值接近 1 000 亿美元，全球节点数达 12 451 个。毫无疑问，以太坊已经是一个在全球经济中扮演重要角色的网络基础设施，社群成员共同续写了以太坊的辉煌传奇。我们不得不承认，社群的力量比我们想象的要大得多。

以社群为基础，分布协同创造价值的组织方式在 Web 1.0 时代就已经出现，典型代表是维基百科。2000 年，吉米·多纳尔·威尔士（Jimmy Donal Wales）和拉里·桑格（Larry Sanger）合作开发了免费的在线百科全书 Nupedia，该百科全书的条目全部由具有专业背景的专家和学者编写。该项目在耗费了 18 个月的努力并花费了 25 万美元后，仅换来了 12 个词条。于是，威尔士决定采取 1995 年沃德·坎宁安（Ward Cunningham）创造的 Wiki（维基）技术，创建一个人人可参与编写的新形态"百科全书"。Wiki 技术是一种允许多人对文本进行浏览、创建、更改的协作式写作技术。每个人既是读者，又是作者，可以与互联网上的其他人合作创作内容。2001 年 1 月 15 日，维基百科正式问世。根据团队原先的设想，维基百科可能要 10 年才能达到《不列颠百科全书》8 万词条的规模，但实际上仅用了 3 年就突破了 10 万词条，并且还在以惊人的速度持续增长。20 年来，维基百科吸引了全球无数的志愿者共同构建这座伟大的知识宝库。

维基百科的诞生和崛起，是社群分布式协同创造价值的另一个重要案例。但它和以太坊社群还是有很大不同的。维基百科是非营利社群，依靠志愿者，仰赖"我为人人、人人为我"的互惠精神；以太坊则是在开源技术社区的基础上，以以太坊通证为基础构建了一个精巧的经济体系，激励所有的参与者按照规则参与协作，也就是在社群中叠加上了"内部资本"（internal capital）。① 因此，我们把类似以太坊的这种有着内部资本和经济模型的社群称为"经济社群"。

在人类协作的历史上，出现过多种形态的组织，但是大多数的组织以"科层制"的金字塔结构为基础，需要依靠自上而下的治理机制才能运行。那些扁平化的、共同治理的机制往往是较为低效的。到了互联网时代，同样是在分布式的治理机制下，为何像维基百科、以太坊社群这样的社群组织，却可以实现持续的运转并创造巨大的社会与经济价值？理解这个问题可能是我们理解元宇宙时代新的协作方式和组织形式的关键。

数字贡献呼吁价值分配革命

2020 年 5 月 5 日，许多人打开了自己熟悉的网络文学网站，追看

---

① Vitalik Buterin. DAOs, DACs, DAs and More: An Incomplete Terminology Guide[EB/OL]．2014-05-06[2021-07-01]．https://blog.ethereum.org/2014/05/06/daos-dacs-das-and-more-an-incomplete-terminology-guide/.

自己订阅的网络小说的更新。通常，网络小说作家的更新都会非常准时，但读者发现这一天的更新并没有如期而至。原来，前一天，网络文学的一些知名作者呼吁将5月5日作为"五五断更节"，他们要用这样的方式发出对网络文学平台阅文集团的不满声音。这是混乱的一天，甚至出现了一些"奇葩"的事件。比如有网友发现，阅文集团旗下网文网站上许多作品都整齐划一地在5月5日零点之后的几分钟进行了更新。有人爆料称，那是因为网站涉嫌擅自修改作者实际更新的时间，将5月4日晚11时更新的时间显示为5月5日零点之后。网站还出现了在5月5日凌晨1点多将作者草稿箱中的章节自动更新为正式篇章的情况，对此网文作者"费米"写道："阅文你是真牛，我不发稿子，你亲自上阵把我后台草稿箱里的稿子发了。"

在网络文学市场中，网文作者主要通过付费阅读模式获取收入，也就是以章节或是千字为标准向读者收取费用，断更就意味着自断收入。在新的网文层出不穷的时代，一次断更就有可能失去大量订阅读者。那么，为何会出现作者在这一天集体断更的情况？这与阅文集团与网文作者的新合同有关。2020年4月底，阅文集团管理层"大换血"，对网文作者合作体系也随之进行了调整。在新合同中，一些条款被网文作者视为"霸权条款"，这些条款可能会损害作者的著作权，还存在主打免费阅读、降低利润分成等影响作者权益的情形。这引起了网文作者的极度不满。在"五五断更节"事件后，阅文集团重新与网文作者沟通，对合同进行了重新协商。

互联网平台会不时爆发类似的事件。2021 年春节期间，饿了么为了留住和激励外卖骑手（见图 6-2），推出了"畅跑"春节优选系列赛的活动，一共七期，总时长为 49 天。外卖骑手如果在此期间能完成平台要求的接单量，就可以最终拿到 8 200 元的奖金。这些钱相当于很多外卖骑手一个月的收入，非常有吸引力，不少骑手参与了这场活动。然而，这 8 200 元并不是随随便便就可以拿到的。在这个活动刚开始时，平台对配送单的数量要求不高，骑手相对比较容易达成。但在最后两期，平台突然修改了规则，设置了几乎不可能完成的任务。有骑手反映，即使每天 12 个小时连轴转送外卖，都无法完成任务。因此，大部分骑手根本没有机会拿到 8 200 元的奖励。为了这些奖励，许多外卖骑手牺牲了春节和家人相聚的机会，可是眼看着就要达成目标，却因为平台临时变更规则让希望落空。

冲突并不只发生在平台与个人之间，也可能发生在大小规模有差异的商业主体之间。十年前发生过一次所谓的"淘宝围城"。2011 年年底，淘宝商城在改名为"天猫"前，突然宣布招商新规：将商家的保证金从原来统一的 1 万元标准提高为 5 万元、10 万元、15 万元三档，将技术服务费从统一的每年 6 000 元提高到 3 万元和 6 万元。这直接将大部分中小卖家赶出淘宝商城。对此，这些中小卖家极度不满，有 3 000 多个中小卖家"围攻淘宝商城"。具体的方式是，将大商家的货品购买到下架，要求送货上门但是拒收。中小卖家用这种非常规的方式反抗平台新规。这些中小卖家认为，早期自己为淘宝平台的崛起提供了宝贵的货源，为平台导入了大量买家，但现在他们却成为规则改变下的"弃子"。

图 6-2　外卖骑手是外卖平台的关键资源贡献者（图片来源：视觉中国）

在 Web 1.0 后期和 Web 2.0 时代，各种互联网的平台不断涌现，"平台经济"的商业模式也越来越成熟。在这些互联网平台上，除了传统公司具备股东、管理层、员工等角色之外，还出现了一类重要的参与者，比如淘宝卖家、外卖骑手、网约车司机、微信自媒体、网文作家和抖音网红等等。他们是互联网平台上的新劳动者，是平台重要的组成部分，还提供了平台赖以发展的生产要素和核心资源。例如，淘宝卖家为淘宝提供了大量商品，外卖骑手为外卖平台提供了运力，网文作家为网文网站提供了优质作品，网红为短视频平台提供了视频和直播内容。他们使用互联网平台搭建的基础设施和客户资源，以某种比例与平台进行交易分成。他们大多以众包的身份从事这些工作，其身份介乎于劳动者和个体户之间的模糊状态。他们与互联网平台是"双向赋能"的共生关系。我们把这类群体称为"数字贡献者"。随着互联网平台经济的发展，数字贡献者已经越来越常见，这个群体也越来越壮大。

平台经济的一个基础性经济规律叫作"梅特卡夫定律"（Metcalfe's Law）。这个定律认为，网络的价值与节点数的平方成正比。也就是说，节点数越多，网络价值越高，两者呈现指数级增长关系。互联网平台也是网络，也遵循这个规律。数字贡献者就是平台网络中最为关键的节点，这就意味着他们其实是平台价值的关键创造者。但他们面临的处境是，只能被动接受平台规则，无法参与平台治理，更无法参与平台价值分配，甚至他们所创造的直接利润也越来越多地被平台攫取。

前面提到的那些冲突表面上看是分配的问题，深入看是谁可以参与平台治理的问题，即平台价值权属和组织方式的问题。这些矛盾在互联网平台经济时代普遍出现，说明目前互联网平台的治理、分配、组织机制与其价值创造逻辑并不完美匹配，价值的创造者得不到应有的回报。这是因为，尽管很多互联网公司的商业模式是平台经济，但其组织方式仍然是公司制，奉行的仍然是"股东至上理论"。该理论认为，股东投入的资本在价值创造过程中扮演着最关键的角色，因此应该获得最大化的利益分配。我们认为，股东至上主义匹配的是工业经济时代的生产逻辑。到了信息经济时代，价值创造来源已经发生变化，员工所贡献的创意因素对于公司价值来说越来越重要。到了平台经济时代，每一个平台的成功都来自资本、创业者、员工以及数字贡献者等所有参与方的共同努力，这些参与方共同构成了整体生态。如果仅有资本投入，没有数字贡献者的参与，那么即使砸再多的钱，平台也不可能形成网络效应，也就没有价值。数字贡献者已经成为平台价值的主要创造者，但这些平台在组织方式和分配逻辑方面存在滞后性，数字贡献者无法合理地参与平台价值的分配，也完全没有参与治理的可能。

我们认为，目前以公司制为核心的生产关系，已经无法匹配数字经济生产力的发展，甚至成为一种制约因素，变革互联网平台的组织和分配模式已经成为当务之急。平台的员工可以通过期权等方式参与平台价值分配，但是由于数字贡献者人数多、流动频繁、贡献差异很大，所以平台很难使用股票和期权的方式对他们进行激励。平台要开放、实时、精准地激励数字贡献者，让他们得到应得的回报，也就是要想实现更好、更公平的平台价值分配模式，关键是需要找到一个可行的价值分配机制。

从实践案例来看，基于区块链、智能合约和数字资产的智能化分配模式可能是一种可行的分配机制。当前一个代表性的实验模式就是所谓的"收益农耕"。①

---

① 收益农耕（yeld farming），虽然这个词中包含了农耕，但实际上和农业没有什么关系，只是一种比喻。

收益农耕开创平台价值分配新模式

收益农耕就是一种基于区块链智能合约而实现的自动化、定量化、透明化、实时化的平台价值分配机制，目前在 DeFi 领域已有广泛应用。在 DeFi 领域，收益农耕典型的具体模式是，一些用户按照平台的要求，锁仓质押相应的数字资产，为平台提供流动性（这个时候，这些用户成为数字贡献者），每隔一小段时间就可以获取系统通过智能合约发放的数字资产（作为奖励）。这些数字资产实际上是平台价值的代表，这就实现了对数字贡献者的价值分配。收益农耕由开源自动化交易工具 Hummingbot 首次推出。第一个采用此机制的 DeFi 项目是合成资产应用 Synthetix。2020 年 6 月，分布式借贷平台 Compound 开始采用此模式。2020 年下半年，这个模式开始流行，并逐步成为 DeFi 项目的标配。

我们以 Compound 为例，具体探讨收益农耕的机制。Compound 是一个以智能合约为基础的全自动化的分布式借贷平台。[①] 用户可以在该平台上存入或者借到数字资产。所有的借贷活动都通过智能合约完成，不受任何人为干预，任何人都没有权限挪用存入的资产，借贷利率由算法自动调节。存款人可以向平台存入数字资产并获得利息，由于平台基于智能合约，全部借贷流程为自动化，平台不可

---

① 由于数字资产并不是货币，所以 Compound 上的借贷本质上是"以物易物"，和我们生活中的借贷概念并不相同，后面所说的借款、借款人、存款、出借人也都是比喻性的说法。

能"跑路",所以用户几乎不会面临信用风险。[1]

对于借款人而言,Compound平台也大大降低了借款的门槛。由于该平台上的借贷全部为"质押贷款"(任何人在借款前都需要存入其他的数字资产作为质押物),完全靠质押物控制风险,所以并不审核借款人的还款能力等信用情况,贷款效率极高。质押物的安全由智能合约保障,借款人同样不必承担交易对手的信用风险。相比于汽车、原材料等质押物,数字资产价格透明,智能合约可以随时获取质押物的实时公允价值,一旦质押物价格下跌到某一水平,智能合约就会立即进行清算,可以充分保障存款人的资产安全。利息的收取等其他流程也全部由智能合约全自动处理,因此在搭建好系统之后,借款规模增长的边际成本极低。

因为Compound平台自身不存在信用风险,所以平台没有采用点对点匹配的借贷模式,而是采用了流动性资产池的模式。流动性资产池是一种集中锁定某种数字资产的智能合约,平台通过流动性资产池将存款人存入的数字资产集中起来,再将这些资产贷出。因此,平台要想发展,就需要获得更大的流动性资产池规模和贷款规模,以实现资产整体规模和使用效率的最大化。由此来看,存款和借款都是支持Compound发展的核心资源,而存款人和借款人都是该平台重要的数字贡献者。

---

[1] 当然存在很多其他的风险,比如黑客攻击带来的技术风险以及资产波动带来的市场风险等。此外,有些DeFi协议可能会存在程序后门,程序的开发者有监守自盗的可能性,这就是第三方安全审计公司对于智能合约的代码审计报告来说变得极为重要的原因。

为了激励这些参与者，Compound 采用收益农耕的模式来公平分配平台价值，以激励他们存入或借出更多数字资产，从而提高整体的资产规模和使用效率。因此，无论是在该平台存款还是借款，用户都可以每隔一段时间自动获得系统奖励的 COMP 通证（一种数字资产），具体奖励额度与存入或者借出的资产规模有关。每日平台分配约 2 880 个 COMP 给所有的存款人和借款人。因此，一个用户的存贷资产规模越大，他可获得的 COMP 就越多。COMP 是 Compound 经济社群的"治理通证"，基于区块链发行。用户享有参与提案投票等治理权力，在得到奖励的 COMP 后，他们就可以对项目的更新建议进行投票，也可以将 COMP 转让给其他人。

在 Compound 发展早期，由于平台内的资金量不大，每个早期的用户能够得到的 COMP 数量较多，所以出现了到平台借款反而可以获利的情况（因为奖励获得的 COMP 价值大于借款利息）。该治理通证的价值与平台的价值基本锚定。2020 年 6 月，Compound 的市值仅为 6 亿美元左右，而到了 2021 年上半年，其市值最高达到 43 亿美元。治理通证的价值也随之水涨船高，这样一来，那些早期用户的实际收益就会远远高于当初计算的收益。随着时间的推移，因为平台流动性池规模越来越大，即使存贷相同价值的数字资产，用户能够获得的 COMP 数量也会大幅下降，市场波动幅度也比较大。目前，该平台的数字贡献者能够获得的实际收益并不算太高，但至少能持续获得平台的价值分配以及分享平台的长期成长成果。

我们从 Compound 的案例中能看到，基于区块链智能合约的收益农耕模式让那些用户既能得到利息收益（交易利润），又能参与平台价值分配（长期价值）。这或许可以为解决平台经济带来的分配不公等问题找到解决方案。与公司制下的期权制度相比，收益农耕的分配模式有几点变化。第一，以治理通证等新型数字资产为价值分配的载体，不仅仅分配某一个时间段内的"利润"，更分配了平台未来长期价值，实现"收入即分红"，让数字贡献者与平台形成"共生"关系。第二，分配过程基于智能合约，完全根据每个人的贡献程度进行定量化、自动化地分配，分配过程透明、公平、开放。在未来的元宇宙中，人人都可以成为某个平台生态的数字贡献者，我们必须找到更好的价值分配方式，收益农耕或许已经给出了值得我们进一步探索的原则和方向。

在元宇宙时代，在很多业务开展和价值分配都可以由智能合约自动化执行的情况下，公司这种组织方式存在的价值会非常有限。因此，"公司制"很可能会在元宇宙时代逐步消亡，而"经济社群"则可能逐步成为主流的组织方式。一些志同道合的朋友可以很容易地组成经济社群，这种社群会非常开放，每个人都可以用非常简单的方式参与其中，可以贡献自己力所能及的力量，并以此参与社群价值的分配。

这种开放、公平、透明、共生的组织方式与区块链智能合约等自动化工具结合，不仅仅能够增加协作效率，还能够扩大协作范围，扩展协作深度，创造协作价值，持续吸引更多的资源加入其中并贡献力量，使得整个社群实现健康扩展，持续扩大网络规模，带动价值进一步增长，从而形成正向循环的"飞轮效应"。Compound 并不是一个特例，自从 2020 年 DeFi 和收益农耕兴起以来，在国外，类似的经济社群如雨后春笋般大量出现，并迅速发展壮大。经济社群的组织逻辑和发展价值已经被成百上千次验证。

我们认为，公司制的衰落和经济社群的兴起，也会使得组织目标从过去的股东价值最大化、公司价值最大化转变为社群生态价值最大化，并进一步开创更加公平、更加普惠、更加可持续的数字经济新范式。

DAO 将成为经济社群的重要治理模式

治理权的合理安排对公司长期发展至关重要。2013 年，阿里巴巴计划在香港上市，但由于当时港交所的上市制度并不接受其采用双层股权结构，所以阿里巴巴只能放弃在香港上市的计划，并于 2014 年 9 月 19 日在美国纽交所上市。在阿里巴巴上市大获成功后，时任港交所行政总裁李小加多次在公开场合表示对错失阿里巴巴感到遗憾。为了避免再次出现类似情况，港交所在 2018 年 4 月 24 日修改原有上市制度，接受双层股权结构的公司上市，随后就迎来了小米和美团两家互联网巨头在港股的上市申请。

双层股权结构是指资本结构中包含两类或者多类代表不同投票权的股权架构，一般被通俗地概括为"同股不同权"，其中的"权"指的是投票权，是一种重要的治理权力。风险投资是互联网平台重要的发展动力，但是在一家公司经历多次股权融资后，创始团队的持股比例有可能被严重摊薄。因此，大多数互联网公司为保护公司创始团队的控制权，倾向于采用 AB 股的双层股权结构。一般来说，A 类 1 股有 1 票投票权，B 类 1 股则有 N 票投票权。公司对外部投资者发行 A 类股，对创始人或管理层发行 B 类股。例如，在小米上市前，创始人雷军和总裁林斌持有具有较高投票权的股票。[①] 其中，雷军的持股比例为 31.41%，投票权为 53.79%；林斌则持有 13.32% 的股份，投票权为 29.67%。"同股不同权"的 AB 股架构可以将治理权和收益权拆分，这样既能让投资人和骨干员工广泛参与平台价值分配，又可以确保公司的创始团队保有对公司的控制权，进而更好地发挥企业家精神，保持战略的连贯性，提升决策效率。

正如我们前面讨论的，元宇宙时代将出现更好的价值分配和组织方式，经济社群将崛起。随着组织方式和价值分配模式的优化，治理机制也必须随之优化。我们可以让数字贡献者真正参与到平台的治理中，使平台的规则更加公平、透明、有效，从而从根本上调动数字贡献者的积极性，强化数字贡献者和平台的共生关系，提升平台整体效能。收益农耕的一大特点就是，把治理权尽可能公平地分配给社群中的数字贡献者，从而形成一种社群动态制衡的经济治理机

---

① 小米公司对两类股票的命名比较特别，A 类股被定义为拥有多票投票权的股票，A 类股持有人每股可投 10 票，而 B 类股持有人每股可投 1 票。

制。DAO 在这种需求下应运而生，它是一种基于区块链的智能合约，在共享规则下以分权自治形式完成决策，并让与决策对应的行动通过程序自动执行的社群治理模式。[①]

DAO 的运转往往基于智能合约和数字资产实现。DAO 在区块链项目社群治理中已经非常常见，大致可分为协议层治理、应用层治理和治理工具三种大类。协议层治理的代表是波卡（Polkadot），社群成员集体对整个协议的发展进行决策。应用层治理则以 Maker DAO（见图 6-3）为代表，社群参与者可以对协议运行的关键参数进行投票。治理工具的代表则包括开源治理投票平台 Snapshot、DAO 的部署平台 Aragon 等。

DAO 属于经济社群的一种治理模式，因此和公司制下的治理模式有明显差异。首先，DAO 通常没有实体组织，往往在开始的阶段就会形成全球性和分布式的经济社群，其运转往往以社群约定的治理规则为标准。而公司往往由少数的股东和创始人发起，主要依靠公司章程和管理制度运行。其次，在 DAO 中，治理权力被分散到每一个社群成员手上（主要以持有相应的数字资产为标志），并通过投票的形式参与决策和规则制定，管理方式属于"自下而上"。而传统公司往往具备明确的层级结构，公司的治理和管理权归属于董事会和管理层，管理方式更倾向于"自上而下"。

---

① DAO 是一种治理模式，而在本章开头提到的 The DAO 是这种机制下的一个具体应用项目。The DAO 在黑客事件后解散，并未真正发挥过作用。请勿将两者混淆。

图6-3 Maker 协议是最早实践 DAO 组织方式的项目之一
（图片来源：Decentraland）

当然，目前DAO也存在一些局限性。由于DAO的决策执行通常由代码修改的方式实现，所以其更适用于数字领域的组织管理（特别是针对一个计算机程序的管理，大部分成功案例都在这个领域），但不一定广泛适用于物理世界的实体组织。但我们乐观地期待，随着元宇宙时代的来临，产业和组织加速数字化，DAO也有望实现大规模应用。

由于收益农耕分配给用户的是治理通证，所以收益农耕可以被视作DAO治理权力的分配机制。在DAO的模式下，治理权的结构是极其重要的事项，从长期来看甚至是项目价值的关键决定因素。接下来，我们就基于分布式交易平台Curve Finance（简称Curve）的案例，来讨论治理权机制设计不当导致的一系列问题（见图6-4）。

图6-4　Curve是分布式交易领域的代表性DeFi项目（图片来源：Curve）

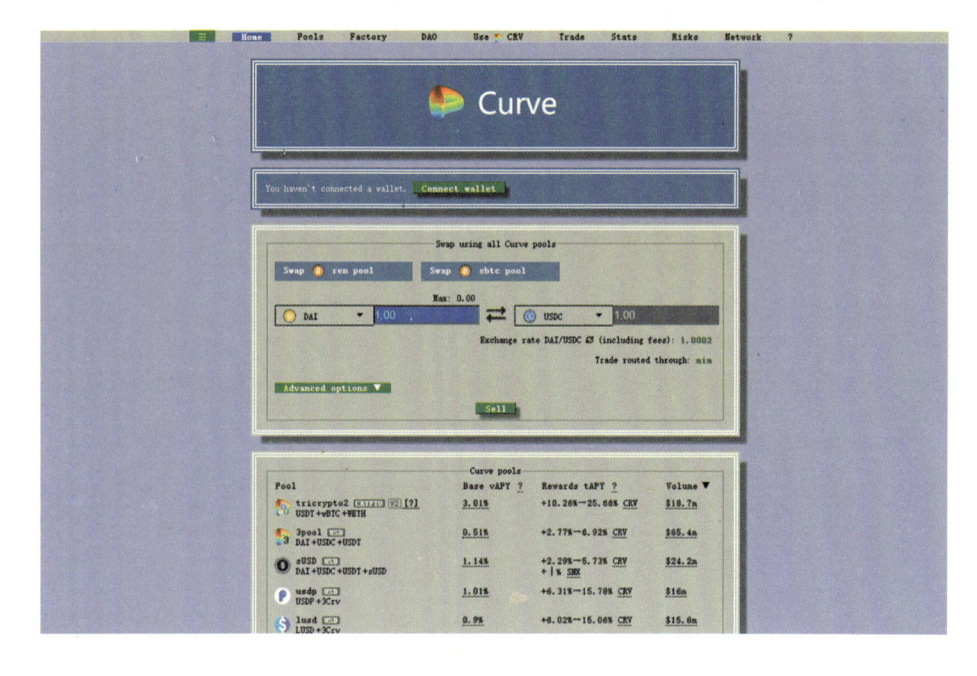

Curve 是一个主要用于稳定资产（Stablecoin）兑换的分布式交易平台，用户可以获得 CRV 通证。如果用户将 CRV 通证存入一个特定的智能合约中质押，就可以得到拥有治理权的通证 veCRV。该通证的持有者可以提交新的提案，以及对提案进行投票。因此，如果要参与治理，用户就需要将 CRV 放入相应的智能合约中，并将其锁定，且用户锁定该资产的时间越长，其拥有的投票权就越大。2020 年 8 月，Curve 创始人迈克尔·叶戈罗夫（Michael Egorov）表示，他控制该协议中 71% 的投票治理权。这个言论一时间引起各方质疑，人们认为其投票权占比过高，并不符合 DAO 的治理逻辑，反而像极了传统互联网巨头公司的双层股权结构。

不过，Curve 的组织毕竟还是分布式的经济社群，创始人也不可能一家独大，其他参与者还是可以实现制衡的。目前，Curve 上的治理权几乎由两方控制：Curve 开发团队和 Yearn Finance（简称 Yearn）。尽管 Curve 在业务层面已成为稳定资产分布式交易细分赛道的头部项目，但项目市值远没有其他细分赛道龙头项目那么高。所以，在 DAO 的机制下，治理水平和结构会极大地影响项目的长期价值。

那么，在 DAO 中，治理模型该如何进行有效搭建呢？对此，不同的经济社群有不同的看法。波卡倾向于项目方和社群成员共同努力构建生态，以促进整个社群生态的发展和平衡。波卡是由以太坊联合创始人、《以太坊技术黄皮书》作者林嘉文（Gavin Wood）博士创立的区块链基础设施。

波卡的治理规则核心是数字资产DOT。DOT持有者可以在社群治理中拥有诸如发起公众议案、改变议案顺序、给所有生效议案投票、选举理事会成员和申请成为理事会候选人等权利。理事会是波卡为了代表那些没有主动参与治理的社群成员而引入的治理机构，由DOT持有者选举而来，最终固定为24位成员。理事会的主要任务包括提出理事会议案、否决危险或恶意的议案以及选举技术委员会三项。治理结构中的另一个重要角色是技术委员会，由波卡的官方技术团队组成，同时受到理事会的制约。技术委员会不能发起议案，但是有权在投票结果出来后加速执行。

在波卡中，所有关于项目生态发展的治理决策均从议案开始。除了紧急议案外，议案必须在社群成员投票通过后才可执行。议案可以由社群成员提出（公众议案），也可以由理事会提出（理事会议案）。在公众议案中，得到最多支持的议案（以锁定最多数量DOT为标准）具有投票资格。在理事会议案中，全员或多数理事会成员通过的议案具有投票资格。如果出现紧急情况，那么技术委员会可以和理事会一起提出紧急议案。波卡的议案投票每28天进行一次，DOT持有者可以对公众议案和理事会议案轮流进行投票。

波卡的1号议案是关于开启链上转账功能的，属于完善主网功能的议案。2020年7月21日，在波卡理事会选举成功后，林嘉文在理事会聊天室中发起了关于启动DOT转账功能的讨论。理事会提出议案后，就进入投票阶段。DOT持有者可对议案进行投票（支持或否决）。当投票结束后，技术委员会负责执行新版本程序的编写和升级，也就是将议案变成现实。通过DOT持有者、理事会、技术委员会三大角色对社群进行分布式治理，社群逐步成长为一个共生系统，让每一个社群成员都真正拥有生态的治理权。

有效的治理方式也会加快项目生态的发展。为了推动更多项目快速升级，波卡还设立了财库，以管理社群公共拥有的数字资产，并对波卡生态的项目进行经济上的支持。一个社群的财库就相当于公司的财务部门，但它持有的所有数字资产属于整个的社群。波卡财库是通过交易费用、Slash惩罚[①]等方式筹集的资产池，任何DOT持有者都可以提交支出议案，以申请获取财库中的DOT（见图6-5）。财库的支出和使用由理事会来管理，只要得到理事会的批准，社群成员和开发者就可以在很短时间内获得资产支持，用于生态项目的开发，从而进一步促进波卡生态的繁荣。

在波卡社群中，各类议案覆盖的范围非常广泛，例如基础架构部署和运营、相关非营利组织设立、软件开发升级、生态项目集成发展以及社群活动等等，各方面的议案都有被提出并顺利通过的案例。我们从波卡的DAO治理实践中就能发现，无论是财库资金的使用（预算问题），还是项目技术的升级（战略问题），抑或具体参数的调整（技术问题），都可以通过DAO治理机制进行决策，以推动所有利益相关者（特别是数字贡献者）参与到生态的治理和构建中，从而推动生态价值的增长。

---

① Slash意为削减，是针对在网络中作恶验证者的一种惩罚机制。例如，验证者在网络中离线、攻击网络以及运行修改过的软件等，都会被惩罚并失去一定比例质押的DOT。

图 6-5　波卡支出议案申请范例（图片来源：POLKASSEMBLY）

DAO 治理的本质是在经济社群中充分尊重所有成员的意见。好的治理机制对于社群生态价值持续增长至关重要。在元宇宙时代，整个社会的协作关系有望发生根本性的变化，全球协作的广度和深度会迅速扩展，以 DAO 为基础的全球性协作体系将逐步建立，从而释放出巨大的价值。

7

趋势 4：
重塑自我形象和身份体系

——元宇宙中数字形象映射自我认知，数字身份大普及设计属于自己的数字形象，往往是人们进入元宇宙做的第一件事。数字形象综合反映了一个人的兴趣、审美、情怀、梦想等诸多心理因素，比物理世界中的实际样貌更能反映一个人心目中理想的自我形象，是一种深层次的自我认知在数字世界中的投射。因此，随着数字生活与社会生活的进一步融合，以及我们的日常生活全方位地向元宇宙迁移，数字形象也将成为我们主要的社交形象。

数字形象只是元宇宙中数字身份的外在表现形态。**数字身份是元宇宙中一切数字活动的基石，**每个人都将拥有一个具有通用性、独立性、隐私性的数字身份。数字身份可打通身份、数据、信用和资产体系并逐步与现实身份融合，从而保障我们在元宇宙中的美好生活。

元宇宙里卖头像也可以是大生意

2021 年 5 月，在全球顶级的拍卖行佳士得的一场拍卖会上，拍品不是珍贵的珠宝或古董，而是九个纯数字化的加密朋克 NFT，如图 7-1 所示。这次参与拍卖的 NFT 包括三个女性头像和五个男性头像，还有一个处于中间位置的拥有蓝色皮肤的"外星人"头像。令人惊讶的是，这九个头像 NFT 最终以 1 696 万美元的总价拍卖成交。尽管成交价格令人咂舌，但仍有一些分析人士认为，在其中包括了一个极为稀有的"外星人"头像的情况下，这算是比较合理的价格。

2021 年 6 月，在苏富比的在线拍卖活动上，一个编号为 #7523 的加密朋克 NFT 的成交价达到 1 175 万美元，创下单个加密朋克的历史成交纪录。截至 2021 年 8 月 21 日，加密朋克的历史成交量已经达到了 10.9 亿美元，最便宜的一个加密朋克将近 17 万美元。[①] 这些像素风格的头像为何能卖出数十万美元或上千万美元的高价？

---

① Larva Labs. CryptoPunks Overall Stats[DB/OL]. 2021-08-21[2021-08-21]. Https://www.larvalabs.com/cryptopunks.

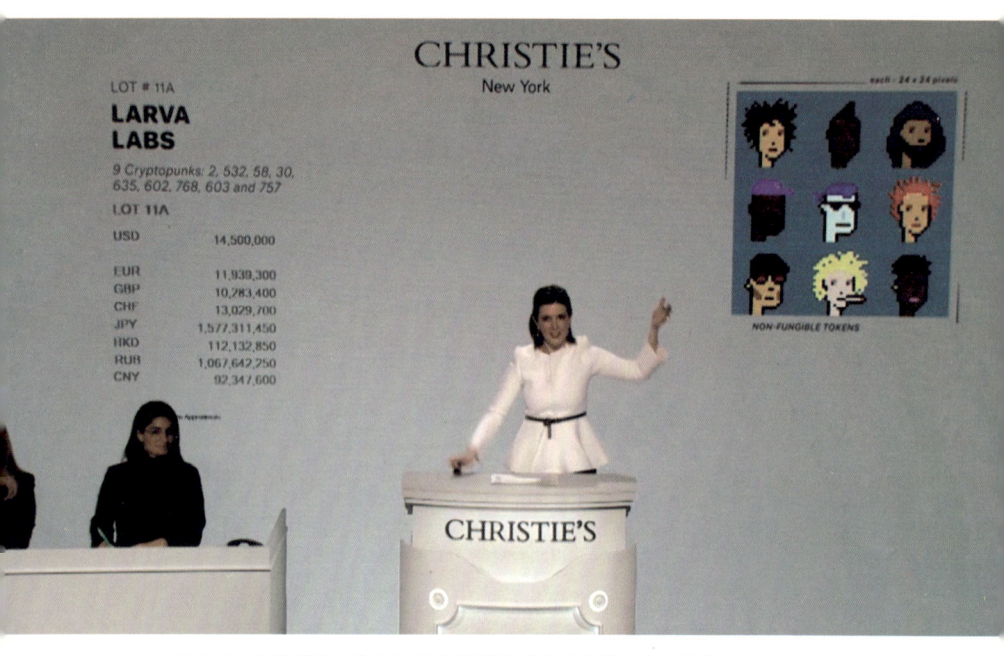

图 7-1　加密朋克 NFT 在佳士得拍卖（图片来源：佳士得）

加密朋克头像是约翰·沃特金森（John Watkinson）和马特·哈尔（Matt Hall）创造出来的。2005 年，曾经是大学同学的约翰和马特一起创办了 Larva Labs，他们最初的主要业务是开发一些手机游戏。2017 年，他们开发了一款像素头像生成器（可以制作很多有趣的像素头像），但他们并没有想清楚如何使用这些头像。随后，以太坊区块链进入了他们的视野。他们想，用区块链来保存并交易这些像素头像可能是一个有趣的主意。

于是，约翰和马特两个人设定了一系列的属性（比如物种、性别、肤色、发型、配饰等），并把各类属性随机组合，生成了 1 万个尺寸为 24×24 像素的头像。每个头像都有自己独特的属性，每种属性也都有对应出现的概率。头像有男人、女人、外星人、猿猴等物种属性，其中外星人是最稀有的，总共有九个。这些头像的灵感来源是 20 世纪的密码朋克（Cypherpunk）运动，密码朋克社区也是比特币和区块链诞生地，因此他们将这 1 万个像素头像命名为"加密朋克"（见图 7-2）。

图 7-2　一些加密朋克头像（图片来源：Larva Labs）

他们把所有头像组合成一张大图，然后将这张图片的哈希值存储在以太坊区块链上，接着发行了对应的数字资产，也就是现在人们常说的NFT。由于加密朋克的发行时间比较早，当时区块链上还没有NFT的标准，所以他们采用了修改后的ERC20标准来发行这些数字资产，但是基本符合NFT的特征，属于在NFT领域最早的探索尝试。这件事后来启发了ERC721标准的建立，具有很强的历史意义。

在全部的1万个加密朋克头像NFT中，约翰和马特从智能合约中领取并保留了1 000个，并将剩下的9 000个在网上供网友免费认领。只用了一周左右的时间，这些头像就被认领一空。随后，他们便开放了基于区块链智能合约的交易功能，经过几次升级，相关的交易机制就比较完善了。买家可以对某个加密朋克NFT进行出价，出价的资金会被锁定在智能合约中，如果卖家接受这个价格，智能合约就会将这笔资金自动转到卖家账户，同步将这个加密朋克NFT转到买家账户，现在大部分NFT的交易也延续了这个机制。目前，加密朋克这个项目的智能合约代码已经非常成熟，其去中心化的特点越来越明显，开发团队已经不再参与项目的运营，即便开发团队Larva Labs关闭，这1万个加密朋克头像NFT依旧可以正常使用与流转。

2021年，加密朋克NFT吸引了全世界越来越多的目光，很多名人和知名机构将自己的社交账户头像换成了自己拥有的加密朋克。加密朋克被苏富比和佳士得这样的传统大型拍卖行组织拍卖，参加过巴塞尔艺术展,还被迈阿密当代艺术学院(ICA)等大型美术馆收藏。加密朋克头像的火爆是多个深层次原因共同作用的结果。

首先,具备历史性的稀缺性与特殊价值。作为在NFT领域探索的首个项目,加密朋克开启了NFT这个极为重要的区块链应用方向,开创了NFT的交易机制,启发了NFT标准协议的确立,激发了当代加密艺术(CryptoArt)风潮,因此具有划时代的开创性意义和历史价值。加密朋克甚至可以认为是见证元宇宙历史发展的"数字古董"。现在,任何人都可以绘制一批像素头像并在区块链上发行NFT。这确实不难,但是谁也不可能"穿越"回2017年,并在加密朋克之前发行一套类似的NFT。历史上的破局者永远只有一个,这是由时间因素决定的最强稀缺性。

其次,区块链技术决定强产权属性。很多人会有疑问,每一个加密朋克看起来就是一张图片,可以在互联网上随意复制,似乎谁都可以拥有,为什么还有那么高的价值呢?的确,谁都可以用"另存为"的方法保存一张图片,并在朋友圈随便传播。加密朋克头像在互联网上也存在大量的副本流传,但这其实起到了传播的效果,给加密朋克带来了更高的知名度和共识度。虽然图像的复制品可以有很多,但是基于区块链和NFT的技术特性,每个图像的最终所有权只会归属于对应的NFT持有者,具有绝对的"唯一性"和产权属性,谁也不可能用复制、粘贴的方法创造一个完全相同的NFT(代码可以复制,但是时间戳、加密签名等要素无法复制)。这就使得人人都可以欣赏这些图像,但图像升值带来的收益只归属于

NFT 持有人。区块链在这里充当了"确权的机器",让图像这样的数字对象也能轻易确权。此外,发行、交易和流转信息全部被记录在区块链上,历史记录清晰可见,图像无法伪造,总量绝对可靠,产权特别清晰,项目方也无法增发,这就是技术的力量。

最后,具有强大的共识,扮演社交货币(social currency)的角色。社交货币通常指社交过程中的一种身份象征。简单来说,那些能够让别人感到喜欢、羡慕的事物都可以是社交货币。一个产品是否满足社交货币属性,可以通过七个维度(见图 7-3)分析:表达自我(expression)、交流讨论(conversation)、归属感(affiliation)、信息知识(information)、实用价值(utility)、个人身份识别(personal identity)和社会身份识别(social identity)。[①]在电视剧《三十而已》中,一款爱马仕稀有的皮包,成为女主角结交上层社交圈的敲门砖,这就是社交货币的一个例证。加密朋克在区块链和文化艺术领域具有极为强大的共识,也扮演了社交货币的角色。加密朋克有限的发行总量带来了巨大的稀缺性,每一个持有者都可以通过拥有一个加密朋克来表达自己对"科技+文化"创新的热爱。加密朋克在数字世界就是社交身份的一种象征。

加密朋克流行的背后还有着深层次的文化原因。这些头像可以被认为是一种 meme(迷因,也叫文化基因)。meme 指的是在同一个文

---

① Vivaldi Partners. Business Transformation Through Greater Customer-Centricity - The Power of Social Currency [DB/OL]. 2016-09 [2021-08-21]. https://vivaldigroup.com/en/wp-content/uploads/sites/2/2016/09/Social-Currency-2016_Main-Report.c.pdf.

化环境下，思想、行为、风格以一种流行的、衍生的方式复制传播的"文化基因"。特别是在互联网社群的环境下，meme 变得非常强大。例如，emoji（表情符号）、表情包、颜文字就是 meme 的具象化体现，甚至已经成为我们在数字空间中日常社交不可或缺的工具，具有极强的自我扩散能力，并成为数字世界深层次的组成部分。

图 7-3　社交货币的七个维度（图片来源：Vivaldi Partners）

从 2020 年开始，市面上涌现出一批新的头像 NFT 项目，其中有一些流行了起来，得到了主流收藏界与社会名人的认可。2021 年 8 月，NBA 运动员斯蒂芬·库里（Stephen Curry）把自己推特账号的头像换成了一只"猿猴"。看起来他只是随意地换个头像，但这件事在世界各地引发了热烈讨论。这是因为，库里新换的头像是一只蓝毛的猿猴，这并不是普通的卡通图片，而是库里用价值约 18

万美元的以太坊通证购买的头像NFT，它属于无聊猿猴游艇俱乐部（Bored Ape Yacht Club，缩写为BAYC）。尽管库里作为顶级职业篮球运动员的年薪达千万美元，但用18万美元购买一张图片作为头像还是会让网友感到好奇的。

库里拥有的是编号#7990的BAYC，这也是一个独一无二的NFT（见图7-4）。BAYC和加密朋克类似，是一套基于猿猴头像的NFT。BAYC的发行总量同样是1万个，每个猿猴头像各不相同，由一系列属性组合得到，其属性包括了独特的帽子、眼睛、神态、服装、背景等。2021年9月，在佳士得拍卖行举办的主题为"No Time Like Present"（最佳时机是现在）拍卖专场上，4个BAYC的NFT拍出了2 211万港元的总价。

图7-4　库里拥有的猿猴头像（图片来源：Bored Ape Yacht Club）

数字形象是我们在元宇宙中的形象

尼尔·斯蒂芬森的《雪崩》不仅第一次提到了元宇宙，还提到了另外一个名词：Avatar（数字形象，也被称作数字化身、数字分身等）。在小说的描述里，每一个现实世界中的人在元宇宙中都有一个数字形象。还曾有一部电影就使用了 Avatar 作为片名，也就是由詹姆斯·卡梅隆（James Cameron）撰写剧本并执导的《阿凡达》。现在，数字形象随处可见，不管是我们在社交媒体上设定的头像，还是我们设定的个性签名，抑或我们在游戏中使用的人物形象，都属于数字形象的一部分。

现在几乎每个人都在使用社交媒体，头像、签名这些数字形象在朋友面前出现的频次可能比我们的真身还要多。这是加密朋克、BAYC 这些头像 NFT 受到如此追捧的部分原因。一般情况下，我们不需要花钱就可以获得一个数字形象。我们可以把数字形象的塑造过程，想象成一个在社交媒体上设定头像或者在游戏初始阶段"捏人"[①]的过程。你会发现，数字形象并不受限于一个人在物理世界中的真实样貌，更能反映一个人心目中自己的理想化状态，甚至可以综合反映一个人的兴趣、审美、梦想、情怀，是一种深层次的自我认知在数字世界中的投射。未来，数字形象是每个人进入元宇宙中的刚需，将是元宇宙中每个人的外在形象与社会标识。每个元

---

① 捏人，也被称为捏脸，是指在游戏中，用户根据自己的喜好对数字形象的样貌进行 DIY（自己动手做）操作。

宇宙居民都需要拥有自己的数字形象。

其实，中国人对数字形象并不陌生。很多年前，很多人就通过"QQ秀"这个产品接触了它。吴晓波在《腾讯传》中写道，当时腾讯第一个产品经理许良在某次闲聊中得知，韩国社区网站Sayclub开发了一个名为"Avatar"的功能。该功能可以让用户根据自己的喜好更换人物的发型、表情、服饰和场景等，这个形象和相关装扮需要由用户付费购买，很受韩国年轻人的欢迎。许良研究之后向腾讯高层推荐了这个产品。于是，腾讯在2003年年初正式上线QQ秀功能（见图7-5）。QQ用户可以用Q币来购买道具，让自己定制的独特数字形象出现在QQ头像、聊天室、社区和游戏中。现在我们回过头来看当时的QQ秀，或许觉得这些造型有些过时，但当时QQ秀获得了出乎意料的成功，仅在上线后的前六个月，就有超过500万用户为这项服务付费，客单价为5元左右。

图7-5　QQ秀曾经风靡一时（图片来源：QQ秀）

QQ 秀的出现不仅给用户带来了全新的数字形象尝试，也为腾讯带来了不菲的收入。2003 年年底，QQ 推出了"红钻贵族"包月制的收费模式，用户每月支付 10 元就可以享受多项"特权"，比如可以每天领取红钻礼包、每天自动换装、在 QQ 商城享有超额折扣，也可以获得红钻标识，以显示自己"贵族"的身份。吴晓波在《腾讯传》中这样说："QQ 秀的成长史上，'红钻'服务的推出是一个引爆点，在此之前，每月的虚拟道具收入约在 300 万元到 500 万元之间，而'红钻'推出后，包月收入迅速突破了千万。"[1]

数字形象已经成为我们在数字世界中生活不可或缺的一部分。除了社交媒体外，另一大使用场景就是游戏。在游戏世界中，数字形象不仅越来越重要，而且越来越值钱，很多玩家都愿意花钱来改变自己在游戏世界中的形象。据 Sensor Tower（移动应用数据分析公司）的统计，《王者荣耀》在 2021 年 8 月的总收入达到了 2.562 亿美元。[2] 其中，大部分的费用是玩家用来购买各种皮肤的，这些皮肤其实就是玩家在游戏中的数字形象。

米哈游公司推出了一款开放世界游戏《原神》。在 2020 年 9 月正式发布后半年的时间里，该游戏移动端玩家的消费便超过 10 亿美

---

[1] 吴晓波. 腾讯传：中国互联网公司进化论 [M]. 杭州：浙江大学出版社. 2017.
[2] Sensor Tower. Top Grossing Mobile Games Worldwide for August 2021[EB/OL]. 2021-09-08[2021-09-10]. https://sensortower.com/blog/top-mobile-games-by-worldwide-revenue-august-2021.

元。[①] 在这款游戏中，玩家可以寻找宝箱，或者通过日常获取的原石道具来获取新角色（见图 7-6）。但通过这些方式，玩家想要获取到高阶角色比较困难。因此，很多玩家为了获取"五星角色"会"氪金"（付费），以获得宝箱进行抽取。这些角色就是玩家在游戏中的数字形象，是该游戏的一大特色，也成为其主要的收入来源。

图 7-6　诸多与众不同的角色是《原神》游戏的特色之一（图片来源：米哈游）

现在，数字形象已经不仅仅局限于二维的平面图像，加密朋克的开发团队在 2021 年 5 月推出了另外一个 3D 数字形象 NFT 项目 Meebits（见图 7-7）。和加密朋克一样，Meebits 也有固定的发行数量，每个形象同样是独一无二的，但数量增加到了 2 万个，加密朋克和 Autoglyphs（Larva Labs 的另外一个数字艺术项目）的持

[①] Sensor Tower. Genshin Impact Races Past $1 Billion on Mobile in Less Than Six Months[EB/OL]．2021-03-23[2021-09-10]．https://sensortower.com/blog/genshin-impact-one-billion-revenue.

有者将可免费获得对应数量的 Meebits，剩余的将通过拍卖出售。Meebits 是一系列的 3D 人偶数字形象，而且每个都配有自己的专属动作（T-Pose），未来可以适配到任何元宇宙当中，以作为所有者的数字形象使用，类似于元宇宙中升级版的 3D 加密朋克。

图 7-7　一些 Meebits NFT 对应的 3D 人物形象（图片来源：Larva Labs）

互联网巨头也日益重视数字形象这个领域。例如，Facebook 旗下的 Oculus 推出了升级版的人物形象设计工具，玩家可以为自己自由定制喜欢的数字形象，而且定制的数字形象可以在 Oculus 生态中通用，可以适配到多个游戏中。

2020 年，微软开发了一款数字形象资源库，即 Rocketbox，其中涵盖了 115 个不同性别、肤色和职业的数字形象（见图 7-8）。微软把它作为一个可供免费研究和学术使用的公共资源，将代码公开并托管到了 GitHub（代码托管平台），任何人都可以下载使用。

图 7-8
微软开发的 Rocketbox 中包含一系列开源的人物数字形象
（图片来源：微软）

我们在塑造自己的元宇宙数字形象时,不仅可以使用现成的素材,还可以根据自己的实际外貌和内心愿望来定制化塑造,甚至可以通过一些工具实现生物形象到数字形象的映射。

2021年3月,小米发布的新款手机预装了萌拍Mimoji 3.0。用户仅需上传个人照片,就可以使用该功能生成符合本人特点的数字形象,也可以进一步手动调整脸型、肤色、发型、装扮等,还可以通过摄像头实现实时人脸追踪,使得数字形象的表情实现与真人完全同步。

这背后就是小米的合作伙伴相芯科技自主研发的PTA(Photo-To-Avatar)技术,该技术可以让用户在数字世界中拥有源于自己特征且能和自己情绪同步的数字形象。[1]

随着数字生活与社会生活的进一步融合,我们日常的社交、工作、学习、娱乐将全方位地向元宇宙迁移,数字形象也将成为我们主要的社交形象,更成为我们在元宇宙中展现自我认知的一种新方式(见图7-9)。

---

[1] 张妮娜. 小米11 Ultra稳站高端市场,相芯科技"数字化身"成手机新标配[EB/OL]. 2021-04-15 [2021-08-05]. https://www.doit.com.cn/p/438376.html.

图 7-9　作者于佳宁使用过的数字形象（图片来源：Decentraland）

数字身份打通身份、数据、信用和资产体系

在元宇宙中，除了数字形象外，我们每个人还会拥有自己的数字身份，数字身份将与现实身份逐步融合。数字身份不仅是数字形象，而且是每个人在元宇宙中的标志（以数字代码或区块链地址的形式），用于记录我们在元宇宙中的社会关系、活动记录、交易历史、数字贡献、财产权利、知识创意等一切信息。数字身份有点类似我们在元宇宙中的身份证号，是一种在数字世界中的通用的身份，但是又会比身份证号强大得多。数字身份是我们一切数字活动的基石，我们在元宇宙中的工作、生活、娱乐、投资、交易都会基于它来完成。因此，如果没有高度可信的数字身份体系，元宇宙中的数字社会就难以健康发展。

目前，在互联网上，我们一般通过用户名、邮箱或者手机号来注册和登录网站或者应用。在互联网发展早期，很多网站支持使用电子邮箱来注册账号。由于我们自己就可以通过搭建电子邮件服务器来收发邮件，所以账号注册的整个过程不需要依靠任何互联网服务商就可以完成身份的验证和联系方式的确认。也就是说，电子邮件其实是一种"去中心化"的数字身份和验证方式，不需要第三方就可以证明"我是我"。

但是，由于邮箱地址可以随意创建或者替换，且无法与现实身份相对应，一些问题便出现了，比如虚假用户"薅羊毛"、网络人身攻

击、滥用网络服务等。因此，越来越多的网站仅仅支持手机号注册，这样确实更有利于将数字身份与现实身份绑定，而且我们用验证码登录或找回密码也比较方便。现在，手机号几乎已经成为我们在数字空间的主要身份标识，手机号如同我们的网络身份证号。但是，手机号并不是一种非常安全的的数字身份标识，我们经常能够看到黑客盗取账号诈骗亲友、冒名骗取网络贷款、盗用游戏账号造成大额财产损失等相关新闻。另外一个重要的问题在于，基于手机号的身份验证服务严重依赖于第三方（电信运营商）的服务，是一种高度"中心化"的验证方式，这就相当于我们把自己的数字身份托管给了这些机构，并且只能依靠这些机构才能证明"我是我"。

我想很多人都有这样的经历：如果手机欠费停机，自己就会有大量互联网账号无法登录，相当于数字身份随之消失。如果手机号被运营商重新分配出去，那么我们的个人身份、社交关系、隐私数据、资产财富可能会变成别人的。这绝对是"细思极恐"的情形。一旦出现这种情况，在需要更新手机号时候，我们就会发现账号的所有人因为无法登录，并且自己无法修改手机号，只能通过联系互联网公司的工作人员进行修改。如果这些公司作恶或者被黑，它们就有能力修改我们的个人身份信息，甚至可以把我们的账号、数据、资产转移给别人。此外，大量使用手机号注册还带来了一个结果，那就是我们自己根本不知道一个手机号到底注册了多少个应用，也没有办法取消或者更改授权，即使在个人数据面临风险时也同样无能为力。这就是"中心化"数字身份带来的最大问题：身份的管理权和控制权实际上并不在我们自己手上。

近几年，互联网巨头也开始提供身份验证服务，比如微信登录、支付宝登录、谷歌账号登录、Facebook 账号登录和苹果账号登录等等，让用户拥有了一定程度上的进行数字身份管理的权利。比如，我们在注册微信并完成实名认证后，可以在很多应用上使用微信授权的方式实现登录。这样，数字身份就在一定范围内实现了通用化，用户不需要重复注册和实名认证，从而减少了个人信息泄露的风险。用户还可以用微信随时管理身份授权，查看用这个身份注册的应用，并可以方便地取消对某些应用的授权。与微信有合作关系的网站也希望用户使用这种方式登录，因为这种身份认证方式的背后是互联网巨头根据数据"绘制"的用户画像（见图 7-10）。网站可以基于用户画像判断用户风险，从而打通身份体系、数据体系、支付体系；巨头公司也可以通过这种方式收集更多用户数据，从而获利。

当然，这也是一种中心化的身份验证方式，只不过是将数字身份改为托管给互联网巨头。平台可以随时封号，从而抹杀一个人的数字身份。同时，大量个人数据集中到巨头的服务器中，很容易出现泄露或滥用的问题。由于公司合作的原因，不同的平台还存在使用壁垒，比如一些应用只能通过支付宝的身份登录，而一些应用只能通过微信的身份登录，无法真正实现数字身份的通用化。

我们认为，在元宇宙时代，用户应该真正掌握自己的身份和数据，中心化的身份验证机制存在根本性弊端，邮箱、手机并不是最佳的数字身份标识。

图 7-10　互联网巨头利用海量个人数据绘制的用户画像带来了便利也带来了风险
　　　（图片来源：视觉中国）

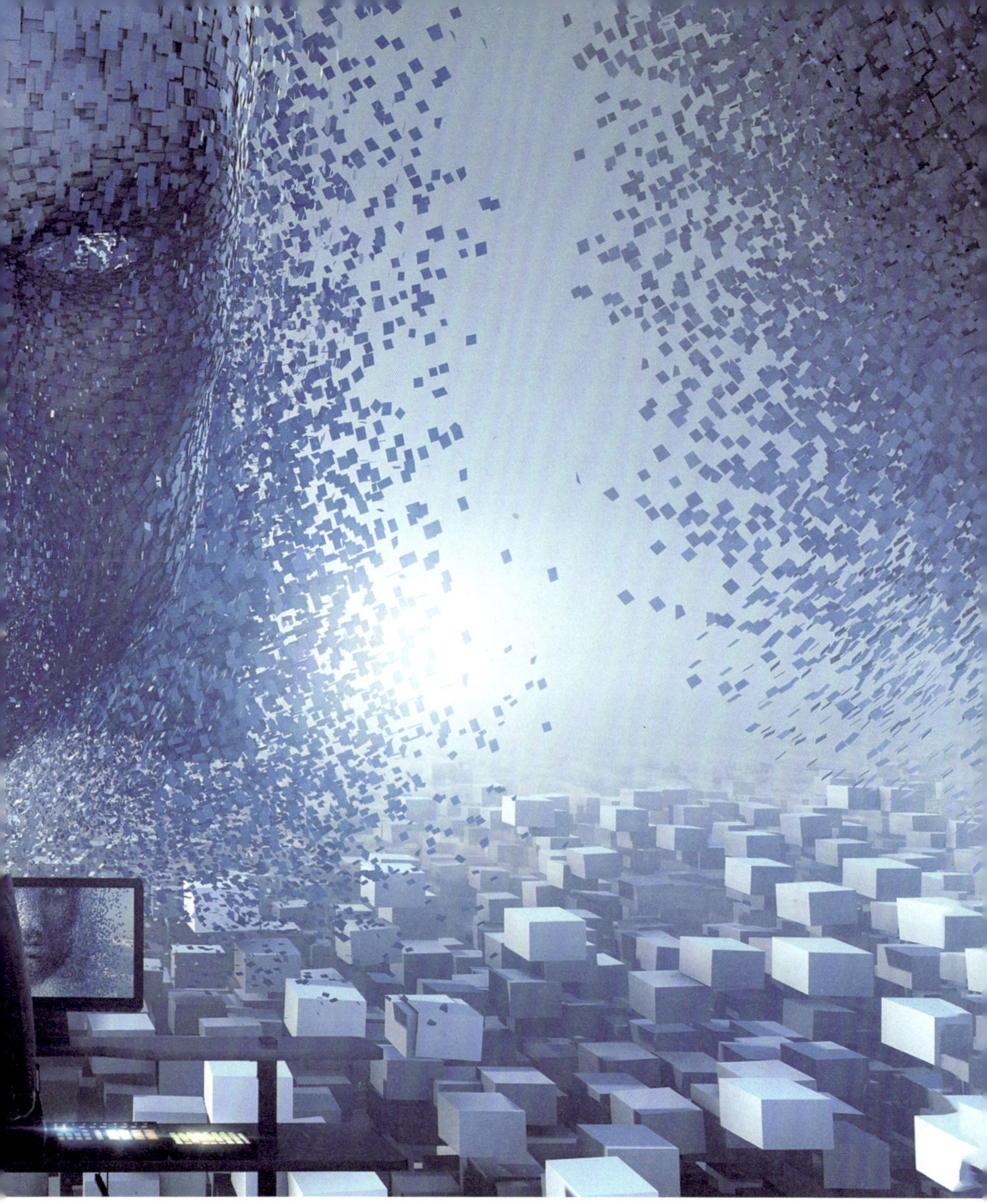

在元宇宙中，我们需要一个更加安全、可信、通用化的数字身份。数字身份需要满足三个基本特点。第一，身份需要具有通用性，能够打通身份体系、数据体系、信用体系、资产体系，从而全面对接元宇宙中的各类应用。第二，身份需要具有独立性，完全由用户掌握。授权时，用户可以自主选择授权范围，并可以随时取消授权（取消后，对方无法再使用任何个人数据）。第三，身份需要具有隐私性。个人信息要实现"可验而不可得"，在授权的过程中，我们只需要告诉对方验证结果，而不需要将自己的具体信息告诉对方，在保护个人隐私的前提下更方便地使用身份和个人数据。

事实上，目前我们已经可以基于区块链、非对称加密、隐私计算等技术，获得加密的、可控的、真正属于自己的数字身份。比如知名的浏览器插件钱包 Metamask（图标是一个小狐狸，因此常被称作"小狐狸钱包"），本质上就是一个基于区块链的数字身份管理器（见图 7-11）。它可以帮我们管理基于区块链的由地址与私钥两者组成的数字身份，并将数字身份和数字资产牢牢绑定在一起。[①]此类身份具有高度的通用性，用户可以用任何支持以太坊区块链的钱包创建数字身份，并随时导入其他钱包中使用，也可以基于 Metamask 使用所有的以太坊 DApp。

创建一个地址与私钥两者组成的数字身份的过程大体如下。创建过程是完全去中心化的，我们在注册时不需要绑定任何邮箱或者手机

---

① 目前，Metamask 主要支持以太坊区块链及兼容以太坊虚拟机的区块链。

号，计算机系统可随机生成一个私钥。这个私钥是我们掌握数字身份的关键。因此，这个私钥绝不能泄露，一般只保存在本机上，不会上传到互联网上。在私钥生成后，系统会根据这个私钥计算生成对应的公钥，然后进一步生成"地址"，这个地址就是我们在区块链上的公开数字身份标识。基于非对称加密技术，在身份的管理权（私钥）始终掌握在自己手中的前提下，用户可以选择授权登录哪些应用，也可以选择允许哪些应用调用个人资产和数据（在一定范围内），并且可以随时修改或者取消授权。私钥就相当于个人身份的钥匙，只有拿着钥匙的人才可以调用身份，任何其他人（哪怕是钱包的运营商）都不可能在没有私钥的前提下调用你的身份。

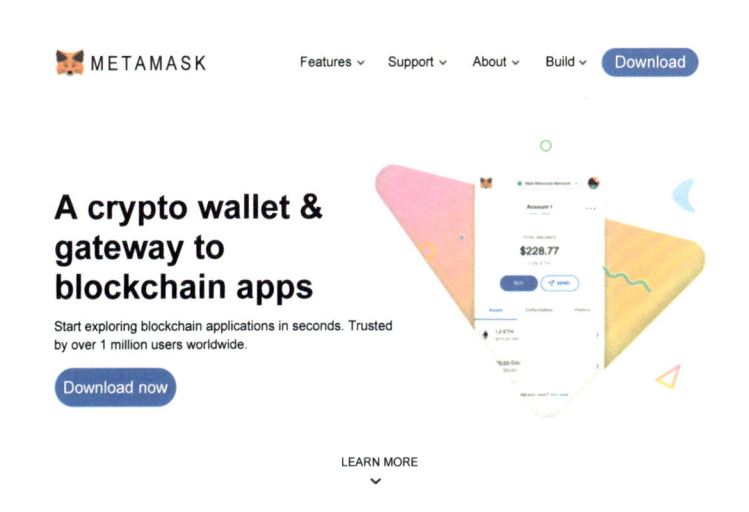

图 7-11 "小狐狸"钱包本质上是数字身份管理器（图片来源：Metamask 官网）

基于区块链的数字身份除了具有通用性和独立性之外，还有另外一个关键特征，即个人数据的隐私性。这一特征为现在常见且存在隐私泄露隐患的身份验证机制提供了一种更好的替代方案。2020年，在新冠肺炎疫情平稳后，澳门旅游恢复开放，游客持有核酸检测阴性结果证明，并用粤康码申领澳门健康码，凭绿码即可通关。这听起来并没有什么特别的地方。但澳门健康码与粤康码的跨境互认，其实涉及了一些复杂的技术难题。

首先，健康码的生成、使用必须符合两地个人隐私保护和数据安全方面相关法规要求。按照法律规定，内地（广东）和澳门两地的个人数据不能直接进行跨境传输，那么两地机构如何在数据不直接传输的情况下验证对方居民的健康信息呢？其次，在数据不出境的情况下，如果不基于第三方平台，那么双方如何验证信息的真实有效性呢？

区块链和隐私计算技术为解决"应用跨境而数据不跨境"的难题提供了解决方案。这些技术实现了澳门健康码与粤康码在后台不存在任何数据传输的情况下，也能正常生成并使用健康码。这个过程可以充分保障用户信息安全和隐私，符合两地法规的相关要求。简单来说，也就是在不告诉对方任何数据的情况下，把验证的结果真实准确地同步给对方，从而解决上述难题。[1]

---

[1] 黎华联. 在濠江两岸1秒传递信任[EB/OL]. 2020-10-26 [2021-08-10]. https://www.163.com/dy/article/FPRT7JD00550037C.html.

人们在新冠肺炎疫情暴发后广泛使用的健康码就是数字身份的雏形（见图 7-12）。健康码正在推动社会身份体系快速转型，促使数字身份与现实身份深度融合。在元宇宙时代，隐私计算将被大规模使用，实现数字身份"可验而不可得"，充分保护个人隐私。

图 7-12　健康码是数字身份的雏形（图片来源：视觉中国）

总之，随着元宇宙的发展越来越壮大，更多的人将会参与到元宇宙中，每个人都需要拥有一个具有通用性、独立性、隐私性的数字身份。数字身份可逐步通过可信、安全的方式与现实身份融合，以保障我们每个人在元宇宙中的美好生活。

8

趋势 5：
数字文化大繁荣

——元宇宙中数字文化成为主流文化，NFT 成为数字文创的价值载体

"数字"代表着理性和精准,"艺术"则代表着感性和创意,它们组合而成的"数字艺术"却成为当下艺术界热门的发展方向。艺术是文化的自然意识,数字艺术的发展方向是数字文化繁荣的一个缩影。在元宇宙时代,来自物理世界的物质性约束越来越少,创意可能会是唯一的稀缺资源。因此,元宇宙时代也将是数字文化大发展、大繁荣、主流化的时代。IP将成为元宇宙中一切产业的灵魂。

NFT作为数字文创产品的价值载体,有望成为元宇宙的核心资产类别。

数字艺术时代扑面而来

2021年3月,在北京798艺术区,在名为"DoubleFat"(双胖)的加密艺术展开幕式上,艺术家冷军的绘画作品《新竹》(New Bamboo)在策展人文泽先生和作者于佳宁手中烧为灰烬(见图8-1)。

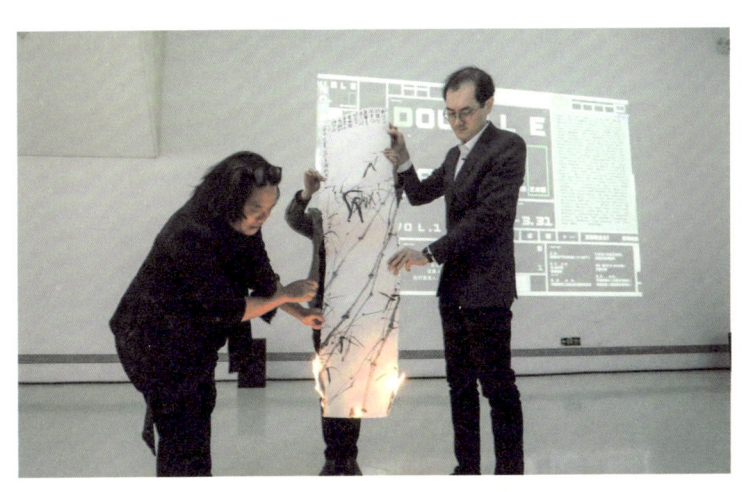

图8-1 "DoubleFat"加密艺术展开幕式上,《新竹》变成数字艺术品NFT
(图片来源:火大教育)

作者于佳宁与策展人文泽通过这样的方式,将这幅作品变成了NFT 形式的数字艺术作品。随后,该 NFT 现场进行了拍卖,ID 为 CryptoKingkong 的藏家拍得这幅作品,在区块链上收藏了它。

将实体艺术作品销毁创建数字艺术作品是一个颇具争议的尝试。在作者于佳宁看来,先将原画烧毁,再将电子版的作品上链生成NFT 的过程并不是毁灭,而是新生,是让艺术的形态和价值实现进一步升级的过程。

2018 年,英国街头艺术家班克西(Banksy)的代表《气球女孩》(*Girl with Balloon*)在苏富比拍卖行拍卖。当拍卖落锤成交时,众人惊讶地看到,画框里的画突然开始缓缓滚动,被藏在画框中的碎纸机剪毁,只留了上半部分红色的气球。原来,班克西在画框中暗藏了一台自动碎纸设备,并在落锤时按动按钮。这个拍卖现场的惊人事件让这幅画变成一个自带行为艺术的全新作品。当 NFT 艺术浪潮来临,班克西的作品以类似的方式被制成数字艺术品 NFT。2021 年年初,一些区块链领域的专业人士以 9.5 万美元的价格购买了班克西的画作《傻子》(*Morons*)实物。2021 年 3 月,这些人向班克西的行为艺术致敬,模仿他自己的做法,将这幅作品烧毁,并进行了全程直播(见图 8-2)。在实物被烧毁后,这幅作品被制作成数字艺术品 NFT,并进行了拍卖,ID 为 GALAXY 的藏家以约 38 万美元的价格拍得这幅作品的 NFT。[1] 这让更多艺术家和艺术批

---

[1] Burnt Banksy. Original Banksy Morons[DB/OL]. 2021-05-01[2021-08-01]. https://opensea.io/assets/0xdfef5ac9745d24db881fef3937eab1d2471dc2c7/1

图 8-2 《傻子》绘画实物被焚毁的瞬间

（图片来源：班克西实体艺术作品烧毁现场视频，制作者 Burnt Banksy）

评家关注到了数字艺术 NFT 这种新的艺术品形态。

当我们提到数字艺术时，很多人的第一印象就是数字化的平面艺术品，但艺术与数字技术的结合远不止于此。如果艺术家能够用手中的画笔在立体的空间中绘制树木、河流、动物，在夜空中绘出壮观的银河，那么当观众走进这幅作品中进行沉浸式的观赏时，他们心中会是怎样的一种感受？

这个场景并不是我们的想象。早在 2016 年，谷歌发布了一款 VR 绘画软件，即 Tilt Brush。在戴上 VR 设备后，艺术家打开 Tilt Brush 应用，就可以进入 3D 的艺术创作空间。艺术家可以在这里通过发挥自己的创造力和想象力来创作立体的"绘画"作品，甚至可以绘制带有动态效果的星星、光线或是火焰等特效（见图 8-3 和图 8-4）。

图 8-3　VR 绘画艺术家创作 3D 绘画作品
　　　　（图片来源：Tilt Brush 宣传片，制作者谷歌）

安娜·日利亚耶娃（Anna Zhilyaeva）是一位来自法国的 VR 艺术家，她以手中的传感器为画笔，创作了让人耳目一新的艺术作品。安娜从小学习艺术，在 VR 创作的技术出现后，她被这个立体的沉浸式空间吸引，开始投身于数字三维空间。在这里，安娜可以毫无限制地自由创作，将脑海中的所有创意用手柄在一个无限的三维空间中呈现出来。2020 年 5 月，安娜受邀在法国卢浮宫现场表演绘制《自由引导人民》这幅经典艺术作品。观众如果带上 VR 设备，就会发现画中人物并不是在一个平面上，甚至感觉真的走进了革命的战场上。

随着科技的发展，数字艺术不仅脱离了二维平面的束缚，也让艺术作品可以脱离静态的状态，还可以随着外部环境的变化而变化，或是随着时间的推移持续演进和迭代。艺术家可以通过编程为艺术品带来更强大的生命力。数字艺术品是由不同的数据组成的，我们自然可以让程序控制画面上的元素。如果艺术家绘制一幅实体风景画，那么这幅画只能展现白天或者晚上、晴天或者雪天的静态画面。但如果这是一幅数字艺术品，基于可编程性，那么创作者可以通过编写程序让画中的天气元素呈现不同的状态，比如晴天或者雪天，从而得到让人惊喜的动态效果。如果将这幅数字艺术品接入实时的天气数据，那么我们甚至可以根据实时的天气展示不同的画面效果。

Async Art 就是这样一个可编程的艺术创作平台，每一个数字艺术品都由一个主画布（master）和多个图层（layer）组成。艺术家、

图 8-4　VR 绘画艺术家创作 3D 绘画作品（图片来源：Tilt Brush 宣传片，制作者谷歌）

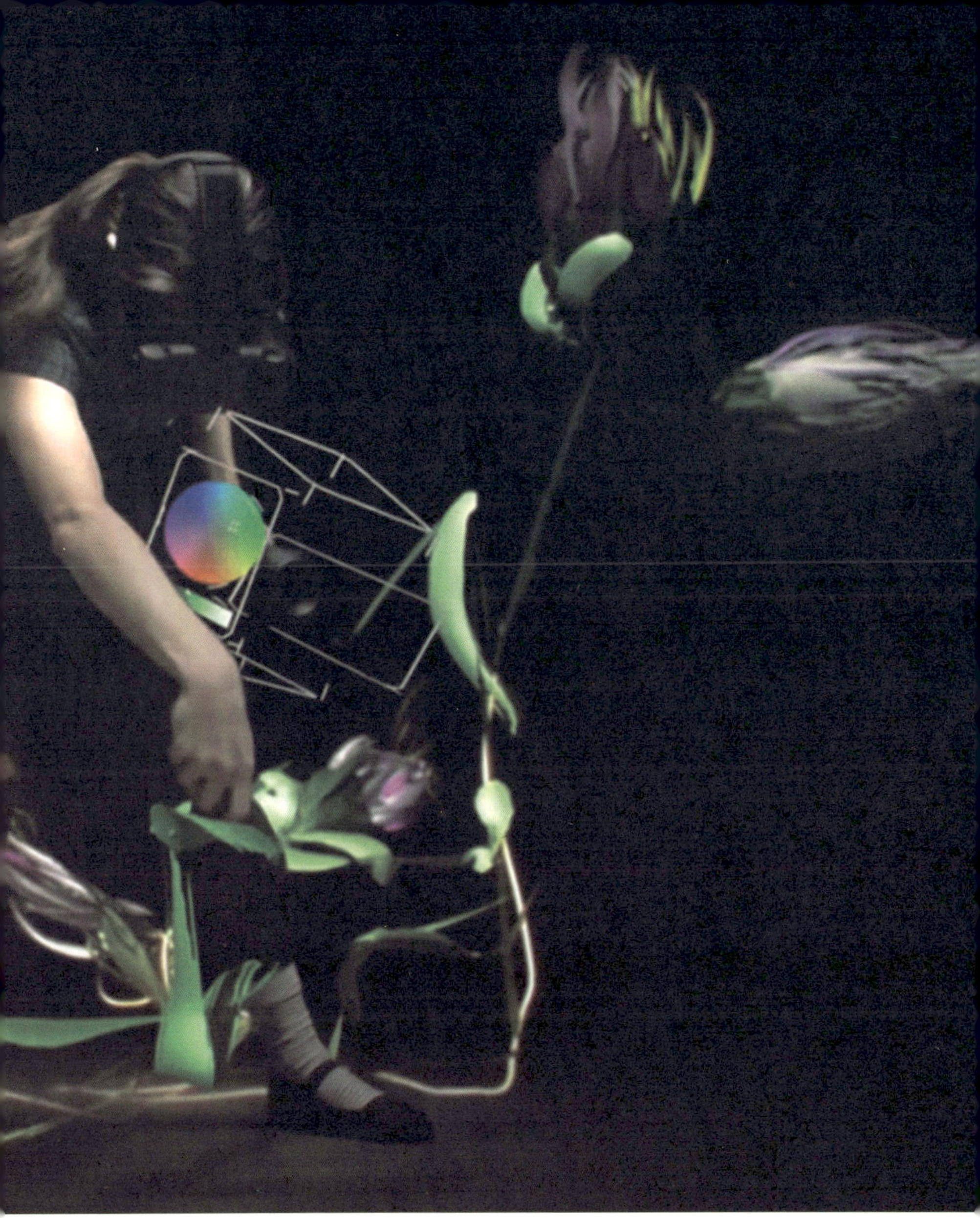

收藏者等不同角色可以在不同的图层上各自编辑。比如 2020 年 2 月，Async Art 上的艺术品《最初的晚餐》(*First Supper*) 被成功拍卖，这幅作品并非静态图片，而是由 22 个不同的图层组合而成的图画，每个图层包括人物、装饰、背景等（见图 8-5）。每个图层可以由不同的藏家所有，持有人可以自行设置参数修改内容。这是一件"可编程的艺术品"。

图 8-5　可编程的艺术品《最初的晚餐》(图片来源：Shortcut)

主画布不能决定这幅作品最终呈现的画面，整体画面会随着每个图层的变化而发生变化。大部分图层至少有 3 种样式变化，这幅作品总共有 22 个图层，根据不同的组合可以有 313 亿种不同的最终画面。可编程性也会改变艺术品收藏的方式。通过程序的设定，艺术家与收藏者可以实现互动，收藏者可以通过改变图层的特征来改变艺术品的呈现效果。

数字艺术的发展也降低了创作者的参与门槛，让每个人都有机会用各种形式展示自己的创意，让更多人有机会踏上自己的数字艺术创作之旅，甚至成为数字艺术家。维克托·朗格卢瓦（Victor Langlois）是一位来自美国的数字艺术家，大家在数字艺术领域都叫他 FEWOCiOUS。12 岁时，在社会机构的帮助下，他逃离了恶劣的原生家庭环境，来到了祖父母家中生活。由于经济困难等原因，一开始，他的艺术创作之路并不顺利，但他并没有放弃，从为同学创作绘画到为乐队绘制专辑封面和海报，赚得一些收入并一点点攒起来，最终买了一台属于自己的平板电脑。

2020 年 3 月，FEWOCiOUS 第一次将自己的一幅画以 90 美元的价格卖给了一位纽约艺术收藏家。不久之后，这位收藏家向他介绍了 NFT，带他进入了令人着迷的数字艺术市场。2021 年 3 月 5 日，他的作品《FEWOCiOUS 笔下永恒的美丽》(*The EverLasting Beautiful by FEWOCiOUS*) 在 Nifty Gateway 数字艺术品交易平台上以 55 万美元的价格成交。他的作品仅在 Nifty Gateway、SuperRare 等专业的数字艺术品交易平台上的成交总金额就达到了 2 267 万美元，总共售出了 3 187 件作品。[①] FEWOCiOUS 只用了一年的时间就成为知名数字艺术家。他的艺术灵感不仅仅是通过画画表现，他也跨界尝试潮鞋的设计，同样深受收藏家们的喜爱。

FEWOCiOUS 的作品不仅在加密艺术品平台中受到大家的喜爱，全

---

① CryptoArt. TOP ARTISTS[DB/OL]. 2021-9-13[2021-9-13]. https://cryptoart.io/artists

球顶级拍卖行也向他抛出了橄榄枝。2021年6月23日,他的作品第一次登上佳士得进行在线拍卖,但由于参与竞拍的人实在太多,导致佳士得网站宕机,这场拍卖不得不取消,并在两天后重新进行。那次拍卖的系列是"Hello,i'M Victor(FEWOCiOUS)and This Is My Life"[你好,我是维克多(FEWOiOUS),这就是我的生活],一共包括五件作品,记录了他的生活以及童年的涂鸦、图画和日记等。我们展示了其中的一件作品《第一年,14岁——隐藏的伤痛》(*Year 1,Age 14—It Hurts To Hide*),如图8-6所示。这五件数字艺术品NFT全部成交,总成交额高达216.25万美元。这一年他仅仅18岁,他成了佳士得历史上最年轻的艺术家。FEWOCiOUS有一次在线上接受采访时忍不住手舞足蹈:"我没想到我真的可以做自己,还能被人喜欢,并且有收入!"从一个攒钱买平板电脑的孩子,到第一个让佳士得网站拥挤到宕机的数字艺术家,他通过数字艺术开启了新的精彩人生。我们看到,数字艺术降低了艺术创作的门槛,解放了人的艺术天性。在元宇宙中,每个人都有机会成为数字艺术家。

IP将是一切产业的灵魂

艺术是文化的自然意识,数字艺术的爆发是数字文化大繁荣的缩

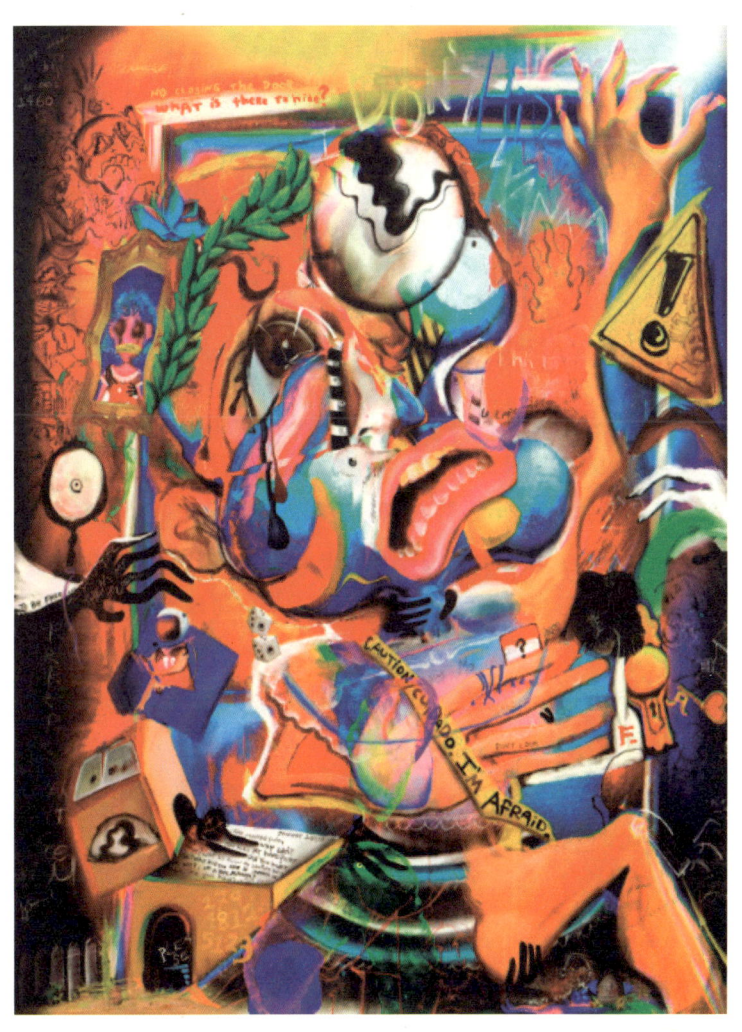

图 8-6 FEWOCiOUS 在佳士得拍卖的作品之一(图片来源:FEWOCiOUS)

影。在元宇宙时代，物理世界的物质性约束越来越少，创意将是唯一的稀缺资源。元宇宙时代是数字文化大发展、大繁荣的时代。IP作为文化具象化的标志，也将迎来又一轮爆发。2020年，在中国，潮鞋文化、联名设计、盲盒经济等新业态崛起，泡泡玛特这个以盲盒经济为基础的公司，一度撑起了千亿元的市值。这些新业态背后的核心逻辑都是IP运营。在我们看来，在元宇宙中，IP将是一切产业的灵魂。

简单来说，IP是具有长期生命力和商业价值的内容，可以为持有人带来持久收益。从20世纪90年代的《超人》和《蝙蝠侠》，到现在的小猪佩奇和泡泡玛特的莫莉，甚至一些经典表情包，比如柴犬和悲伤蛙，其实都是各种IP。IP有多元化的表现形式，可以是一个角色或形象，可以是一个商标或品牌，可以是一个设计或商品，可以是一个故事或一部电影，也可以是一系列的形象。而一组有关联的不同IP相互结合，可以形成一套"世界观"，这套世界观也往往被被称为"某某宇宙"。比如漫威公司所拥有的美国队长、钢铁侠、蜘蛛侠、绿巨人、雷神、洛基等一系列角色IP，因为经常到其他角色的故事中"客串"，所以他们的故事逐渐成为一个体系，共同构成了"漫威宇宙"。

目前，IP的商业化往往通过实物销售来实现，比如对于喜欢哈利·波特的"哈迷"来说，可能会购买哈利·波特系列小说，或者购买哈利·波特系列电影的蓝光高清DVD（光盘），也可能会去环球影城玩哈利·波特主题的过山车，走的时候还要购买一些魔杖、魔法师长袍等 IP 周边商品。现在，我们和自己热爱的 IP 建立联系的方式，往往就是购买包含 IP 的实物周边商品。当我们进入元宇宙，IP 还会有哪些新玩法？

在篮球迷的圈子里，NBA（美国职业篮球联赛）是一个最经典的 IP。2009 年，球星卡发行公司帕尼尼（Panini）成为 NBA 独家球星卡合作伙伴，受到了很多篮球迷的追捧，不少稀有的球星卡价格相当昂贵。2021 年 3 月，美国体育记者达伦·罗维尔（Darren Rovell）在推特上写道，"一位买家以 460 万美元的价格，买下了全球仅发行一张的由卢卡·东契奇（Luka Dončić）亲笔签名的新秀球星卡"。中国知名体育网站虎扑步行街上也有一个"球星卡区"，里面活跃着很多喜欢收藏球星卡的球迷。

但是，纸质球星卡存在着很多问题，比如不易保存、真假难辨、缺乏流通渠道等等。2019 年，NBA、NBA 球员协会和 Dapper Labs 公司一起发起了 NBA Top Shot 项目：NBA 将球员的高光时刻剪辑成精彩片段，Dapper Labs 再将这些高光时刻在区块链上以 NFT 的方式发行、出售（见图 8-7）。每个 NFT 呈现为一个数字化的"六面体"，每个面都记录了一些信息，不仅包括球星得分的精彩瞬间视频，还包括对应的比赛场次、比赛得分以及球星在比赛中的数据统计等信息，球迷可以在平台上购买这些经过 NBA 官方认证的精彩片段 NFT。

这些球星卡 NFT 无法被伪造，也不会因保管不当而折旧甚至损坏。

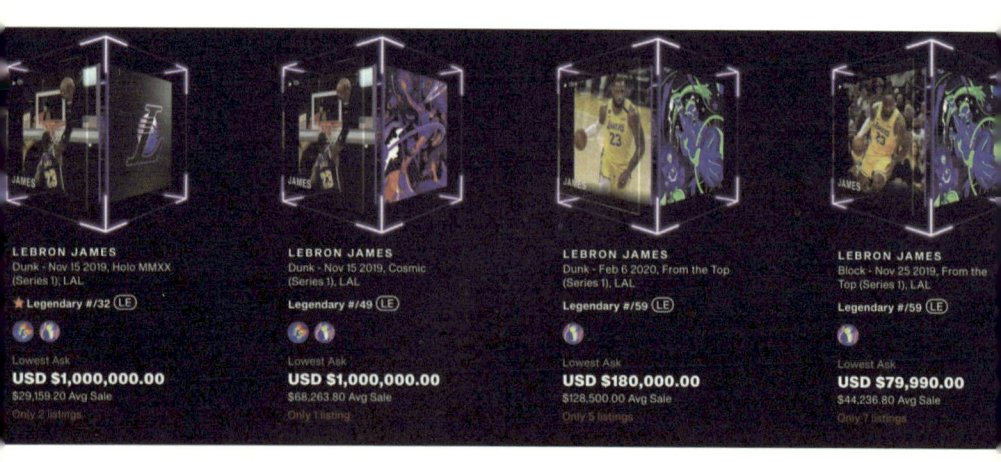

图 8-7 NBA Top Shot NFT（图片来源：NBA Top Shot）

在 NBA Top Shot 平台，球迷可以通过"开卡包"的方式获得这些 NFT。根据可能开出的 NFT 稀有程度的不同，每个卡包售价从 9 美元到 999 美元不等。在卡包开出 NFT 后，球迷可以自己收藏，也可以向全球的球迷转售，这使得数字球星卡的流动性大大提升。NFT 的交易基于区块链上的智能合约自动执行，避免了球迷在交易过程中承担交易对手的信用风险，也就是不用担心给出卡而拿不到钱。

NBA Top Shot 在推出后获得了出乎意料的成功，受到了无数球迷的追捧。截至 2021 年 8 月 27 日，NBA Top Shot 的历史总成交额已经高达 6.98 亿美元，在 NFT 领域仅低于我们在前面介绍过的 Axie Infinity 和加密朋克。其中，勒布朗·詹姆斯（Lebron James）的灌篮精彩片段 NFT 以 20 万美元的价格成交。

NBA Top Shot 第一次将 NFT 和体育 IP 进行跨界尝试，其出圈效果非常惊人。这个球星卡 NFT 项目背后的开发团队 Dapper Labs 在 2021 年 3 月完成 3.05 亿美元融资，参投方名单中有众多 NBA 球星，包括迈克尔·乔丹（Michael Jordan）、凯文·杜兰特（Kevin Durant）、安德烈·伊戈达拉（Andre Iguodala）等等。这些球星甚至亲自推销，NBA 迈阿密热火队的当红球星泰勒·希罗（Tyler Herro）就为自己的 NBA Top Shot 的 NFT 录制了一个介绍视频，告诉粉丝如何获得这些精彩时刻。

Dapper Labs 是 NFT 领域的资深厂商，在 2017 年开发了第一个以太坊区块链上 NFT 的标准协议 ERC721，也开发过全球首款收藏品 NFT "迷恋猫"（CryptoKitties，也被翻译为"加密猫"）——让藏家可以收集、繁殖和交换的数字形态的迷恋猫（见图 8-8）。每只迷恋猫都是一个 NFT，有独一无二的基因和外形。这个项目具有一定的游戏属性，两只迷恋猫可以进行繁殖，并有机会繁殖出非常稀有的迷恋猫。这个项目曾在 2017 年 12 月 9 日创造了超过 14000 的日活跃地址数量记录，一度造成以太坊交易堵塞，一只稀有的迷恋猫价格甚至高达数百万美元。

图 8-8　迷恋猫 NFT 曾经红极一时（图片来源：CryptoKitties）

数字世界原生物品的价值也逐渐为社会所接受。古驰（Gucci）尝试将自身的 IP 向元宇宙中迁移。古驰在 2021 年 3 月发布了数字运动鞋"Gucci Virtual 25"，用户可以在 Gucci App 上花费 11.99 美元购买这双数字鞋。在购买后，用户不会在物理世界收到任何商品，只能在 Gucci App 中通过 AR 的方式试穿，也可以在 VR 社交平台 VRChat 或游戏 Roblox 中穿戴。

不管是在物理世界还是数字世界中，潮鞋似乎一直都是最受欢迎的 IP 之一。一家数字潮流品牌 RTFKT Studios 曾在 Instagram 上发布过一张埃隆·马斯克出席 2018 年 Met Gal 典礼的红毯活动照，照片中的马斯克穿着一双非常炫酷的鞋子，这双鞋科技感十足，吸引了大量粉丝的讨论。其实，马斯克在活动现场穿的只是一双普普通通的黑色皮鞋，照片中很酷的鞋子是 RTFKT Studios 设计的一双数字潮鞋，名为 Cyber Sneaker，其灵感来自特斯拉的电动皮卡 Cybertruck（见图 8-9）。尽管现实生活中并没有这双鞋，但 Cyber Sneaker 的数字属性并没有阻挡粉丝对它的喜爱。2021 年 8 月底，这双数字鞋的 NFT 在 RTFKT Studios 官网上的价格接近 10 万美元。RTFKT Studios 也在与各大游戏厂商合作，玩家能够在更多游戏中让自己的数字形象穿着这些数字潮鞋。此外，RTFKT Studios 还和数字艺术家 FEWOCiOUS 合作，推出了三款设计独特的数字潮鞋，其价格分别为 3 000 美元、5 000 美元和 10 000 美元。这三款鞋在上架几分钟内便迅速售罄。

图 8-9　数字潮鞋 Cyber Sneaker（图片来源：RTFKT Studios）

除了时尚的潮鞋外，传统的知名品牌 IP 也在进行数字化的尝试。比如，可口可乐为庆祝 2021 年 7 月 30 日的国际友谊日，和 Tafi 合作推出 NFT 收藏品可口可乐友谊盒（Coca-Cola Friendship Box），其中包含四个稀有的单版动态 NFT：可穿戴的可口可乐泡泡夹克、可口可乐友谊卡、可口可乐声音可视化器和可口可乐复古自动贩卖机。漫威这家拥有一大批超级 IP 的公司，也在 2021 年 6 月和 VeVe 合作推出一系列官方 NFT 数字产品，包括 3D 数字手办和数字漫画书，以盲盒的方式发售。

在元宇宙时代，IP 将成为数字商品最为重要的属性。拥有优质 IP 的公司大多已经开始尝试进行数字化的转化和开发，通过数字技术让这些 IP 真正"活起来"，持续提升 IP 的价值，也试图获得先发优势。

NFT 是数字文创的价值载体

到这里，我们其实已经提及了很多类型的 NFT，从 Decentraland 中的数字土地、Axie Infinity 中的精灵、加密朋克头像、迷恋猫和 FEWOCiOUS 创作的数字艺术品，到可口可乐和漫威等大公司发行的 IP 周边产品，都是通过区块链技术发行的 NFT。无论是最近兴起的新型 IP，还是那些经典 IP，都在尝试以 NFT 为载体，希望在元宇宙中获得新生。

2021年7月，NFT市场的总成交额大约为3.64亿美元（见图8-10）。虽然这一数字看起来并不惊人，但是在一年前，也就是2020年7月，NFT的总交易金额仅仅才达到344万美元。[①] 2021年第二季度，NFT市场交易总额超过7亿美元，与2021年第一季度5亿美元的交易总额相比增长了40%。活跃买家数量的增速为38%，与卖家25%的增速相比增幅更大，这说明越来越多的买家开始对NFT感兴趣。[②] NFT只用了一年的时间，就完成了数百倍的增长，成为全球关注的焦点。NFT从最初无人问津的小众收藏品，逐渐成为数字文化的主流载体，并拓展了数字文化产业的边界。NFT的春天已经来临。

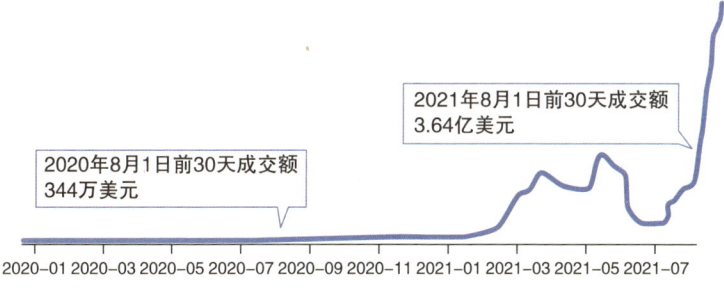

图 8-10　NFT市场成交总额（数据来源：https://nonfungible.com/）

[①] Nonfungible. Market Overview [DB/OL]. 2021-08-01 [2021-08-01]. https://nonfungible.com/market/history.
[②] Nonfungible. NON-FUNGIBLE TOKENS QUARTERLY REPORT Q2 2021 [R/OL]. 2021-07-31 [2021-08-01]. https://nonfungible.com/subscribe/nft-report-q2-2021.

我们来具体讨论 NFT 的产业生态和应用价值。NFT 的全称是 non-fungible token，中文一般翻译为"非同质化通证"。这里的"非同质化"对应的是"同质化"，二者有什么区别呢？假如我拥有一枚一元的硬币，你也拥有一枚一元的硬币，这两个硬币可以被认为是相同的，我们可以互相交换。此外，一元的硬币在中国任何地方都可以兑换成两个五角的硬币，也可以换成十个一角的硬币，也就是说，每个一元的硬币都可以拆分成若干份，具有可分割性。对于这种可以互换、具有可分割性的财产，我们就称为"同质化"财产。

但是，在现实生活中，大部分的财产是不可分割、不可互换的，也就是"非同质化"的。比如，虽然每张电影票表面上看起来非常类似，但是每张票所对应的电影、日期、场次、座位号都不同，也就是说，每张电影票都具有独一无二的属性，其价值自然也会各不相同。再比如，即使是同一个小区户型相同的房产，但由于楼层、装修、朝向不同，也会被认为有较大不同，其价格也可能有很大的差异。这些都属于"非同质化"财产，不可分割，不可互换，每一个都具有独特属性。它们如果被映射到区块链上，就会形成非同质化通证，也就是 NFT。

NFT 是基于区块链发行的数字资产，其产权归属、交易流转都被记录在了不可篡改的分布式账本上。未来，万物皆可 NFT。无论是艺术品、收藏品、游戏道具、域名、门票，还是任何具有独特性的财物，都可以通过上链成为 NFT。在元宇宙中，NFT 将成为赋能万物的"价值机器"，也是连接物理世界资产和数字世界资产的桥梁。目前，NFT 已经形成了一个完整的产业链和生态闭环，主要包括 NFT 基础设施、NFT 应用以及 NFT 交易市场。

从 NFT 的基础设施领域来看，目前大部分 NFT 是基于以太坊区块链发行的 ERC721、ERC1155 标准通证。但由于以太坊较慢的交易处理速度和较高的手续费，很多项目和团队也在尝试在新的区块链上发行 NFT。例如，2020 年 Dapper Labs 就推出了专门发行 NFT 的区块链 Flow，NBA Top Shot 就是基于它发行的。Axie Infinity 也在 2021 年 2 月启动了以太坊侧链 Ronin，并将 Axie 系列 NFT 迁移到这条链上。从 NFT 应用来看，目前已经落地的主要可以分为艺术品、收藏品、游戏道具三大类。

NFT 的技术特别适合将数字内容"资产化"，因此以数字 IP 为核心的相关领域实现了快速落地。具体的相关案例在前面的各个章节已经进行了较为详细的讨论，这里不再赘述。

在 NFT 产业链中，交易市场扮演着极为重要的角色。目前，最大的综合性 NFT 交易平台是 OpenSea。该平台的创始人是德温·芬泽（Devin Finzer），他在 2017 年的时候触到了迷恋猫，从而了解了 NFT。芬泽被这种新的技术深深吸引，于是一头扎进了 NFT 的世界。2018 年 1 月，去中心化的 NFT 市场 OpenSea 正式上线。我们可以把它理解为一个专门买卖 NFT 的 eBay（易贝）或者闲鱼，用户可以在平台上买卖 NFT。另外，我们也可以把它视作一个主要支持查看 NFT 信息的区块链浏览器，基于以太坊区块链发行的

NFT都可以在上面直接查询属性。

OpenSea采取的是去中心化的交易方式。假如我们持有一个数字艺术品的NFT，我们在OpenSea中输入这个NFT的合约地址和编号时，就可以看到NFT的具体属性和信息。我们如果想售出这个NFT，就可以在平台上直接挂出"待售"，并可以选择自己喜欢的交易方式，比如一口价（set price）、拍卖（bid）或者直接私下交易（privacy）。假设我们选择了拍卖，挂单后，我们的NFT仍然保留在自己钱包中，如果有人出价，那么出价的资金会被智能合约锁定。我们一旦接受了出价，就会授权平台将这个NFT与已锁定的出价资金进行一次原子交换，实现在没有中心化第三方的参与下买卖双方的NFT和资金的无风险双向转移。简单来说，原子交换只会产生两种结果，要么是NFT和资金没有进行交换，要么是交换完成后不会出现一方支付了资金却没有收到NFT或者付出NFT但没有拿到资金的中间情况，这样就可以确保交易无风险。

OpenSea还有版税机制，铸造者在创建NFT时可以设置版税，最高10%。在卖出作品之后的每一次出售，该机制都将根据交易金额和预设的比例给创作者支付版税。需要注意的是，创作者只有在作品销售的情况下才会获得版税。如果是赠予或者转让，用户是不需要支付这些费用的，也不必支付平台佣金。

OpenSea会对每一笔NFT的交易抽取一定的佣金手续费，目前OpenSea的佣金费率为2.5%。2021年3月，OpenSea在A轮融资中筹集了 2 300 万美元，由全球知名风险投资基金 Andreessen Horowitz（a16z）领投。仅仅过了 4 个月，OpenSea 又宣布了 B 轮 1 亿美元的融资，显现出惊人的发展速度。

OpenSea 不仅仅只是一个 NFT 交易平台，还致力于让整个 NFT 领域相互融合，从而共同构成完整的 NFT 生态。比如，Decentraland 和 OpenSea 就实现了打通，不仅 Decentraland 中的数字土地和道具可以在 OpenSea 上进行交易，而且在 Decentraland 画廊中展示的作品大部分都和 OpenSea 绑定。参观者在参访数字画廊的时候，如果看到了心仪的艺术品，就可以直接跳转去购买（见图 8-11）。

除了 OpenSea 之外，还有一些面向专门品类的交易平台，比如 SuperRare、Rarible、Nifty Gateway，这些平台主要面向加密数字艺术品发行和交易。其中，SuperRare 和 Nifty Gateway 一样，都有创作者白名单机制，也就是经过平台认证的艺术家才可以在平台上创建艺术品 NFT 并售卖。Rarible 的门槛较低，普通人也可以在平台上发行自己创作的艺术品。另外，Art Block 和 Async Art 也是数字艺术品 NFT 的创建平台，这两个平台都具有较强的可编程性。Art Block 可帮助艺术家在以太坊上按需编程生成并存储作品，作品内容包括静态图像、3D 模型以及交互式体验等多种类型。

NFT 的出现，让元宇宙中的每个人都可以轻易拥有数字物品的所有权。NFT 不仅有唯一、不可篡改、永久保存的特点，最主要是解决了数字物品的产权确权和交易流转等问题，从而扩大了流通范

图 8-11　作者于佳宁在 Decentraland 中欣赏 NFT 艺术品
　　（图片来源：Decentraland）

围,进而极大地提升了流动性。在NFT出现之前,数字文创产品可以被随意拷贝和使用,创作者不仅难以确认版权所属,也很难获得收益。现在,NFT解决了这些问题,让创作者可以真正售出(而非授权)数字作品,还可以从作品的后续交易中持续获得版税收益。具体来说,NFT可以发挥以下作用,因此能让艺术品、收藏品、文创产品的价值大幅提升。

第一,NFT是流通价值证明,可以让文创产品提升流动性,对接全球市场。传统的艺术品一般通过拍卖或者画廊的方式售卖,但这些方式都有很强的地域性,很难与全球市场对接,因此很多有才华的艺术家会被埋没。但数字形态的NFT在区块链上可以通过智能合约进行交易,可以在全球性大市场上公开展示,面向全球藏家售卖。其中,交易手续费较传统渠道极低,买卖方式高度透明可信,卖家不必承担信用风险、信用账期和汇率损失。因此,NFT极为有效地提升了艺术品的流动性。

第二,NFT是真实性证明,无法造假,没有赝品。随着科技水平的提高,仿制艺术品的水平也在提高,赝品日益增多。流转记录不够清晰有序的艺术品,在交易前往往需要由多位专家共同鉴定,鉴定成本高昂,鉴定结果也可能存在偏差。但是,每一个数字化的NFT都包含了铸造者的数字签名,这种签名用非对称加密技术做保障,很容易验证真假,因此不会出现"赝品"。

第三,NFT是稀缺性证明,让文创产品流转有序,交易历史高度透明、可溯源，稀缺性真实可信。以往，只有那些经过顶级拍卖行拍卖的藏品，才有相对可信的交易记录，才称得上"流转有序"。但是，大多数收藏品并不具备这样的条件。我们要想搞明白一种收藏品的确切存世数量，以及以往的全部交易记录，很不容易实现。这些信息非常不透明。即使经过了拍卖，我们也很难确保交易记录完全可信，甚至难以确定藏品本身是否通过合法途径获得。但NFT 形式的数字收藏品的发行和每一次流转交易都会在区块链上留下记录，记录不可篡改，发行总量、交易历史等基本面信息清晰透明，这便消除了信息不对称，因而藏家很容易依据这些信息做出分析判断。

第四，NFT 是所有权证明，避免物权争议。NFT 除了可以低成本、高效率地实现所有权确权之外，还可以较为容易地展示其他物权的情况。比如，以前我们很难判断一件艺术品是否正在进行抵押，或者是否已经投保。但是，在区块链上，特别是在与 DeFi 结合的情况下，这些操作都将体现为和智能合约的交互，所有交互信息都可以通过区块链浏览器查询，相关情况一目了然。

第五，NFT 是收益规则证明，让创作者可以享受作品持续增值带来的收益。在大多数情况下，传统艺术品、收藏品或者文创产品交易都是"一锤子买卖"。创作者将作品卖出后，无论作品未来价值上涨到什么程度，都无法分享到任何增值收益。这种机制并不合理，也无法激励艺术家耐心创作真正杰出的作品。但是，通过像 OpenSea、Rarible 这些 NFT 发行和交易平台，创作者可以设定收取版税，用智能合约确保从之后的每次交易中抽成，以分享作品的长期价值。

当然，NFT 的应用场景不会仅局限在艺术、收藏、游戏等领域。从短期来看，NFT 主要用于实现数字物品的链上确权和流转交易；从中期来看，私募股权、私募债、信托等传统金融资产，都可以上链形成 NFT，从而实现数字化；从长期来看，结合"预言机"等应用，NFT 会极大地加速实物资产上链和数字化的进程，从而进一步完善价值互联网，实现数字资产和实物资产的深度融合。未来，NFT 将承载更丰富的资产类型和更庞大的价值，成为元宇宙中的关键资产类别。

我们认为，在元宇宙中，数字技术与文化创意相结合，将实现数字文化的大发展、大繁荣，而 NFT 将为这些数字文化的 IP 实现资产化和经济保障。"数字"和"文化"的结合会不断给我们带来惊喜，数字文化也会逐步发展为元宇宙中的主流文化。

9

趋势 6：
数字金融实现全球普惠

——元宇宙中 DeFi 加快金融服务数字化变革，可编程交易实现金融智能化

在元宇宙中，数字与实体将全面融合，一切经济活动都会向数字经济转变。

这就要求金融服务需要实现数字化，不仅仅实现形式上的数字化，更要实现真正的普惠化，让每个人都能低成本、高效率地使用数字金融服务。

现在，一些先行者已经在尝试用数字化的方式重构全球金融基础设施，消除不必要的金融中介，降低金融服务门槛和成本，优化人们使用金融服务的方式和体验。DeFi 领域的一系列创新实践可能是构建元宇宙时代数字金融体系的探索尝试。DeFi 不仅能够让资产所有者自己掌控资产，还能实现高度安全、透明且可信的自动化交易。未来，DeFi 可能将前沿技术、智能商业、开放组织、数字交易等创新模式整合起来，实现业务载体、分配模式、组织形态和产业关系等方面的变革，引领金融业迈向数字化和智能化的新时代。

让全球转账像聊天一样简单

托马斯·弗里德曼（Thomas L. Friedman）的著作《世界是平的》于 2006 年在中国出版后风靡一时。他认为，在新型交通工具的促进下，全球协作体系会变得更加高效，从而使世界变得"平坦"。在新冠肺炎疫情后，世界又一次发生了巨大的变化，我们不能再简单地用"平的"来描述。现在的世界是一个"流动的世界"。让世界流动起来的力量是数据，因为数据天然具有"穿透"的能力，可以跨组织、跨国家高速流动。在新冠肺炎疫情后，电子商务、远程办公、在线教育、流媒体和短视频在全球各国快速发展和普及。全球经济正在向着"数字经济一体化"发展，未来在元宇宙时代更是有望形成统一的数字经济共同体。

要实现全球数字经济的发展和融合，资金的高效率、低成本流转是重要前提和保障。但目前的实际情况是，由于货币、语言、系统、法律、时区等因素的差异，进行跨国支付或转账需要经过的节点和系统过多，支付或转账成本昂贵且速度缓慢。跨境支付交易量占全球支付交易量的比例低于 20%，但是它所带来的交易费用占到了全球支付交易费用总额的40%。①这显然不成正比，费用明显过高。此外，在目前的金融体系中，跨境转账（无论是否通过第三方平台完成）需要基于银行账户来实现。但是，全球约有17亿成年人还没有银行账户，无法参与最基本的金融活动。②

随着我们的学习、生活、工作逐步向元宇宙迁徙，在线支付已成为每个人的刚需，跨境支付将更加普遍。目前的金融服务效率和收费，很难满足人们在元宇宙中的需求。那么，如何让全球支付像在线聊天一样便捷？这成为数字金融体系亟待解决的关键问题，也是未来元宇宙发展的一个瓶颈因素。

Facebook针对这个问题提出了一个大胆的解决方案：将区块链技术引入国际支付系统，全面提高全球金融的效率和普惠性。2019年6月8日，Facebook牵头发布了天秤座项目（见图9-1）的第一版白皮书，其第一句话就写道："（我们的）使命是建立一套简单的、无国界的'货币'和为数十亿人服务的金融基础设施。"

---

① McKinsey & Company. Global Payments 2016: Strong Fundamentals Despite Uncertain Times[R/OL]. 2016-09 [2021-08-21]. https://www.mckinsey.com/~/media/mckinsey/industries/financial%20services/our%20insights/a%20mixed%202015%20for%20the%20global%20payments%20industry/global-payments-2016.ashx.
② 世界银行集团. 全球金融普惠指数数据库 2017[DB/OL]. 2018[2021-08-20]. https://openknowledge.worldbank.org/bitstream/handle/10986/29510/211259ovCH.pdf.

图 9-1　天秤座项目希望全面提升全球金融的效率和普惠性
　　　　（图片来源：Diem 协会）

天秤座项目希望基于这套金融基础设施,优化全球的支付、货币兑换等金融服务。该项目让用户即使使用低配置的智能手机,也可以进行即时的国际支付和汇兑,几乎不需要付手续费,"在全球范围内转账应该像发送短信或分享照片一样轻松、划算,甚至更安全"。

为什么天秤座项目有信心升级全球金融体系?这是因为它试图从技术基础设施、经济模型和治理机制三方面全面进行创新。

在技术基础设施方面,天秤座项目将建立在安全、可扩展和可靠的区块链之上。天秤座项目计划建设一个许可型区块链,并将其作为该项目的基础设施。天秤座协会(后更名为 Diem 协会)认可的机构可获得权限并成为该区块链网络验证者节点,全球开发者可以在该区块链上开发各类 DApp,从而为用户提供服务。

在经济模型方面,天秤座项目将发行一种数字资产(天秤币),作为国际支付的媒介。该计划将天秤币设定为一个"基于一篮子货币的合成货币",其价格将与这一篮子货币的加权平均汇率挂钩。这就意味着,天秤币将是一种稳定币,其价格会保持相对稳定,不会大起大落,从而降低使用者面临的市场风险和汇率损失,以便在全球范围内广泛使用。

在治理机制方面,和很多人印象不一致的是,天秤座项目并不是一个"中心化"项目。它归属于独立的天秤座协会,该协会最早的一批发起成员包括 Calibra(Facebook 子公司,后更名为 Novi)、优步、Lyft（来福车）、Spotify（音乐服务平台）、Coinbase、Visa（维萨）、Mastercard（万事达卡）、PayPal 等 28 家公司和机构。在这些协会成员中，Facebook 在全球拥有 29 亿用户，再加上其他互联网巨头的巨大影响力，使得天秤座项目在一开始就可以覆盖全球几十亿人口。不过，稍后 Visa、Mastercard 和 PayPal 等一部分金融属性较强的机构选择退出了天秤座协会。2019 年 10 月，协会成员签署了协会章程，协会理事会正式成立，理事会由每个成员的一名代表组成。天秤座项目的开发和治理工作全部由协会负责。Facebook 在创建协会和开发区块链技术方面虽然发挥了关键作用，但在协会内也没有特殊权利。截至 2021 年 9 月，协会成员为 26 家。

天秤座项目有远大的理想，它不仅仅希望用数字化的方式重构全球金融基础设施，更想要打造一种全球通用的支付方式，以彻底改变人们使用互联网的方式和体验，从而实现全球普惠金融。当然，我们必须得承认，它现实的发展道路异常艰难坎坷。有人认为，天秤币是"超主权"货币，过于理想化，如果未经验证就贸然铺开，可能会引发各种难以预料的风险。各国政府对该项目也抱有较为谨慎的态度，认为天秤币一旦推出，就可能会对各国货币体系和金融稳定带来很大的挑战。

因此，在白皮书发布不久，全球几个重要国家的政府首脑和监管当局便开始公开质疑。2019 年 7 月，时任美国总统特朗普在社交媒体上公开表达了担忧，美国财政部部长史蒂芬·梅努钦也曾表示天秤座项目会对美国国家安全构成严重威胁，例如犯罪分子可能利用这套体系来洗钱和为恐怖活动融资。2019年8月，英国、澳大利亚、加拿大、阿尔巴尼亚等国家的数据安全委员会联合发表声明，对天秤座项目的安全性和合法性提出质疑。2019年9月，法国和德国财政部部长联合发表声明，表示将阻止天秤座项目在欧洲地区发展。路透社报道，欧盟大国认为"任何私人实体都不能拥有货币权力，这是国家主权所固有的"，这也是该项目遭到监管当局质疑的主要问题之一。日本和新加坡的中央银行也对天秤座项目始终保持观望态度，并要求该项目在安全保障方面提供更多令人信服具体措施。

面对各国监管当局的质疑，天秤座项目在2020年4月发布了第二版白皮书。根据这一版白皮书，其核心目标并没有发生改变，但特别强调自己是一套支付系统，对法定货币只是帮忙，而不是替代。在保留了天秤币的同时，天秤座项目新增了锚定美元、欧元、英镑、新加坡元等单一货币的稳定币方案，比如锚定美元的LibraUSD、锚定欧元的LibraEUR等。2020年12月，天秤座协会宣布，天秤座项目更名为Diem，天秤币改名为Diem Coins。该项目准备与美国Silvergate银行合作，首先推出单一锚定美元的稳定币。

目前，天秤座项目依然在艰难地探索与推进着。天秤座项目从1.0到2.0，再到后来的Diem，历尽艰难，但它针对全球金融普惠提出的六大倡议始终没有发生任何变化，这些愿景或许就是元宇宙时代数字金融的应有之意。

- 我们认为，应该让更多人享有获得金融服务和廉价资本的权利。

- 我们认为，每个人都享有控制自己合法劳动成果的固有权利。

- 我们相信，开放、即时和低成本的全球性货币流动将为世界创造巨大的经济机遇和商业价值。

- 我们坚信，人们将会越来越信任分散化的管理形式。

- 我们认为，全球货币和金融基础设施应该作为一种公共产品来设计和管理。

- 我们认为，所有人都有责任帮助推进金融普惠，支持遵守网络道德规范的用户，并持续维护这个生态系统的完整性。

让金融服务匹配数字经济发展需求

跨境支付一直是数字金融试图改进的场景之一，而基于区块链技术的稳定币也是很多公司都在尝试的方向。有的公司在这一方面取得了一些成果和经验，比如 Circle 公司发行的 USDC。Circle 是以数字资产为主业的金融科技公司，极为注重合规，是在全球获得牌照数目最多的数字资产公司之一，目前拥有美国、英国和欧盟的支付牌照，拥有美元、英镑、欧元三个主流货币的合规通路。它还获得了纽约州的第一张 BitLicense 牌照，该牌照申请门槛极高，接近于银行牌照。从 2013 年成立至今，Circle 总共经历了 9 轮融资，总融资规模达到了 7.11 亿美元，投资机构包括高盛资本、IDG 资本、百度、中金甲子、光大控股、分布式资本、万向区块链等。2021 年 7 月，Circle 宣布计划通过与特殊目的收购公司（SPAC）的业务合并进而实现上市。

在 Circle 成立之初，其主要业务是基于区块链的支付业务，为数字资产提供存储和兑换服务。2018 年 7 月，Circle 推出了在区块链上发行的锚定美元的稳定币 USDC。截至 2021 年 9 月 13 日，流通中的 USDC 已经达到了 294 亿美元（见图 9-2），链上转账金额累计达到了 1 万亿美元。USDC 具体发行方式是，Circle 将储备的资产托管到指定银行（Silvergate 银行），采用 100% 准备金制度，按照 1∶1 的比例在区块链上发行 USDC。储备金主要包括美元现金和短期美国国债[①]，并由第三方审计公司（目前是致同会计师事务所）每月审计，接受纽约州的监管。Circle 通过一系列机制安排，确保 USDC 的运营情况相对透明。用户还可以将链上的 USDC 按 1∶1 赎回并兑换为美元，赎回时，系统会销毁对应数量的 USDC。我们

---

① 2021 年 7 月，Circle 披露 USDC 的 221 亿美元储备资产中包含 47% 的现金和现金等价物、16% 的公司债、15% 的扬基存单、13% 的美国国债、8% 的商业票据以及 1% 的市政债券和美国机构债券。2021 年 8 月 22 日，Circle 宣布将把全部的 USDC 储备金转化为现金和短期美国国债。

在本书第四章讨论过"资产上链",USDC 也可以理解为"美元上链"形成的数字资产。

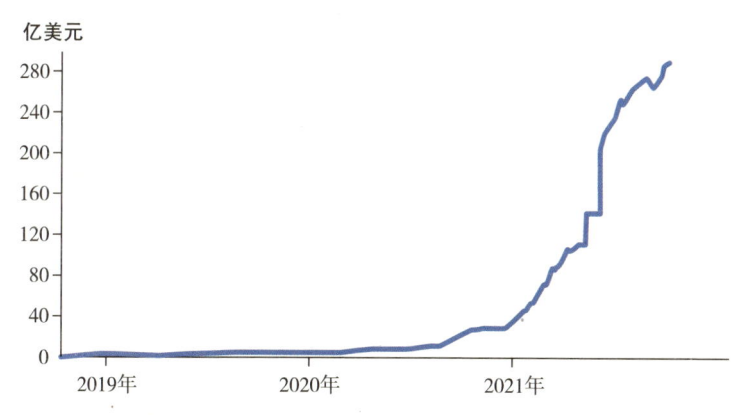

图 9-2 USDC 发行总量变化情况(数据来源:CoinMarketCap)

除了互联网巨头和金融科技公司,传统金融巨头也在尝试使用区块链和稳定币改进跨境支付结算。2019 年 2 月,摩根大通推出了首个由美国银行支持的稳定币——摩根币(JPM Coin),如图 9-3 所示。摩根币在基于以太坊区块链协议开发的 Quorum 区块链上发行和使用,1 摩根币 = 1 美元。虽然摩根币是在链上发行的锚定美元的资产,但它与 Diem Coins 或 USDC 这种面向全球个人客户发行的资产相比有所不同。摩根币的账本仅向部分特定节点开放,个人客户无法持有或使用摩根币,只有严格限定的银行和金融机构才可以使用。摩根币属于一种"批发型"稳定币(与之相对的是个人可以使用的"零售型"稳定币)。

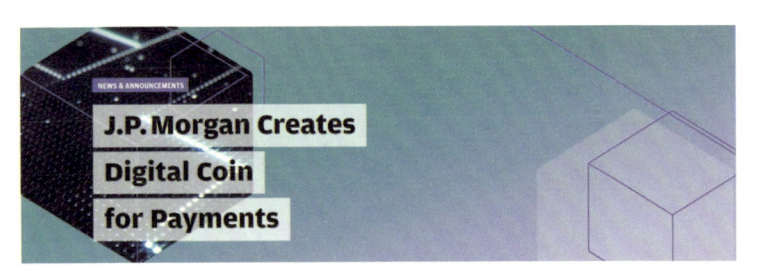

图 9-3 摩根大通推出了首个由美国银行支持的稳定币（图片来源：摩根大通）

摩根币的出现解决了实时全额结算的问题。比如在跨境转账的过程中，摩根大通的客户 A 公司将存款放入指定账户，可获得同等价值的摩根币。接下来，A 公司可以在区块链上用这些摩根币与摩根大通的客户 B 公司进行交易，B 公司收到后可以选择将其兑换成美元或当地货币。不管 A 公司和 B 公司是否在同一时区、同一货币区、同一司法管辖区，都可以进行实时结算，极大地提高了资金的使用效率。

这个过程和传统的银行间跨境结算流程有明显的区别。传统流程往往需要引入一家或多家代理银行，而且需要使用 SWIFT（环球银行金融电讯协会）、CLS（持续联结结算系统）、CHIPS（纽约清算所银行同业支付系统）、TARGET（泛欧实时全额自动清算系统）等多套系统，流程高度复杂、烦琐，节点繁多。节点越多意味着"过路费"越多，效率自然也不够高。

而在基于区块链的系统上，资产完全是以数字化形态存在的，转账过程非常简单，就是点对点的直接转移。发起转账时，交易信息会向区块链网络中的节点进行广播，再由节点进行打包记录。但是，这些节点并不是"交易中介"，也不会经手任何资产，它们只是交易的"见证人"，负责验证转账信息的真实性和有效性。作为"记账人"，它们把这些转账信息记录到分布式账本中，并同步给其他节点。这一流程非常简洁、有效，实现了"支付即清算"，可以让转账速度大幅提升，同时使成本大幅下降。基于这种模式，资金可以像数据一样具有高度的穿透性和流动性，能够赶上数据的流动速度，从而满足数字经济发展的需求。

这些零售型或批发型的稳定币主要由商业机构发行，目前相关监管机制还不成熟，因此有可能被利用并成为洗钱等非法经济活动的工具。此外，此类资产的流动速度较快，一定程度上会加剧资本的无序流动，甚至影响部分小国的货币主权，从而给全球支付清算体系、资本跨境流动管理、各国货币政策甚至国际货币体系带来诸多全新挑战。

要解决这些问题，我们需要依靠监管科技的力量，并逐步将其纳入全球金融监管框架。2020年4月，G20（20国集团）成立的国际金融监管协调组织金融稳定理事会（FSB）在发布的《应对全球稳定币带来的监管挑战（征求意见稿）》中提出，全球稳定币基本可以纳入现行监管规则框架，但需要具体问题具体分析，并根据不同稳定币的运行机制和经济功能，厘清其应适用的具体规则和监管机构之间的职责划分。

全球央行数字货币加速推进

在新冠肺炎疫情后，各国政府空前重视发展数字经济，而数字经济的发展需要一套完整的数字化新金融体系来提供支持，货币的数字化成为一种重要需求。各国央行数字货币（CBDC）的推进速度明显加快。2021 年年初，国际清算银行（BIS）对央行数字货币进行的第三次调查结果发现，调查对象中 86% 的中央银行正在积极研究央行数字货币的潜力。[①] 2020 年 10 月，巴哈马推出了 Sand Dollar，成为世界上第一个正式推出央行数字货币的国家。目前，大多数国家的央行数字货币还处于测试阶段，比如由新加坡金融监管局（MAS）、新加坡银行协会与多家国际金融机构共同研究开发的 Ubin，开发了基于区块链的用于法定数字货币结算的原型。2021 年 7 月，欧洲中央银行宣布启动数字欧元项目，并开启为期两年的调查研究，以解决数字欧元设计和发行等关键问题。美国在央行数字货币领域也在积极尝试。2020 年 5 月，数字美元白皮书发布，提及推动数字美元项目核心原则等内容。

中国的央行数字货币，也就是数字人民币（e-CNY），在全球处于领先水平，目前已经进行了大规模的试点测试。很多读者或许已经体验过数字人民币的功能。2020 年 10 月，数字人民币第一次走出封闭的测试环境，在深圳罗湖区启动了面向公众的数字人民币试

---

① BIS. BIS Innovation Hub work on central bank digital currency（CBDC）[EB/OL]. 2021 [2021-08-20]. https://www.bis.org/about/bisih/topics/cbdc.htm.

点。2020年"双十二"购物节期间，数字人民币又在苏州进行了测试，实现了在没有网络的情况下，通过"碰一碰"进行双离线支付。2020年年底，中国工商银行使用数字人民币进行公益捐赠，并将捐赠信息在区块链上存证，保证了捐赠的真实有效、可溯可查。在2021年中国国际服务贸易交易会上，中国银行的展区展示了一台外币兑换机，用户不需要绑定任何账户和银行卡，只需要用身份证或者护照，就可以将外币与数字人民币进行兑换。在现场，经过身份核验、人脸识别、信息确认后，一张10欧元的纸币立刻兑换成显示着74元额度的数字人民币卡片钱包。

数字人民币的一个重要特点是，具有可编程性。中国人民银行数字人民币研发工作组于2021年7月发布的《中国数字人民币的研发进展白皮书》，明确提出了数字人民币可以通过加载不影响货币功能的智能合约实现"可编程性"，在确保安全与合规的前提下，可根据交易双方商定的条件、规则进行自动支付交易，从而促进业务模式创新，提升扩展能力，促进与应用场景的深度融合。[①]

在未来元宇宙中，物理形态的纸币很显然无法适应数字经济发展的需要，各国都迫切需要一套全新的数字化金融体系，而各国的央行数字货币是这套数字金融体系的重要基石。数字人民币是一种面向未来的货币形态，作为一种具备可编程性的法币，它将在未来的元

---

① 中国人民银行数字人民币研发工作组. 中国数字人民币的研发进展白皮书 [R/OL]. 2021-07 [2021-08-20]. http://www.pbc.gov.cn/goutongjiaoliu/113456/113469/4293590/2021071614200022055.pdf.

宇宙时代成为我国各类数字交易的基础设施。

十几个人为何能管理百亿美元市值的大项目

美国纳斯达克交易所成立于 1971 年。最初，纳斯达克仅是一个报价系统，直到 1998 年才成为美国第一个在网上交易的股票市场，是首家以数字化系统取代传统交易体系的交易所。苹果公司、微软、谷歌、Facebook、特斯拉等互联网及科技巨头都选择了在纳斯达克上市，截至 2021 年 9 月 20 日，纳斯达克上市的股票共有 4 503 只。纳斯达克不仅是一个股票交易所，也是一家上市公司，其上市母公司名为纳斯达克 OMX 集团。

有一个项目被誉为"区块链上的纳斯达克"。2021 年 5 月，该项目的市值一度最高超过 220 亿美元，同期纳斯达克母公司市值约为 273.18 亿美元。该项目在 2021 年 9 月的日交易额为 10 亿 ~ 20 亿美元，其做市商（market maker，缩写为 MM）有 7 万多个，而纳斯达克仅有 300 多个机构进行做市。更让人意外的是，该项目的工作人员只有十几个人（在很长时间内只有创始人一个人），而纳斯达克的工作人员有 5 696 人。该项目从 2018 年起步到 2021 年仅发展了3年，而纳斯达克已经发展了50年。①

这个项目名为Uniswap，是一个基于以太坊区块链的去中心化数字资产交易平台（见图9-4）。2020年12月，Uniswap的历史交易量已超过500亿美元，这些交易量来自26 000个不同的交易对。② 到2021年9月，Uniswap的日交易量达到了十几亿美元，单日的手续费达到259万美元，甚至超过了比特币链上交易的手续费金额。③

在传统认知里，这样规模的业务通常需要数千人的团队，需要无数层级的组织，其管理成本也极高。那么，Uniswap是用了怎样的方法，居然可以让如此庞大、复杂的交易体系能够近乎"自动运行"？这要从它的创始之初说起。

2017年7月，西门子公司的一位机械工程师海登·亚当斯（Hayden Adams）被裁员了，这让他似乎到了人生的至暗时刻。他对未来一筹莫展，向一位在以太坊基金会工作的朋友卡尔·弗洛斯克（Karl Floersch）倾诉自己的苦恼。弗洛斯克告诉他，区块链是未来，并建议他在以太坊上尝试开发智能合约。于是，他们有了以下的对话。④

---

① 由于两者的交易机制存在较大差异，上述数据并不完全可比，仅为读者直观了解而提供。
② https://twitter.com/haydenzadams/status/1338582286112092162?lang=en.
③ David Mihal. Crypto Fees[DB/OL]. 2021-09-20[2021-09-20]. https://cryptofees.info/.
④ Hayden Adams. Uniswap Birthday Blog—V0[EB/OL]. 2019-11-02[2021-08-20]. https://medium.com/uniswap/uniswap-birthday-blog-v0-7a91f3f6a1ba.

图9-4 Uniswap是一个基于以太坊区块链的分布式交易平台
（图片来源：Uniswap）

- 亚当斯：我刚刚被裁员了。

- 弗洛斯克：恭喜你，这是发生在你身上的最好的事情！！！机械工程是一个夕阳领域。以太坊是未来，现在还处于早期阶段。你的新使命是编写智能合约！

- 亚当斯：我不需要学习编程吗？

- 弗洛斯克：不完全是，编程非常简单。还没有什么人了解如何编写智能合约、以太坊、权益证明、无须信任的计算等等。

- 亚当斯：好的……

这是以太坊和智能合约第一次走入亚当斯的生活。他决定试试看。于是，在接下来的时间里，他从零开始学习Javascript和以太坊上的智能合约编程语言，并决定学以致用，开发一个新的应用。在弗洛斯克的帮助下，亚当斯决定根据以太坊创始人维塔利克于2016年在Reddit上发布的一篇文章[1]中的想法为基础，编写一款基于自动化做市商（automated market maker，缩写为AMM）的去中心化交易平台。

---

[1] u/vbuterin. Let's run on-chain decentralized exchanges the way we run prediction markets[EB/OL]. 2016-10-03[2021-08-20]. https://www.reddit.com/r/ethereum/comments/55m04x/lets_run_onchain_decentralized_exchanges_the_way/.

在亚当斯被裁员后的第九个月，也就是 2018 年 3 月，他编写出了 Uniswap 演示版本，最初的版本其实只有不到 300 行代码。经过反复打磨并设计前端交互页面，亚当斯在 2018 年 11 月 2 日正式发布该项目。Uniswap 在发布后并没有引起外界太多的关注，但随着 2020 年 DeFi 的爆发，用户对于去中心化交易的需求不断增加，Uniswap 一跃成为很多用户首选的交易平台。到 2020 年年初，该项目的日成交量和总锁仓量（total value locked，缩写为 TVL）都达到了千万美元级别的规模。[①] 2020 年 5 月，该项目发布了 V2 版本，提供了价格预言机等功能。2020 年 9 月，Uniswap V2 的锁仓量超过 10 亿美元，而到了 2021 年 4 月，锁仓量进一步突破 90 亿美元（见图 9-5）。2021 年 9 月，Uniswap V2 的锁仓量虽有所下降，但依然保持在 50 亿美元以上。2021 年 5 月，该项目又推出了 V3 版本，为专业做市和交易的用户提供了更强大的工具。

自动化做市商的机制是如何做到"自动化"交易的呢？其原理就是维塔利克在 Reddit 文章中提到的乘积公式：$x \cdot y = k$。在该模式下，Uniswap 用智能合约替代了做市商的交易员，用公式计算的价格替代了主观报价。同时，基于公平透明的自动化手续费分配机制，使得符合条件者均有机会通过提供流动性成为"做市商"。

---

① 总锁仓量表示锁定在智能合约中的资产总额，数量越大，服务能力越强。

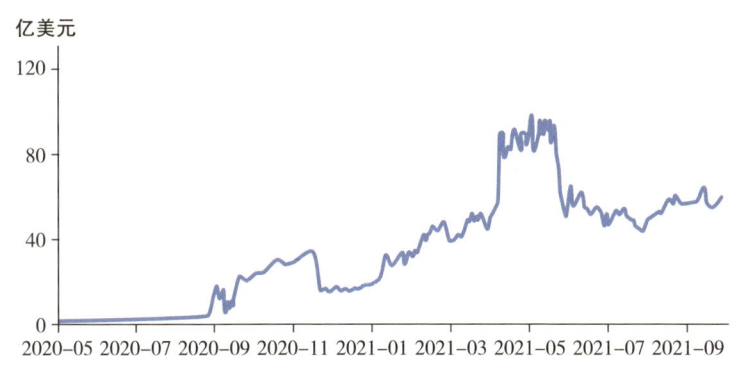

图 9-5 Uniswap V2 总锁仓量变化（数据来源：DeBank）

Uniswap 为我们展示了一个全新的数字化金融变革实践，但这种去中心化的交易方式还存在很多问题和挑战。例如，Uniswap 在合规方面就遇到了巨大挑战。2021 年 7 月，Uniswap 的开发团队 Uniswap Labs 以"不断变化的监管环境"为由，在网页界面限制了 100 多种通证化股票以及衍生品的交易。2021 年 9 月，《华尔街日报》援引消息人士报道，美国证券交易委员会正在调查 Uniswap。另外，由于在 Uniswap 上，任何人都可以为任何资产创建流动性池，几乎没有门槛，所以一些存在问题的资产也会在上面交易，人为的市场操纵屡见不鲜，欺诈案例也多次出现。因此，Uniswap 目前的发展还仅仅是万里长征第一步，要想持续健康发展下去，还有太长的路要走，特别是要解决资产合规性和反洗钱等一系列复杂而棘手的问题。

专栏：自动化做市商原理浅析

在了解 Uniswap 运行机制之前，我们看看什么是做市商。做市商指的是那些在证券市场交易中，向希望交易的投资者提供证券产品的买卖报价，并根据报价买入和卖出，从而为证券提供流动性的专业投资机构。简单来说，如果一名投资者准备将一个证券产品卖出，那么在没有做市商的情况下，他需要等其他投资者作为交易对手方来购买。他可能会等很长的时间，或者很难以市场价格完成交易。在存在做市商的情况下，做市商就可以作为交易对手与该投资者完成交易。由于做市商提供了双向报价，所以做市商可以通过赚取买卖差价来获得收益。

纳斯达克就是一个多做市商的交易所。按照规定，每只证券至少要有两家做市商。实际上，每只证券平均有 10 余家做市商，一些交易活跃的证券有 40 家以上的做市商。与传统的做市商模式相比，Uniswap 的自动化做市商可以通过智能合约实现让算法"机器人"模拟做市商的报价和交易行为，但是该机器人的报价完全依据数学公式计算得到，交易行为完全按照规则由程序自动执行。

具体来说，Uniswap 的自动做市商模式和传统做市商模式的差异主要体现在三个方面。

- **做市主体发生变化**。在传统模式下，做市的主体是券商或基金公司等金融机构，具体执行者是交易员。而在自动化做市商模式下，计算机程序（机器人）严格根据代码设定的规则进行全自动交易，进而实现做市。这里的程序并不是普通的程序，而是区块链上的智能合约，这就意味着没有人能随意改变机器人的行为。

- **定价方式发生变化**。这也是自动化做市商机制带来的最显著的变化之一。在传统模式下，做市商往往采取主观做市策略，由交易员根据市场情况进行判断和定价。而在 Uniswap 中，"机器人"会根据一个简单的乘积公式 $x \cdot y = k$ 进行定价。

- **做市商资产来源发生变化**。在传统模式下，做市商主要使用自有资金进行做市，可使用的杠杆率不会太高，因此能够用于做市的资金量是有限的。但是，在自动化做市商模式下，那些了解并能有效控制相关风险[①]且符合所在地法律法规要求的用户都可以为流动性池提供资产，成为流动性提供者（liquidity providers，缩写为 LP）。根据智能合约预设的规则，做市机器人得到的交易手续费自动分配给每一个流动性提供者，分配的过程公开透明。此外，流动性提供者越多，流动性池中的资产就越多，前来兑换的用户面临的滑点（slippage）就越小，进而会吸引更多用户，相应的手续费收益也就越高，从而形成一个"增强回路"正向循环。

---

① 流动性提供者面临的最主要风险是"无常损失"（impermanent loss，也称"非永久性损失"），如果不了解或未能有效控制这种风险，那么提供流动性的行为也可能导致资产价值归零，也就是损失资产全部。

DeFi 引领金融业向数字化变革

我们在前文看到了自动化做市商的创新模式与区块链上智能合约技术结合产生的巨大变革力量。事实上，在 DeFi 的世界里，此类例子比比皆是。这种变革力量的重要来源是数字资产的"可编程性"。简单来说，可编程性就是将已经数字化的资产放到计算机程序中，允许程序调用控制，从而让这些资产根据既定的规则进行支付、抵押、兑换等，这一过程完全由计算机代码控制，不需要人为参与操作。

现实生活中有很多体现资金或资产"可编程性"的场景。比如在支付宝、微信支付等第三方支付普及前，我们在停车场大多使用现金缴纳停车费。但是，这一支付方式有很多问题：停车费金额由停车场管理员计算，容易产生舞弊和计算错误的问题；停车场要准备大量的零钱以备找零，找零环节很可能出错或者出现伪钞；人工收费的处理速度慢，高峰期可能导致严重的排队拥堵；等等。

随着第三方支付的普及，现在大多数停车场的设备都已经升级，实现了车牌扫描、系统计费并自动扣费。如果车主提前在支付宝上绑定车牌并签约，那么系统可自动计算停车费，支付宝会根据系统计算的结果自动调用用户的资金来支付停车费，整个交易过程便实现了自动化的闭环，非常方便，很少出错。这就是一个资金"可编程性"的实际案例。但是，这个案例中的交易全部依托于支付宝等中心化系统,我们把这种中心化系统控制交易、调用资金的模式称为"中心化的可编程交易"。在这种类型的交易中,前提是用户完全信任支付宝系统,并愿意将资金托管在支付宝,也信任系统能够正确扣费。但实际上,这种模式存在一定的风险,托管的资金存在安全隐患,比如在自动扣费时,系统可能出现有意或无意错扣费用的情况。由于这种中心化的可编程交易程序不开源、不透明,我们很难判断交易机制的安全性。因此,这种模式只适用于一些小额交易的场景,无法用于大额交易,也很难大规模应用。

考虑到未来元宇宙时代的需求,这种"中心化的可编程交易"方式难以扩展,无法满足海量数字资产支付和交易的需求。我们需要找到一种既能让资产所有人自己掌控资产(非托管),又高度安全、透明且可信的自动化交易模式。区块链和智能合约的出现,为我们提供了一种"进阶版"的可编程性。在确保资产安全、规则透明的前提下,基于区块链上开源的智能合约不仅可以处理按条件自动支付这种简单的交易,还可以处理资产抵押、兑换等更复杂的交易。正是基于这种"去中心化的可编程交易"机制,DeFi 迅速崛起,并正在构建元宇宙时代的全新数字金融体系,让金融逐步实现"智能化"。

作为很早就关注到区块链的价值并将其比喻为"信任的机器"的期刊,英国《经济学人》杂志在 2021 年 9 月 18 日刊发了题为《掉进兔子洞：DeFi 的诱人承诺与风险》的封面文章（见图 9-6）。[1] 该文作者认为，DeFi 为金融业描绘了诱人的前景，同时也带来了一定的风险。他认为，DeFi 可以提供理论上可信、廉价、透明和快速的交易，甚至可以重塑数字经济的架构，终将深刻改变货币和数字世界的运作方式。

图 9-6　英国《经济学人》杂志刊发封面文章讨论 DeFi（图片来源:《经济学人》）

[1] The Economist. Down the rabbit hole, The beguiling promise of decentralised finance, And its many perils[EB/OL]. 2021-09-18[2021-09-20]. https://www.economist.com/leaders/2021/09/18/the-beguiling-promise-of-decentralised-finance.

DeFi 综合运用区块链智能合约、通证模型、算法激励、经济社群等创新要素，将前沿技术、智能商业、开放组织、数字金融等创新模式予以充分整合，为金融和商业生态带来全新变革。经过几年的发展，DeFi 从零开始，已经成长为总锁仓量高达千亿美元的庞大市场。截至 2021 年 9 月 20 日，DeFi 的总锁仓量已经达到了 1 102.44 亿美元，而这个数据在一年前仅为 90 亿美元（见图 9-7）。[①] DEX（分布式交易平台）的交易量在 2021 年第二季度达到了 4 050 亿美元，同比增长了 117 倍。[②] 参与 DeFi 的用户数量从 2020 年年初开始也出现了爆发式增长，截至 2021 年 9 月 19 日，使用过 DeFi 应用的用户数量已经超过了 338 万。[③]

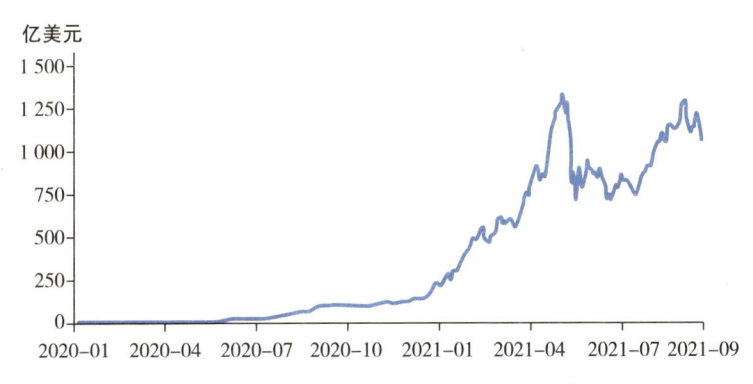

图 9-7　DeFi 项目总锁仓量变化情况（数据来源：DeBank）

[①] DeBank. 总锁仓量（美元）[DB/OL]. 2021-09-20[2021-09-20]. https://debank.com/ranking/locked_value.
[②] Ryan Watkins & Roberto Talamas. Q2'21 DeFi Review[R/OL]. 2021-07-13[2021-08-20]. https://messari.io/article/q2-21-defi-review.
[③] @rchen8. DeFi users over time[DB/OL]. 2021-09-20[2021-09-20]. https://dune.xyz/rchen8/defi-users-over-time.

推动 DeFi 出现并发展的一个关键事件是 2014 年数字资产交易平台 Mt. Gox 被黑客盗窃并破产，很多早期数字资产持有者因此事件损失惨重。这个事件让人们意识到，尽管区块链让数字资产在确权和流转环节实现了"去中心化"，但是如果交易环节只能通过"中心化"的方式实现，那么资产的安全依然难以得到充分保障。因此，一批人开始探索区块链上的智能合约，试图通过去中心化的方式实现数字资产交易。这一探索催生了基于订单簿的去中心化交易平台，这是最早的 DeFi 业态。

在订单簿 DEX 出现之后，DeFi 开始沿着四大方向发展（见图 9-8）。一是扩大资产范围，出现了基于智能合约的稳定币（比如数字资产质押型稳定币 DAI 和算法稳定币 BASIS）、跨链资产（比如在以太坊上映射比特币的 WBTC）以及合成资产（比如 Synthetix）。二是提高交易效率，出现了基于自动化做市商机制的 DEX，包括 Uniswap、PancakeSwap、MDEX、Sushiswap、Balancer、QuickSwap 等综合性的 DEX，也包括一些专注细分领域的 DEX（比如去中心化稳定币兑换平台 Curve）。三是满足借贷需求，包括数字资产质押借贷（比如抵押借贷协议 Compound、Maker、Venus、Liquity）以及利用区块非连续性特点实现的闪电贷[①]（比如 AAVE 提供的相应产品）。四是提升资金效率，出现了收益聚合器（Yield Aggregators）等专业化平台，这些平台可以用去中心化的方

---

① 闪电贷和质押借贷不同，不需要质押资产即可贷出资金。在进行闪电贷时，所有的操作都必须在一笔交易内（一个区块打包的时间内）完成，也就是必须把所有步骤（包括借款、转账、执行操作、还款）都写在同一笔交易中。

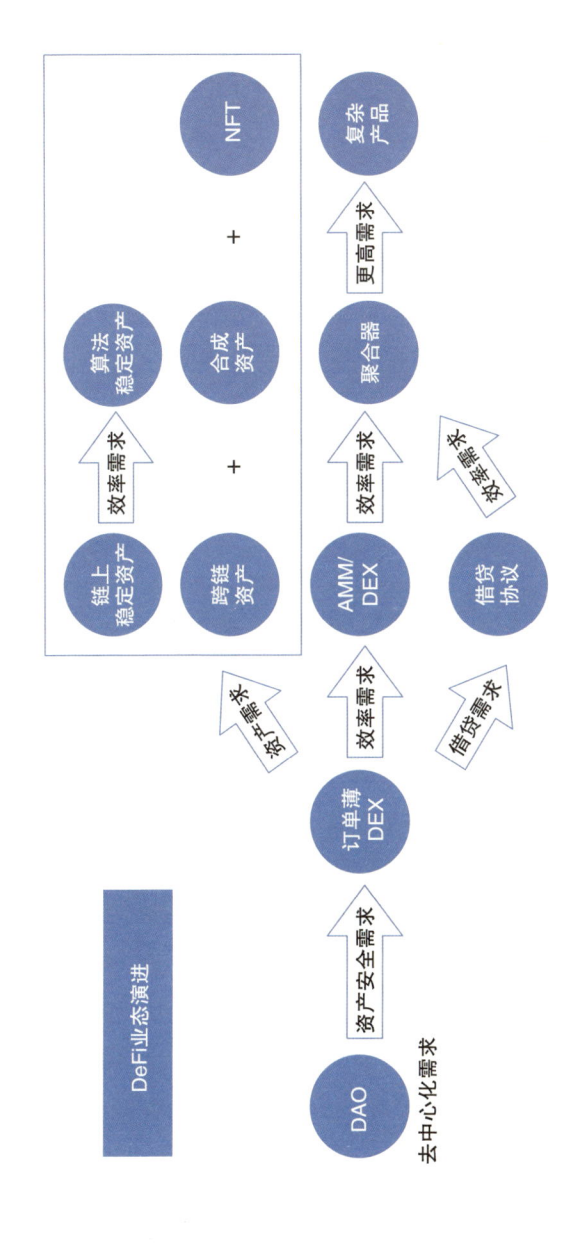

图 9-8 DeFi 业态演进路径

式为资产匹配最优的获利机会，或定期自动复投提升收益（比如 Yearn）。

在 DeFi 核心赛道中，除了上述的数字资产和具体应用之外，还包括基础设施和工具。具体包括底层公链、二层网络（比如 Layer 2、Polygon、Arbitrum）、钱包（比如 MetaMask、imToken）、资产管理工具和控制器（比如 DeFiBox、DeBank）、区块链浏览器（比如 Etherscan）、燃料费工具（Gas Now）、链上数据分析工具（比如 Chainanalysis、The Graph、Dune Analytics）等等。正是基础设施逐步完善，工具体验日益优化，数字资产品类趋于丰富，以及去中心化应用功能完善、场景扩展，DeFi 生态才能迅速崛起。

DeFi 的出现也标志着基于区块链的"分布式商业模式"正在从理想变为现实。DeFi 的崛起让用户对自己的数字资产拥有完整的所有权和控制权，并可以低门槛地自由使用各种去中心化应用。交易过程也变得更加透明、可信和安全。DeFi 正在成为最前沿金融科技的试验场，并不断提升资产的安全性、独立性、流动性和交易效率，引领金融业加速向数字化和智能化变革，从而实现真正的"数字金融"。具体来说，DeFi 从五大方面对金融服务进行了变革实验。

第一，业务载体变革。基于区块链上开源的智能合约程序，用真正"去中心化"的方式开展业务，在最大程度上降低交易中的对手方风险，使得金融业中的信任机制发生根本性改变。大部分 DeFi 项目的交易机制是 P2C（peer to contract），其中 contract 是区块链智能合约，用户的交易对手其实都是智能合约。而那些智能合约大部分会开源并经过第三方安全审计公司的代码审计，所有交易在链上均可查询，透明度很高，任何人都能实时监控资产的动向，确保智能合约内的资产安全。因此，DeFi 使得信任机制发生根本性变化，让用户的信任主要来自区块链和智能合约本身。由于大公司的品牌信用背书效应减弱，创业公司开始拥有越来越多的机会。

第二，风险机制变革。在 DeFi 的金融世界里，由于交易基于智能合约可自动执行，在排除了人为主观因素后，交易过程中的信用风险和操作风险都会大幅下降。但同时，与网络安全有关的风险大幅上升，一些智能合约由于存在逻辑和规则编写不完善、代码有漏洞等问题，给黑客攻击并盗窃资产留下可乘之机。

第三，分配模式变革。目前，收益农耕机制已经在 DeFi 领域广泛应用，实现了依据用户（数字贡献者）对项目关键资源的贡献程度自动、透明、公平地分配项目长期价值。

第四，组织形态变革。经济社群组织取代基金会等中心化过渡形态的组织方式。大部分 DeFi 项目的治理通过链上治理机制实现，而链上治理的大部分关键流程又会通过智能合约来完成。其实，这种模式已经不再需要项目方基金会，可自动运转。经济社群组织真正登上历史舞台，开始成为主流的组织方式。

第五，产业关系变革。DeFi 时代也是开放金融新时代，DeFi 是一个高度开放的金融体系，不同项目的业务实现叠加和组合是常态。在公链上，各个智能合约可以互相通过接口调用其他智能合约的功能。这一过程简单、快捷且透明。例如，收益聚合器不需要托管任何用户资产，仅仅通过接口调用就可以实现用户资产在多个项目之间的组合配置和自动操作，在为用户提供便利交易的同时大幅节省交易成本，也方便用户选择最优的配置组合。

技术发展具有两面性，"去中心化的可编程交易"也会引发一系列新型风险和问题。智能合约可以基于代码自动执行，但其中有些代码如果不完善，就很容易招致黑客的攻击，并导致数字资产失窃。当然，项目方有意留下后门，并且监守自盗卷走用户资产的情况也可能发生。在 2021 年 7 月到 8 月上旬的一个半月内，DeFi 领域就发生了 11 起重大安全事件。[①]其中有一个案例让人印象深刻：跨链协议 Poly Network 被"黑客"攻击，被转移的数字资产价值达 6.1 亿美元。不过，这名黑客稍后同意归还这些资产，并通过以太坊网络转账留言进行了公开的问答。他表明自己不是恶意的黑客，而是像白衣骑士那样来拯救项目的白帽黑客。他表示，他最初发现了这个漏洞，担心有人利用这个漏洞盗窃资产，于是将这些价值上亿美元的数字资产转移到了他认为安全的地方，但他本人对这些钱并不感兴趣，最后归还了资金。这个金额巨大且颇具戏剧性的事件引起了全球热议，也提醒我们一定要时刻加强智能合约的风险意识，并

---

① https://twitter.com/coin98analytics/status/1425118397587595265.

对自己的数据和资产安全有明确的保护策略。

对于 DeFi 的安全问题，两个方面尤其值得关注。首先，我们要特别关注项目的智能合约代码是否经过知名安全审计机构的代码审计。经过专业的代码审计能有效地排查出大部分已知的漏洞，使得智能合约的安全性显著提升，目前 DeFi 项目使用较多的安全审计公司包括 Certik、派盾（PeckShield）、漫雾（SlowMist）等。但经过审计的项目也绝非万无一失，还可能存在审计公司无法发现的新型漏洞。此外，智能合约经审计后，如果进行了升级，就有出现新型漏洞或被恶意篡改的风险。因此，如果智能合约增加了新的功能模块或进行了升级，我们就需要及时查看是否有针对最新版智能合约的安全审计报告。其次，我们要定期清理授权项目。在使用 DeFi 服务时，我们往往需要授权智能合约调用钱包中的数字资产。通常，正规的项目会对授权的范围进行严格限定。但有些恶意项目会以高额的收益率为噱头吸引用户完成授权，再通过智能合约把用户钱包中进行过授权的资产全部转走。所以，在进行授权时，我们可以设定授权额度为当次交易的额度，以避免相关风险。同时，我们需要定期清理已授权的项目，将已经不用的授权及时取消。

总的来看，元宇宙中的形态是数字化的，这就要求金融生态的数字化。这里的数字化并不仅仅指的是形态上的数字化，还要符合数字金融背后的本质特征。数字金融需要实现真正普惠，让每个人都能无门槛、低成本、高效率地使用数字金融服务。万物皆可编程，智能合约代替人工操作，可消除信用风险和操作风险。

10

技术创新
驱动元宇宙大未来

要想发展元宇宙，技术创新是关键。

云计算、分布式存储、物联网、VR、AR、5G、区块链、人工智能等前沿数字技术的集成创新和融合应用是元宇宙发展的关键动力。我们正在进入一个前所未有的融合创新的"技术大爆炸"新阶段，这些前沿技术"连点成线"，不断融合创造了大量新物种。

元宇宙的四大技术支柱

2021年4月,芯片巨头英伟达举办了2021年GPU(图形处理器)技术大会(GTC)。受新冠肺炎疫情影响,大会在线上举行,英伟达创始人黄仁勋在自家厨房里进行了主题演讲。黄仁勋将英伟达定义为全栈计算平台公司,并扮演"厨师"的角色,戴着防护手套,将如同大餐一般的英伟达发布的新品一道一道"端出来"。

我们都以为,这是黄仁勋在家中厨房拍摄的视频。其实,在总长度为1小时48分钟的视频中,有14秒特殊的场景:真实的厨房变成了计算机合成出来的厨房,"虚拟黄仁勋"代替真人黄仁勋出场演讲(见图10-1)。

图10-1 英伟达的发布会视频中有14秒为计算机合成的虚拟场景
(图片来源:英伟达)

英伟达的工程师展示了借助全新的 NVIDIA Omniverse 技术用计算机渲染出来的逼真虚拟世界。虽然他们留有很多线索，但由于效果过于真实，几乎没有人注意到这一点。直到 2021 年 8 月，英伟达在计算机图形顶级会议 ACM SIGGRAPH 2021 大会上"自曝"制作过程，此事才被外界广泛知晓，引发轰动。

NVIDIA Omniverse 正是英伟达为建设元宇宙而开发的模拟和协作技术平台。在这个平台上，开发者能够实时模拟出细节逼真的数字世界，那些负责设计 3D 场景的动画师、设计数字建筑的建筑师等"元宇宙工程师"，可以像线上协同编辑文档一样，轻松设计 3D 数字场景。黄仁勋认为，未来随着科技不断发展，虚拟世界与现实世界将产生交叉融合。他表示：

在物理世界中部署任何东西之前，我们都可以先在我们数字孪生的元宇宙中模拟所有的这一切，并能够使用 VR 和 AR 进出……所有这些东西在元宇宙中都将比在我们的宇宙中大很多倍，可能是 100 倍。

英伟达异常逼真的虚拟视频引起了媒体的关注，甚至引发了一个乌龙事件。由于没有看出虚拟场景和真实录制场景的太大不同，很多人一度误认为整个演讲视频都是由仿真建模、追光技术（RTX）和 GPU 图像渲染制作出来的，甚至有科技媒体惊叹目前的渲染技术已经发展到观众无法肉眼识别的地步。当然，很快有人注意到，视频中只有 14 秒是由计算机模拟的，其他的大部分内容是在真实场景录制的。这在一定程度上是因为现有的算力和技术并不能满足元宇宙的需求，我们还无法真正实现虚实融合。要想让元宇宙时代真正到来，技术创新、算力增长、能源清洁及其他新型基础设施建设是决定性的因素。

互联网每个阶段的演进都是由技术创新驱动的。在 Web 1.0～2.0 时代，正如摩尔定律所预测的那样，技术的持续进步使得 PC 和智能手机的计算能力以指数级别的速度持续提升，而各国光纤网络、3G 和 4G 基站等信息基础设施大规模建设也使得网络的接入速度持续提升，且费用持续下降，从而造就了互联网的崛起与繁荣。

根据方舟投资（Ark Invest）的分析，我们正在进入一个技术叠加、融合创新的"技术大爆炸"时期（见图 10-2）。18 世纪末 19 世纪初，英国人瓦特改良蒸汽机开启了第一次工业革命浪潮，随后机械化创新引发了铁路的大基建，实现了人类历史上前所未有的交通变革，让各地的地理距离一下子"拉近了"。1876 年，美国发明家亚历山大·格拉汉姆·贝尔（Alexander Graham Bell）发明世界上第一部电话，让两个远在天边的人也可以实时沟通，全球通信和协作方式实现彻底革命。1885 年，德国工程师卡尔·弗里德里希·本茨（Karl Friedrich Benz）成功研制出第一辆内燃机汽车，从根本上提升了社会经济的运行效率。19 世纪后期，电力的大规模应用使得第二次工业革命成为现实。20 世纪末，计算机等信息技术的诞生让我们迎来了飞速发展的互联网时代。21 世纪初，区块链技术、基因组测序、机器人、储能技术、人工智能等一系列颠覆性技术同时大爆发，并通过融合实现了倍增效应，在历史上前所未有，带来的变革和机遇也前所未有。

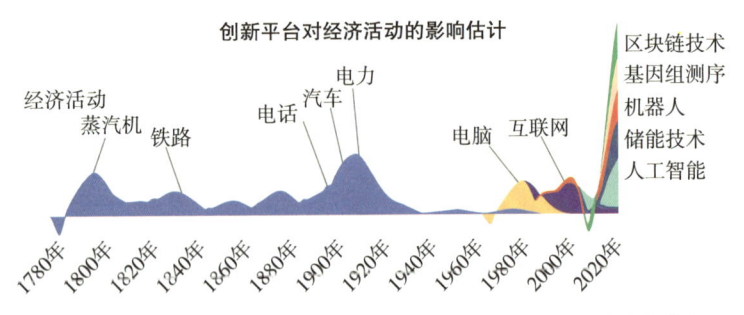

创新平台对经济活动的影响估计

（图示：经济活动 蒸汽机 铁路 电话 汽车 电力 电脑 互联网 区块链技术 基因组测序 机器人 储能技术 人工智能；横轴 1780 年—2020 年）

图 10-2 我们可能进入了五大技术叠加创新的时期（图片来源：方舟投资）

这些颠覆性技术融合创新、集成应用的产物就是元宇宙。中信证券研究部认为，元宇宙是不断将前沿技术"连点成线"而实现的技术创新的总和。[①] 例如，GPU 集成电路、人工智能、3D 建模、云计算和游戏应用等方面的创新为具有海量内容的开放世界提供了底层技术基础。而这又与 3D 社交平台、超高速通信网络、超高精度显示等技术融合，形成具备真实世界规模的数字世界，从而构成元宇宙的基础。大量离散的单点技术创新正在以我们难以想象的速度融合，形成大量"新物种"。这些创新成果的总和就是元宇宙。

在元宇宙时代，技术进步和基础设施的建设是元宇宙落地和普及的关键动力。我们认为，元宇宙有四大技术支柱，也就是四个技术类

---

① 中信证券研究部. 主题 | 图解元宇宙 [EB/OL]. 2021-09-16[2021-09-16]. https://mp.weixin.qq.com/s/9wrBeMnGSsoCsR39AC7cTg.

别,分别是构建、映射、接入和应用(见图10-3)。每一个支柱对应一系列技术。这些技术之间并没有明确的发展先后顺序,而是以"四浪齐发、齐头并进"的方式共同发展、持续迭代。

其中,构建类技术让元宇宙中的数字空间形成并持续优化。映射类技术让物理世界与数字世界实现双向打通和叠加:实物元素可以映射到数字空间,数字空间也可以反作用到物理世界。接入类技术让用户大规模进入元宇宙,并可以自由穿梭于数字空间和物理空间。应用类技术可以实现人机深度交互、万物泛在互联,使智能经济体系持续运转并创造新价值。

图10-3 元宇宙的四大技术支柱

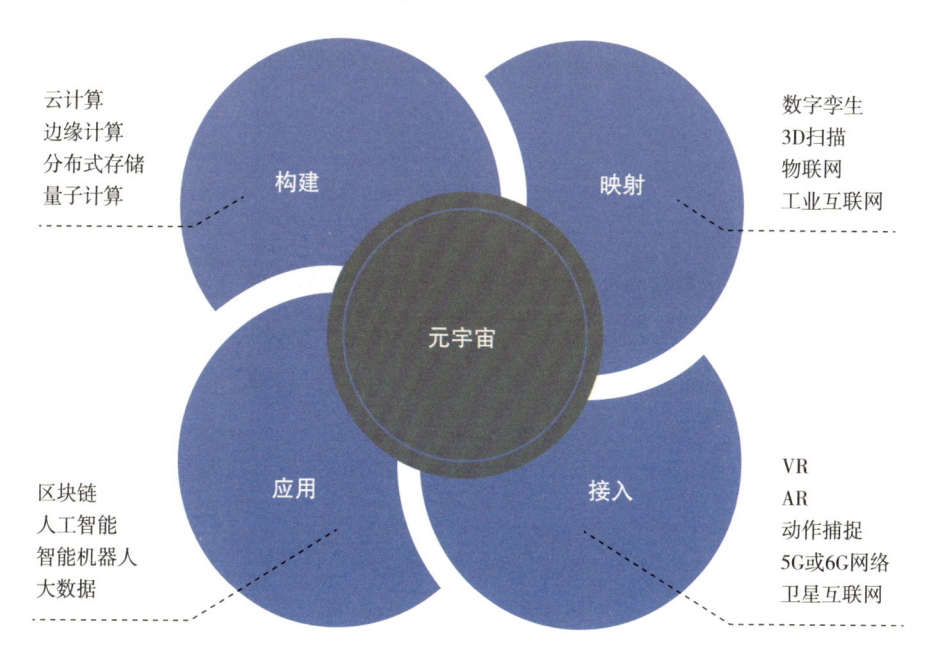

构建:云计算、边缘计算、分布式存储、量子计算

映射:数字孪生、3D扫描、物联网、工业互联网

应用:区块链、人工智能、智能机器人、大数据

接入:VR、AR、动作捕捉、5G或6G网络、卫星互联网

构建类技术建设永续发展的数字空间

构建类技术的主要作用是，支撑建设空间足够大，能容纳足够多的人并行使用，以及数据足够丰富且能永续发展的元宇宙数字空间。因此，我们需要以巨大的计算能力和海量的数据存储空间为基础。如此庞大的算力和存力不可能由单一机构提供。因此，元宇宙时代的基础设施必然是高度分布式的，需要全球的计算和存储资源全面协同，并在保持各自独立性的前提下形成一个整体系统。也就是说，不会有某个单一数字空间被称为元宇宙，而是会存在无数个各自独立但又相互兼容并连通的数字空间，也会不断有新的数字空间涌现，所有这些数字空间的整体被称为元宇宙。在这个阶段，云计算、边缘计算、分布式存储都将是核心技术，相应的基础设施将构成元宇宙发展的基座。

云计算在移动互联网时代就已经发挥巨大的作用，使得用户可以通过网络从远程"云端"获得计算和存储服务，克服了移动设备计算性能和存储空间不足的问题，也可以使得不同设备随时协作和同步，极大地优化了移动互联网的使用体验。在元宇宙时代，数据量爆炸、数据来源多元且更新频繁，导致移动互联网时代那种以云计算为核心、端设备协同的集中式架构无法有效满足需求，并且会遇到传输带宽、传输时延、数据安全和终端能耗等一系列瓶颈和挑战。

要构建元宇宙，算力可能是最大的瓶颈，但也可能是极大的机会。

数字世界的基础是算力,空间越大、内容越多,所需要的算力就越高。要构建环境高度仿真且能同时容纳几十万人、几百万人甚至上千万人活动的数字世界,就需要超高算力,以处理海量的数据和图像渲染等计算需求(见图10-4)。这对芯片设计与制造、服务器系统、通信系统、数据中心建设都是巨大的挑战,所需要的资源和能源也将是难以想象的。

在元宇宙时代,"云+端"的集中式架构将逐步演变为"云+边+端"的分布式架构,边缘计算将发挥越来越显著的作用。例如,由于大量物联网设备会接入元宇宙,而云端离摄像头、传感器等终端设备和用户较远,把计算任务全部放在云端则会导致网络拥塞、服务质量下降等一系列问题,无法满足元宇宙中实时性要求极高的计算需求。但是,终端设备的计算能力往往较弱,无法与云端的计算能力相提并论。因此,我们需要依托边缘计算,将云端计算和智能能力延伸到靠近终端设备的边缘节点。例如,在靠近物体或数据源头的"边缘侧",我们可让融合了网络、计算、存储、应用核心能力的开放平台就近提供计算和智能服务,发挥物联网边缘"小脑"的作用,满足应用智能、实时业务、安全保障与隐私保护等方面的需求。[①] 高德纳公司(Gartner)预计,到2025年,75%的数据将在传统数据中心或云环境之外进行处理。边缘计算与云计算相辅相成,可以形成最小延迟的高可用性网络,还可以实时处理大量数据,共同构成了元宇宙计算体系。

---

① 华为云. IoT边缘(IoT Edge)产品介绍[EB/OL]. 2021-07-08[2021-09-01]. https://support.huaweicloud.com/productdesc-iotedge/iotedge_01_0001.html.

图 10-4　构建环境高度仿真的数字世界依然存在很多挑战（图片来源：视觉中国）

10 技术创新驱动元宇宙大未来

由于数据的爆发，海量数据存储也将成为一个重要问题，正如我们在第二章讨论的，为了确保数据安全和保护数权，元宇宙中的数据需要以分布式的方式进行存储。我们常说"互联网是有记忆的"，但事实上，我们在搜索内容时经常发现有网页消失、链接失效的情况，很多内容由于各种原因被修改或直接删除。因此，目前互联网上的内容并不是"永续的"。我们相信，未来的元宇宙肯定不会像电影《头号玩家》或《失控玩家》中展示的那样，由某一家公司完全控制。元宇宙将是无数人共同创作的结晶，主要建设者是我们这些用户。我们不可能接受自己在元宇宙上辛辛苦苦建设的家园，或是呕心沥血创作的数字艺术品被某个公司随意删除或篡改。因此，元宇宙应具有"永续性"，只要不存在合规性的问题，数字对象就应该被持续地永久保存和访问。

因此，基于分布式存储技术构建全新的存储体系成为大势所趋。利用分布式存储体系，我们可以实现数据的永久保存、快速确权、可信共享、有序流转和隐私保护，可以从技术层面保障数据成为数字资产，让数据价值得以传递，实现数据价值最大化。因此，分布式存储非常适合作为元宇宙数字世界的构建基础。例如，星际文件系统（IPFS）可以让数据永久记录，并可以拆分、加密存储在属于不同主体的多个服务器上，还可以通过"内容寻址"的方式快速查找，同时通过点对点的访问方式减少对网络带宽的消耗和依赖，甚至可以删除重复文件，从而优化节约全网存储空间。

算力领域的创新和建设将是元宇宙时代的一大机遇。META ETF 是全球第一个旨在追踪元宇宙相关资产表现的 ETF（交易所买卖基金），该基金组合主要包括全球积极参与元宇宙建设的上市公司股票。META ETF 主要布局在三大赛道。一是开发元宇宙基础设施的公司，例如为元宇宙提供图像技术处理算力的英伟达，以及提供 VR 和 AR 相关硬件的 Facebook 和微软。二是创建数字世界图像引擎和开发工具的公司，例如图像引擎公司 Unity 和 Roblox。三是元宇宙的内容、商业和社交领域的领先公司，例如腾讯和社交平台 Snapchat 等。

映射类技术双向打通数字和物理世界

映射类技术将实现物理世界与数字世界互通与叠加，可以让两个世界相互感知、理解和交互。在这类技术中，数字孪生、3D 扫描、物联网和工业互联网都是关键技术。

数字孪生实际上是一系列技术的集合，可以让物理世界中的实物在数字空间中创造一个数字"克隆体"，并将本体的实时状态和外界环境条件全部复现到"克隆体"身上。美国《航空周刊和空间技术》（*Aviation Week & Space Technology*）在 2014 年曾做出预测：到 2035 年，航空公司在接收一架飞机的时候，将同时验收另外一套拥有相同飞机尾号、极为精细的计算机模型,这个模型包括机体、引擎甚至飞行系统等所有信息。每一架飞机都不再孤独,因为它们都会有一个忠诚的"数字影子",永不消失,伴随一生(见图10-5)。这是对数字孪生生动的描述。科技的进步永远比预想的要快很多,数字孪生目前在智能制造领域已经有了较为广泛的应用,可以实现物理工厂与数字工厂的交互与融合。

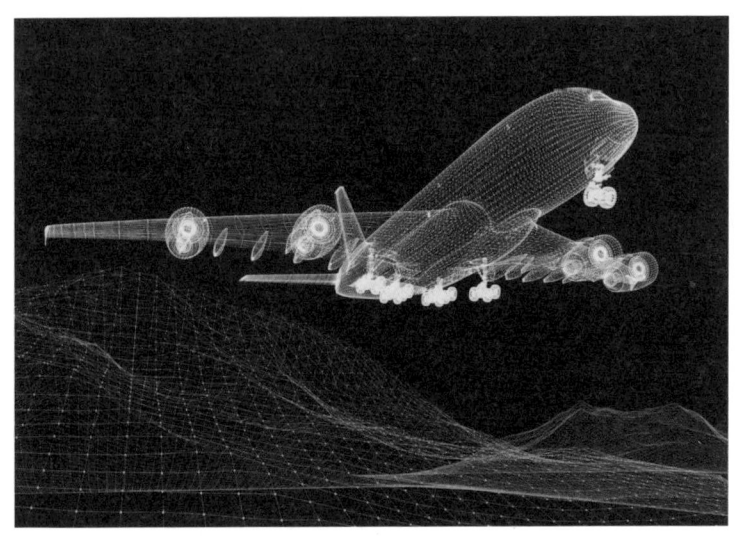

图 10-5　数字孪生在航空制造业中已经开始应用(图片来源:iStock)

美国通用公司号称已经建立 120 万个数字孪生体,包括喷气式飞机引擎、风力发电厂、海上石油钻井平台等等,可以为客户减少高达 30% 的成本(迄今节约总金额高达 16 亿美元),并节省高达 20% 的规划时间。在元宇宙时代,数字孪生可以构建更强大的数字孪生体，例如数字孪生城市，进而成为元宇宙数字空间的重要组成部分，实现数字世界与物理世界的融合。

在建立数字孪生体的过程中，3D扫描是一项关键性技术。基于该技术，我们可以对物体的外形、结构及色彩进行扫描，获得物体表面的空间坐标，可以快速将实物的立体信息转换为计算机能直接处理的数字信号，并将这些信息映射到元宇宙中。常用的工具包括LiDAR、3D激光扫描仪等。根据集邦咨询的研究：2020年，激光雷达市场规模为6.82亿美元，至2025年将增长至29.32亿美元，年复合成长率达到34%。法国企业YellowScan提供的装在轻型无人机上的LiDAR设备，可以帮助矿业企业低成本、无风险地进行空中勘测，从而快速、完整地采集整个矿区的数据，并精准计算产量和库存信息（见图10-6）。

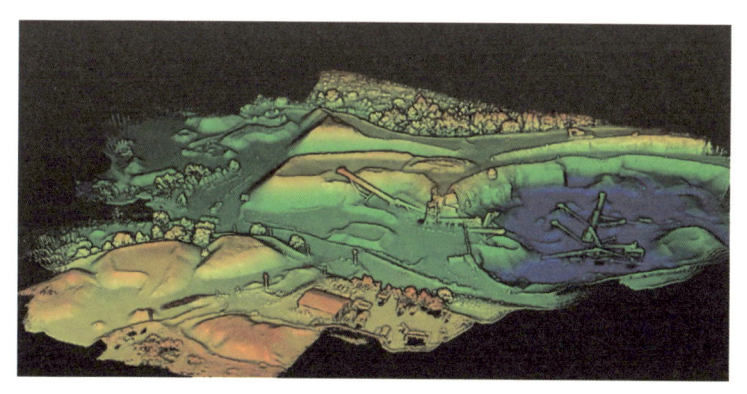

图10-6 利用3D扫描技术可以快速完整地采集整个矿区的数据
（图片来源：YellowScan）

物联网实现了通信从"人与人"向"人与物"甚至"物与物"的拓展，将各种信息传感设备与互联网结合起来，极大地扩展了元宇宙的规模，可以把数字世界的指令和变化传递到物理世界，实现双向互动。根据艾瑞咨询的测算：2019 年，中国物联网连接量达到 55 亿个，而到 2023 年，该数值将增长至接近 150 亿个。工业互联网则在产业场景下，将人员、机器、物体的连接进一步强化，实现工厂内外部的全面互联。根据美国通用电气公司的预测，即使按保守估计，工业互联网仅让中国的特定行业生产率和能源效率提高 1%，那也可以让中国的航空、电力、铁路、医疗、石油行业在未来 15 年节省约 240 亿美元的成本，到 2030 年将有潜力为中国经济带来 3 万亿美元的增长机遇。物联网和工业互联网将实现设备的全面互联，可以将实体产业全面接入元宇宙，进一步加速数字经济与实体经济的深度融合。

接入类技术让人们大规模进入元宇宙

接入类技术能让人们大规模进入元宇宙，并在数字空间和物理空间自由穿梭。接入方式会高度多元化，沉浸式接入设备有望全面普及，接入速度和稳定性也会有大幅提升。在这类技术中，VR、AR、动作捕捉、5G 或 6G 网络、卫星互联网等一系列新兴交互和通信技术都将是关键技术创新的重点方向。

VR和AR等新兴交互技术使得用户能以高度沉浸的方式接入元宇宙。VR指的是基于计算机模拟产生可交互的3D环境，通过对使用者感官的模拟，令其产生身临其境的临场感；AR则广泛运用多媒体、3D建模、实时跟踪、智能交互、3D传感等多种技术手段，将数字世界的图像等信息模拟仿真后"叠加"到物理世界，实现对物理世界的"增强"，从而让两个世界巧妙融合。

2015—2016年出现过一波VR热潮，催生了一大批创业企业，资本和行业都出现了非理性的疯狂。但是，由于技术和生态方面的诸多限制，当时VR设备存在设备昂贵、内容稀缺、容易眩晕等一系列问题，用户体验不佳导致黏性极低，很多用户在尝试体验后就不再使用。2017年后，热潮退去，不少VR企业在资金、技术、人才方面出现严重短缺，无数企业因弹尽粮绝倒下。

在行业低谷期，仍有一批企业坚持创新。到了2020年，VR行业迎来拐点，出货量明显提升。特别是在Facebook Oculus推出Quest系列新品后，一体机和闭环生态带来的良好使用体验以及较高的性价比使得Oculus Quest 2销量超预期，中信证券预测其2021年的出货量可达800万台左右。[①] 其他的厂商也纷纷发力，2021年5~8月，仅HTC、Pico、惠普就推出了5款VR新品，包括面向个人

---

① 王冠然，朱话笙. 元宇宙专题研究报告：从体验出发，打破虚拟和现实的边界 [R/OL]. 2021-06-24[2021-08-01]. https://www.eet-china.com/mp/a70274.html.

的消费级产品和针对企业客户的商用设备。在中国，VR已逐渐在安防、房地产、教育、医疗、娱乐等领域普及。IDC（国际数据公司）统计及预测，2020年中国商用VR的市场规模约为243.4亿元，预计到2024年将达到921.8亿元。VR设备的快速普及也将进一步带动内容产业的发展。

AR则将数字信息和元素叠加在物理世界之上，让用户既可以看到物理世界，也可以看到数字元素，并可以与这些数字元素进行互动，从而真正跨越数字世界和物理世界的边界，实现两个世界的融合。苹果公司十分重视AR领域，蒂姆·库克在接受专访时表示："AR是虚拟世界与现实世界的叠加，不仅不会分散人类对物理世界的注意力，还会加强彼此之间的关系与合作。"

目前，AR应用主要依托于智能手机，例如Snapchat推出的AR试穿功能，让用户可以通过AR滤镜试穿试戴时装、潮鞋、手表及其他配饰，从而直接看到上身效果（见图10-7）。这一功能在疫情期间极大地改善了用户的购物体验。

AR技术同样可以运用在教育中，2019年3月，欧洲核子研究组织（CERN）与谷歌合作推出了"宇宙大爆炸"（Big Bang）的AR应用，通过提供交互式AR体验，让学生亲身感受宇宙诞生和演化的全过程。

图 10-7 Sanpchat 推出的 AR 试穿功能在疫情期间改善了用户的购物体验
（图片来源：Sanp AR）

除了基于智能手机实现 AR 应用，AR 头显设备也在逐步普及。这类设备目前在一些产业场景已经开始尝试应用。例如，微软基于 HoloLens AR 头显设备推出的 HoloLogic Remote Assist 远程服务应用，在诸如工厂日常巡检和故障排查、光伏设备铺设维修远程指导、医疗手术远程专家支持和不靠岸船舶远程指导维修等场景已有应用。这些场景工作复杂、不确定性强、问题需要实时处理，现场人员往往并不具备应对所有问题的专业技能。通过 AR 设备，专家可以连线现场人员，并透过现场人员的第一人称视角，使用包括语音识别、实时标注等多种交互方式，为现场人员提供帮助。当然，AR 头显的技术和应用还处于相对早期的阶段，目前主要面向企业定制市场。AR 头显设备目前的全球出货量不到 11.5 万台，总收入仅为 1.66 亿美元。[①] 但是，随着技术的成熟，AR 头显设备的出货量可能出现爆发式增长。

除了 AR 和 VR 之外，MR 也处于方兴未艾的状态。基于 MR 设备，使用者不仅能在视野中增加数字内容，还可以修改物理世界的视觉效果。比如，MR 头显设备可以使肉眼无法直视的烧焊场景变得清晰柔和，让使用者可以在看清场景的同时借助叠加的数字指引开展工作。再如，在手术等临床环境下，使用者可以像有了 X 射线般的"透视眼"一样，很容易地确定血管位置。[②]

目前，VR、AR、MR 技术的大规模应用还存在一些现实的约束条件，离真正具有低延迟、高沉浸的理想体验还有很长的一段路要走。以 VR 技术为例，现阶段商用设备的分辨率最高为 4K，据专业人士分析，至少要达到 8K 以上才会达到非常真实的体验，刷新率也不够理想。但是，要想突破这些瓶颈，我们除了在硬件上需要继续研发之外，对网络、存储、计算、电池的要求也会大幅提升。如何在这些沉浸式设备大规模接入时实现高速度、低延迟的效果，将是发展元宇宙的基本问题，也将是 5G 和 6G 时代要解决的重要挑战。

---

① 华为. AR 洞察与应用实践白皮书 [R/OL]. 2020-07[2021-08-01]. https://carrier.huawei.com/~/media/CNBGV2/download/bws2021/ar-insight-and-application-practice-white-paper-cn.pdf.
② 艾韬. 关于智能眼镜，你不知道的那些冷知识和新概念 [EB/OL]. 2016-01-09[2021-08-01]. https://36kr.com/p/1721009455105.

基于动作捕捉技术的体感装备也是未来接入元宇宙的重要工具。比如，基于数字手套和体感外套，使用者可以在数字世界中获得真实的触觉体验。HaptX Gloves 的 VR 手套由几百个微小气孔组成的皮肤材质制成，利用气体膨胀激发皮肤感知，可以让使用者手部和指尖感受到真实的触觉反应。如果使用者按压数字世界中的窗户，指尖就可以体验到触碰玻璃的压力感（见图 10-8）。

图 10-8　VR 手套让使用者能够"触摸"到数字世界（图片来源：HaptX）

此外，用户可以在圆形的 VR 跑步机上进行 360 度的移动，实现在数字世界的同步移动。在 Omni 生产的万向跑步机上，人们只要穿上一个特殊的鞋子，就可以在跑步机的空间内进行奔跑、转身、跳跃等动作。鞋子的底部装有传感设备，可以将跑步机上的动作同步映射到数字世界中（见图 10-9）。

图 10-9 万向跑步机的使用者可以和数字分身同步移动（图片来源：Omni）

5G 网络的目标是实现高速率、低传输延迟、高系统容量和大规模设备连接的移动互联网，其三大技术场景分别为增强移动宽带、海量机器通信以及超可靠低时延通信。信息通信技术的进一步发展是用户大规模接入元宇宙的前提。5G 已经有了一些在元宇宙领域的早期应用，比如基于云计算和串流技术的"云游戏"正在逐步成熟。简单来说，云游戏就是将整个游戏逻辑和渲染处理在云端实现，通过网络传输到用户设备，并与玩家实时交互。元宇宙开放数字世界与云游戏的需求有很多类似之处，但对网络的要求更高。每个用户在数字世界看到的内容和进行的操作都是完全不同的，系统也无法预测用户的行为。试想一下，你在数字世界中欣赏一个美妙的风景，当你转头的时候，由于网络延迟导致画面质量由 4K 瞬间下降到了 480p，并在几秒之后才将清晰的画面刷新出来，这样的体验是很难忍受的。网络延迟的程度将直接影响元宇宙用户的体验,高速稳定的网络成为必需品。

应用类技术让元宇宙持续创造新价值

应用类技术将在元宇宙中实现人机深度交互、万物泛在互联,智能经济体系将持续运转,并创造新价值。区块链、人工智能、智能机器人、大数据等技术将成为关键技术和基础设施建设的重点领域。

区块链技术是元宇宙中最基础、最关键的技术之一。区块链本质上是"四位一体"的创新,是以技术创新为基础,以数字金融为动力,以经济社群为组织,以产业应用为价值的全方位创新(见图10-10)。

图 10-10 区块链是"四位一体"式的创新

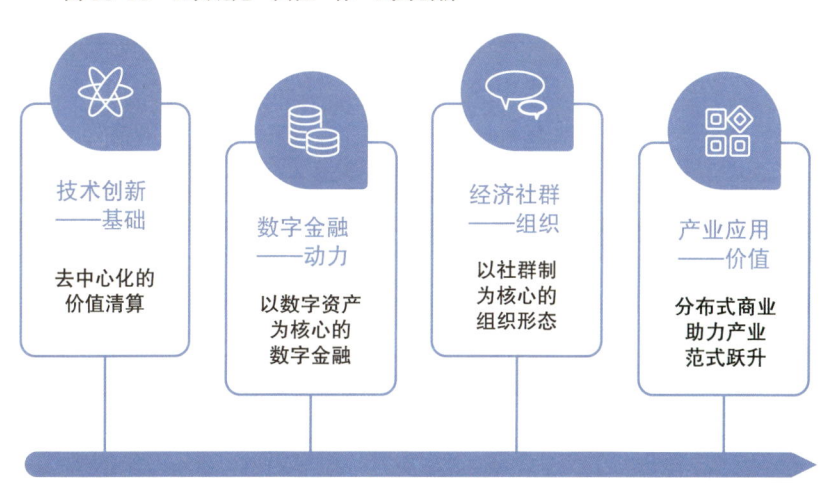

技术创新——基础	数字金融——动力	经济社群——组织	产业应用——价值
去中心化的价值清算	以数字资产为核心的数字金融	以社群制为核心的组织形态	分布式商业助力产业范式跃升

元宇宙不是单一的数字空间，而是无数数字空间的聚合体，基于区块链才能在保证各空间独立的同时实现全体系互联互通。元宇宙的核心属性之一是开源创新，包括技术的开源和平台的开源。通过制定一系列的标准和协议，我们可以实现各个数字世界在协议层和价值层的互通，从而形成整体的元宇宙。Epic Games 的 CEO 蒂姆·斯威尼（Tim Sweeney）就曾表示："元宇宙的生态系统更需要各方面的良性竞争，并由技术互操作性标准促进……如果没有开放的标准，垄断平台就会从创作者的作品中获取比创作者更多的收益，苹果公司和谷歌的故事就是前车之鉴。"此外，基于去中心化的智能合约，个人、组织甚至物体之间都可以实现高效且"无须信任"的广泛协作，所有合约自动执行，从而让元宇宙中的智能经济得以持续运转，并创造巨大价值。

近年来，人工智能快速发展，在自然语言处理、计算机视觉与图像、语音语义识别、自动驾驶等方面的技术突破及应用创新层出不穷，让计算机也能够执行以往通常需要人类才能完成的任务。人工智能是元宇宙基础性技术之一。2020 年，全球人工智能产业规模达到 1 565 亿美元，同比增长 12.3%；中国人工智能产业规模为 3 031 亿元，同比增长 15.1%，占全球市场规模近三成。[①] 数字人是人工智能技术在元宇宙中的重要应用，也是元宇宙的重要组成部分。数字世界中的那些 NPC 与人工智能技术相结合，逐步成为有形象、有身份、有故事、有情感甚至有思想的"数字人"。

---

① 张汉青. 人工智能推动经济向智能化加速跃升 [N/OL]. 2021-01-28[2021-08-01]. http://www.jjckb.cn/2021-01/28/c_139703262.htm.

早期的数字人可以理解为卡通角色或虚拟偶像。1982年，日本动画《超时空要塞》受到了观众的广泛欢迎，动画制作方以女主角林明美（Lynn Minmay）的名义将主题曲制成专辑并发售，该专辑一度冲进日本音乐排行榜Oricon的前十名。当时，数字人主要依靠手绘来实现。而随着CG（计算机图形学）技术、动作捕捉、3D渲染、全息投影以及人工智能技术的发展，数字人突破了原有技术的限制，在表情、肢体、服装等细节上可以实现超高精度构建，形象越发逼真。同时，在人工智能技术的完善下，数字人变得更加智能，可根据实时信息给出更多个性化反馈。初音未来（Hatsune Miku）就是这一阶段的重要代表，也是世界上第一个使用全息投影技术举办演唱会的虚拟偶像。类似的案例还有基于VOCALOID中文声库的虚拟形象洛天依，她在2021年中央电视台春节联欢晚会上曾与王源和月亮姐姐联合出演节目《听我说》。此外，视频和直播平台上出现了一些虚拟主播。2016年11月，日本虚拟偶像绊爱（Kizuna AI）在YouTube等多个流媒体平台上开设频道，拥有近300万粉丝。中国的虚拟主播小希也在2017年于哔哩哔哩上开播，粉丝数也达到了近60万。到2020年，哔哩哔哩平台上已经有32 412名虚拟主播，同比增长40%。根据艾媒咨询的测算，2021年的虚拟偶像及周边市场规模或超过1 000亿元。

如果说林明美、初音未来、洛天依和绊爱等虚拟偶像还仅仅停留在二次元世界中，那么随着技术的迭代更新，数字人开始成为我们社会生活的一部分。2018年，搜狗与新华社联合发布全球首个全仿真智能AI主持人，能够将输入的中英文文本自动生成新闻播报视频,并确保视频中的声音和数字主持人的表情、唇动保持自然一致。另外一个例子是由燃麦科技打造的AYAYI。在外观上,AYAYI和现实中的人类非常接近,不仅在皮肤、头发外观上做到了高强度还原,还可以根据不同光照情况呈现出自然的效果。AYAYI也有自己的工作和岗位。2021年9月8日,天猫官宣AYAYI成为阿里巴巴集团的首位数字员工,并担任天猫超级品牌日首位数字主理人(见图10-11)。那一天,AYAYI带来了她亲手设计的第一款礼物:NFT月饼。AYAYI未来还将会拥有数字策展人、NFT艺术家、潮牌主理人等多个身份。新华社数字记者、数字航天员小诤,曾跟随三名航天员搭乘神舟十二号升空,从外太空向地球发回了报道。此外,还有在清华大学计算机科学与技术系知识工程实验室学习的2021级数字学生华智冰。这些基于人工智能且具备现实身份的数字人,将成为和我们共同创造元宇宙的重要角色。

发展元宇宙技术创新是关键。要想在元宇宙时代实现弯道超车,我们就必须加快推动云计算、分布式存储、物联网、VR、AR、5G、区块链、人工智能等前沿数字技术集成创新和融合应用,加快构建新型基础设施。2020年4月,国家发改委明确了新型基础设施建设的范围,包括信息基础设施、融合基础设施、创新基础设施三个方面。其中,信息基础设施包括以5G、物联网、工业互联网、卫星互联网为代表的通信网络基础设施,以人工智能、云计算、区块链等为代表的新技术基础设施,以数据中心、智能计算中心为代表的算力基础设施。

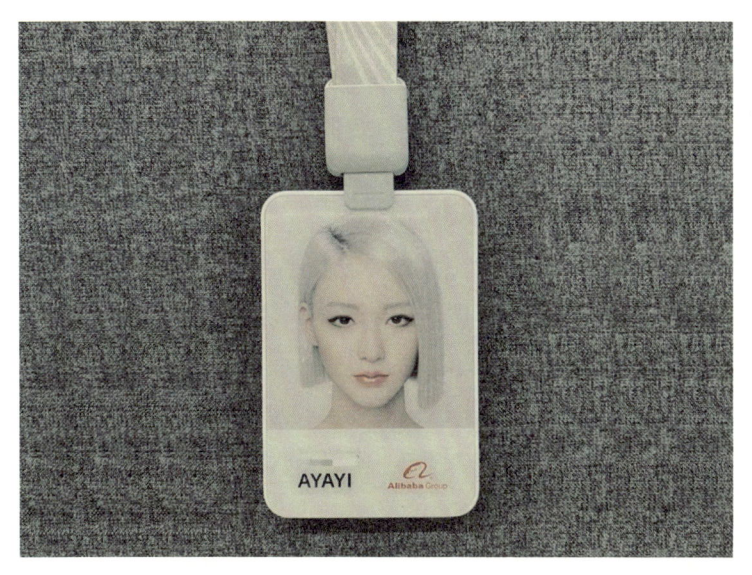

图 10-11　AYAYI 成为阿里巴巴集团的首位数字员工
（图片来源：天猫超级品牌日微博）

中国"十四五"规划和 2035 远景目标纲要也明确提出将围绕强化数字转型、智能升级、融合创新支撑，布局建设信息基础设施、融合基础设施、创新基础设施等新型基础设施，建设高速泛在、天地一体、集成互联、安全高效的信息基础设施，增强数据感知、传输、存储和运算能力，加快推动数字产业化，培育壮大人工智能、大数据、区块链、云计算、网络安全等新兴数字产业，提升通信设备、核心电子元器件、关键软件等产业水平，构建基于 5G 的应用场景和产业生态，在智能交通、智慧物流、智慧能源、智慧医疗等重点领域开展试点示范。

世界上很多国家政府也在积极关注并推动元宇宙的发展。2021年7月13日，日本经济产业省发布了《关于虚拟空间行业未来可能性与课题的调查报告》，对企业进入虚拟空间行业可能面临的各种问题进行分析，并审视虚拟空间的未来前景。2021年5月18日，韩国科学技术和信息通信部发起成立了"元宇宙联盟"，以此支持元宇宙技术和生态系统的发展。该联盟由17家公司组成，主要包括电信运营商SK Telecom Co、现代汽车公司以及韩国移动互联网商业协会等企业和组织。2021年8月31日，韩国财政部发布2022年预算，在数字新政项目中，计划投入2 000万美元用于开发元宇宙平台，并将斥资2 600万美元开发数字证券相关的区块链技术。

我们相信，在各国政策与规划的引领之下，未来的关键核心技术将加速创新，新型基础设施将加速建设，并将推动元宇宙的建设和发展，让元宇宙的黄金十年真正来临。元宇宙是一个技术驱动的行业，技术创新是一切应用的根本。元宇宙的发展和应用也将促进新技术、新模式的快速普及，对中国抢抓新一代信息技术发展机遇，以及建成创新型国家和世界科技强国具有十分重要的意义。

11

如何把握
元宇宙时代的机遇

元宇宙与我们每个人都息息相关。在元宇宙时代，每一个产业和每一种职业都将发生重大改变，影响每个人的未来发展。元宇宙带来的机遇远大于挑战，我们只要勇于改变，跟上时代的步伐，就能迎来更好的未来。我们需要"元宇宙新思维"（**元宇宙新思维 = 技术思维 × 金融思维 × 社群思维 × 产业思维**）。我们要掌握与数字世界高效交互的技能，成为具有"专业技能 + 数字化技能"的复合型人才。我们也要勇于探索元宇宙时代的创业机遇，在元宇宙中取得属于我们的成就。

探索元宇宙的意义可与发现新大陆、探索宇宙空间相提并论。元宇宙既是新物种，也是孕育更多新物种的母体，将会引领人类走向更高阶的"数字文明"。每一次人类文明的演进往往会经历新技术、新金融、新商业、新组织、新规则、新经济、新文明七个阶段，其中蕴含着史诗级机遇。

元宇宙时代的职业机会

德国哲学家莱布尼茨说:"世界上没有完全相同的两片树叶。"这在物理世界中是大家公认的规律,但在数字世界中并不那么容易实现。每个人都希望自己在数字空间中的化身是非常独特的理想形象,但仅靠自己的努力很难塑造出令自己满意的形象,于是就出现了"捏脸师"这个全新的职业。他们可以根据你的描述,帮你用数字世界中的工具捏出你心目中的理想形象,也可以帮你设计合适的服饰、配饰,从而帮你在数字世界中打造独一无二的数字形象,这就是所谓的"捏脸"。

现在,游戏中"捏脸"的自由度非常高(见图 11-1)。不少玩家在玩游戏之前都会用很长的时间来捏脸,甚至有时候比玩游戏本身的时间还长,这就是网上戏称的"捏脸三小时,上线一分钟"。但很多时候,我们用三小时打造出来的数字化身并不能满足自己的审美需求,这时就可以求助于专业服务人士。我们在淘宝上搜索了"捏脸",发现不少店铺的销量已经破万,客单价还不低。"捏脸师"早已悄然成为一种新兴职业,并且颇具市场规模。

图 11-1 "捏脸师"已经悄然成为一种新兴职业
（图片来源：游戏《永劫无间》，开发商网易游戏）

2021年4月，哔哩哔哩联合DT财经发布了一份有趣的报告——《2021年青年新职业指南》，其中列出了一些比较有趣的新职业，比如UP主、短视频策划师、直播选品师、酒店测评师（酒店试睡员）、剧本杀设计师（见图11-2）、球鞋鉴定师、宠物侦探等等。这些职业有一个共同点，就是需要强大的创造力。麦肯锡认为，到2030年，全球将有8亿个工作岗位会被机器人（或人工智能）替代，一些岗位会发生重大改变，而另一些岗位会彻底消失。自动化或智能化对强管理属性、强专业属性和强沟通属性的岗位影响较小，因为机器在这些领域的表现还无法与人相比。未来，用人需求将持续增长的岗位包括医疗服务者、工程师、信息技术专业人员、经理和管理人员、教育工作者、创意工作者等等。

图 11-2 剧本杀设计师成为一种新职业（图片来源：视觉中国）

在元宇宙时代，人工智能和智能机器人都将成为数字社会的重要组成部分，它们势必会取代部分现有的工作岗位（见图 11-3）。但是，以创意为核心的职业，不仅无法被机器模仿，还将在元宇宙中展现出更大的价值。比如剧本杀设计师，实际上扮演的是剧本情节的导演和指挥家的角色，需要发挥自己极强的创造力、同理心以及写作技巧。他们要让玩家沉浸其中，并与故事情节建立情感脉搏。

此外，在元宇宙中，还将涌现一批全新的职业，比如数字艺术家、元宇宙导游、数字土地建筑师等。这些职业并不只存在于想象中，早在 2018 年的时候，就已经有人开始从事数字土地评估的业务，并根据位置、周边热门场景等因素对 Decentraland 中的数字土地进行估价。

图 11-3 智能机器人将替代一些人类的工作岗位（图片来源：视觉中国）

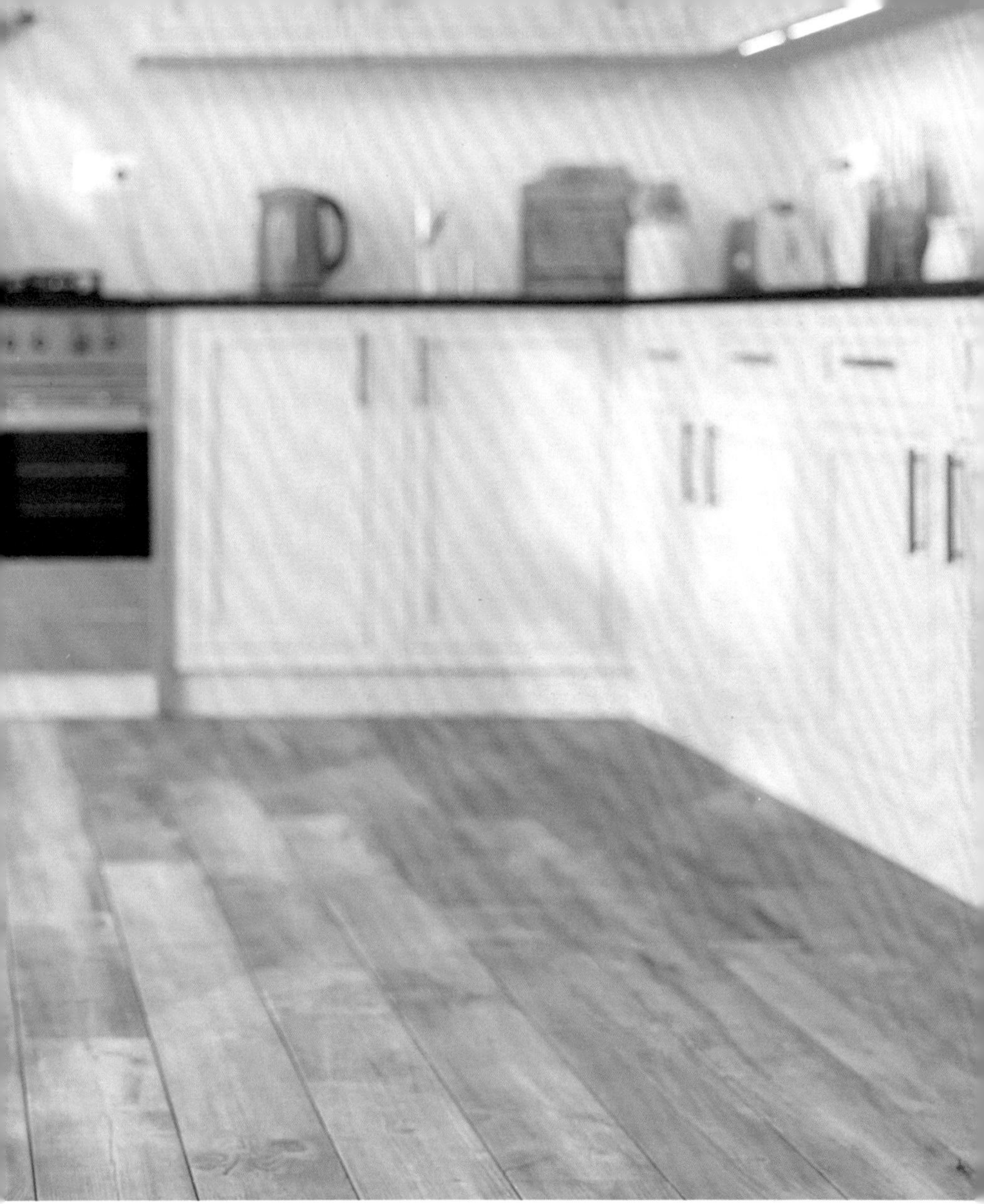

元宇宙中的数字世界与物理世界高度融合，一切都会高度数字化并以数据的形态存在，而数据会根据程序代码规则运行。要在元宇宙中立足，一个人可以不懂编程，但一定要拥有与数字世界高效交互的技能，所有岗位对数字技能的要求都会大幅提升。

新冠肺炎疫情暴发后，这个趋势已经越发明显。各行各业都在加速数字化，但很多员工在应用新技术方面的技能不足，这成为新技术应用的最大阻碍之一。因此，一些有远见的公司开始对全体员工开展数字技能的培训，比如要求参与数据分析和编程等方面的课程（见图 11-4）。

图 11-4　数据分析和编程等方面的技能越发重要（图片来源：视觉中国）

英国《金融时报》报道:"像许多金融企业一样,美国银行的数字业务也面临技术员工短缺的问题。该银行的应对方式是转向内部,通过一所内部线上'大学'重新培训员工。"美国银行在2018年就设立了专门的培训部门,为全体员工提供带薪培训,培训员工的编程和数据分析等数字技能。

除了美国银行外,摩根大通最近几年也非常重视对员工进行编程方面的培训,在相关培训项目上投入了数亿美元,甚至规定在2018年后入职的资产管理分析师必须接受Python培训。在摩根大通眼中,未来商业的语言就是计算机程序,想要在21世纪保持竞争力就必须知道如何编程。基于对计算机程序的深入理解,业务团队可以和技术团队使用相同的语言,为用户提供更好的工具和解决方案。[1] 领英同样认为,未来对自带数字化基因的原生职位的需求将迅速增长,数据分析能力会成为众多职位必备的职业技能。具有"专业技能+数字化技能"的复合型人才在求职过程中将更具竞争力。[2]

诚然,培养数字化技能并非易事,很多人对数字化应用的理解相对碎片化、不成体系,很难实践。其中的一个重要原因是,要找到可

---

[1] Tom Loftus. The Morning Download: JPMorgan Chase Makes Coding Literacy a Requirement[EB/OL]. 2018-10-08[2021-08-01]. https://www.wsj.com/articles/the-morning-download-j-p-morgan-makes-coding-literacy-a-requirement-1539000360.

[2] 领英. 2021年中国新型职位趋势报告 [R/OL]. 2021-06[2021-08-01]. https://business.linkedin.com/content/dam/me/business/zh-cn/talent-solutions/Event/2021/june/emerging-job/2021-emerging-job-report.pdf.

靠的课程和学习材料并不容易。在元宇宙时代，数字应用的知识体系将进一步系统化、融合化，这就需要能提供相应理论和课程的专业教育机构。正是由于这个原因，作者于佳宁在 2018 年创办了"火大教育"。火大教育聚焦于区块链技术新应用、数字金融新体系、分布式商业新模式等数字经济前沿领域的教育和研究，以"链接产业、赋能实体"为校训，以培养区块链和数字经济领域顶级企业家为核心使命，已经成为具有全球影响力的区块链教育机构。火大教育在线上和线下均定期开设课程，在深圳、杭州、旧金山、东京、首尔、新加坡等全球十余个区块链创新聚集城市开课，为全球区块链产业培养了大批精英人才，培训学员累计超过 1 万人。火大教育让学员的"专业技能"和"数字化技能"相结合，使其掌握变革时代所必备的知识体系，从而推动区块链等数字技术持续赋能实体经济，构建更加美好的数字化未来。

专栏：个人如何应对元宇宙的职业新挑战？

技术永远是不断进步的，历史上任何一次技术的升级迭代，都会淘汰一批岗位，也会带来新机遇。当新的技术变革已经"兵临城下"，人工智能和智能机器人已经准备接手我们工作之时，我们只有积极改变自己，让自我的思维和技能赶上时代的步伐，才能直面元宇宙时代的全新机遇和挑战。我们给出四点建议。

- **养成"元宇宙新思维"**。在元宇宙中,职业转型的本质是思维方式的变化。只有打通思维层面的壁垒,我们才能有机会在元宇宙时代大展宏图。元宇宙新思维包含了四个层面。首先是技术思维,元宇宙的发展由数字技术创新驱动。要真正理解元宇宙,我们需要充分理解技术,捕捉技术的演进方向,这样才能看清元宇宙未来的宏大图景。其次是金融思维,金融能够在时间维度上调配资源。在实物资产全面上链、数据全面资产化的情况下,数字金融将成为元宇宙持续发展壮大的关键动力。因此,只有掌握金融思维,我们才能利用好数字金融这一强大工具。再次是社群思维,经济社群将成为元宇宙时代主要的组织方式。但是,经济社群在治理方式、分配逻辑、运行模式等方面与公司等传统组织差别很大。因此,只有深入理解,我们才能在新型组织中发挥自我价值。最后是产业思维,元宇宙中的经济是数字经济与实体经济的深度融合。元宇宙的关键价值在于赋能实体经济,所有行业都值得到元宇宙中重做一次。只有理解元宇宙时代的产业逻辑,我们才能把握元宇宙时代真正爆发的机遇。请注意,元宇宙新思维并不是四大思维的简单叠加,而是要实现深度耦合、互为杠杆的倍增效应(见图11–5)。元宇宙新思维是探索元宇宙的全局地图,也是未来新世界最关键的思维方式。

- **提前规划个人的职业转型**。元宇宙将对每个人的未来发展产生重大影响,每个人都应该深入思考自己在元宇宙时代的职业发展和核心竞争力。元宇宙将是一个自由、开放、多元化世界,物理世界中的各种资源约束有望消失，每个人都有机会成为自己想要成为的样子，创造力将成为最重要的制胜要素。因此，在规划未来职业发展时，我们应该充分聆听自己内心的声音，找到自己热爱的发展方向。此外，为了适应元宇宙的挑战，我们必须坚持终生学习。要注意的是，未来的学习方式不再是简单通过书本学习已经成熟的知识，而是在元宇宙的广阔天地中不断地探索无限可能。每个人都有机会将自己的体验总结形成新的知识，并把这些新知识广泛传播，从而让更多的人能够拥抱元宇宙。

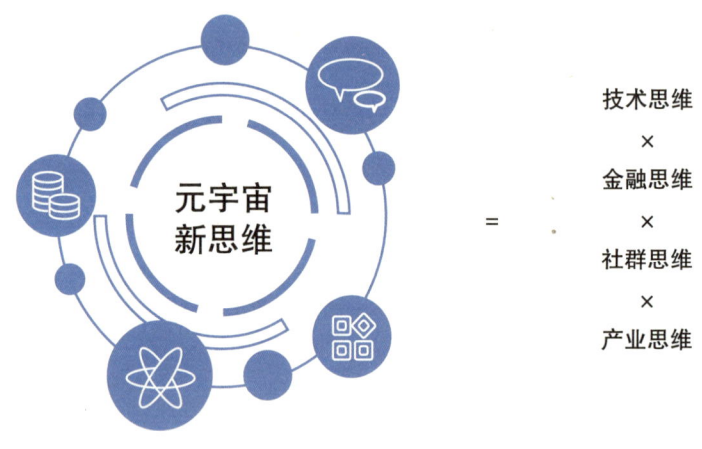

图 11-5　元宇宙新思维是探索元宇宙的全局地图

- **积极参与社群协作**。我们大多数人比较适应公司制组织下的工作方式，但是随着经济社群时代的来临，每个人的工作和协作方式都会发生根本性变化。从现在开始，我们就应该开始尝试参与一些社群建设。注意，我们不要仅仅站在旁观者的视角参与一些活动，而是要找到自己在社群中的定位和贡献方式。在社群协作中，每个人的优势都可以得到充分的发挥。比如：擅长编写程序的程序员可以对项目提出改进建议，修改和完善代码；擅长沟通协作的人可以参与组织社区活动，扩大项目影响力。在新的协同关系下，无论能力大小或资源多寡，每个人都能产生巨大价值，都能得到合理的价值分配。

- **维护自己数字信用和数字形象，建立数字社交关系网。**在元宇宙中，每个人的"数字足迹"会逐步凝结成数字信用，并与数字身份绑定。虽然我们并不需要担心隐私泄露等问题，但是在参与社群协作或是与其他元宇宙居民建立合作关系时，我们很可能会被要求通过某种方式验证数字信用。因此，良好的数字信用将成为我们在元宇宙中至关重要的"通行证"。此外，数字形象也至关重要，它会决定每个人在元宇宙中给别人的第一印象。数字形象包括数字分身外形、自己创作或收藏的数字艺术品、自己参与建设的数字建筑甚至交互过的智能合约等。我们的人际交往方式也会发生变化，随着数字生活与社会生活的融合，每个人在元宇宙中都可能有很多素未谋面或远隔千里的"知心好友"，数字社交关系网将对我们越来越重要。

当然，现在元宇宙已经成为社会高度关注的创新方向，但是一些公司打着元宇宙的概念进行炒作，存在一定的风险，建议读者切勿盲目跟风。本书对部分国内外公司和应用项目的案例进行了研讨，仅为讨论元宇宙时代可能出现的新趋势，并不推荐任何具体的股票证券或者数字资产，更不构成任何投资建议。当前元宇宙相关的数字技术尚不成熟，应用尝试也可能会失败，相关的公司或项目还处于早期阶段。

特别要注意的是，有些"元宇宙项目"可能会进行不切实际的宣传，通过市场操纵人为拉高资产价格，随后可能高位抛盘"割韭菜"。也可能有一些项目打着"元宇宙"的名义，进行实际上脱离了实体经济需求的所谓"创新"，根本无法落地，完全是投机炒作，没有价值支撑。还可能有人打着"元宇宙"的旗号，私自发行虚拟货币（代币）并进行交易炒作，涉嫌诈骗、传销、非法集资、非法发行证券、非法发售代币票券等违法犯罪活动。

2017年9月4日，中国人民银行等七部门联合印发《关于防范代币发行融资风险的公告》，指出代币发行融资本质上是一种未经批准非法公开融资的行为，涉嫌非法发售代币票券、非法发行证券以及非法集资、金融诈骗、传销等违法犯罪活动。[1]

2021年9月3日，国家发展改革委等十一部门印发《关于整治虚拟货币"挖矿"活动的通知》，要求加强虚拟货币"挖矿"活动上

---

[1] 中国人民银行，中央网信办，工业和信息化部，工商总局，银监会，证监会，保监会. 关于防范代币发行融资风险的公告 [EB/OL]. 2017-09-04[2021-08-01]. http://www.csrc.gov.cn/pub/newsite/zjhxwfb/xwdd/201709/t20170904_323047.html.

下游全产业链监管,严禁新增虚拟货币"挖矿"项目,加快存量项目有序退出。[①] 2021年9月15日,中国人民银行等十部门印发《关于进一步防范和处置虚拟货币交易炒作风险的通知》,指出虚拟货币不具有与法定货币等同的法律地位,其相关业务活动属于非法金融活动,境外虚拟货币交易所通过互联网向中国境内居民提供服务同样属于非法金融活动,参与虚拟货币投资交易活动存在法律风险。[②]

我们需要严格遵守法律法规要求和政策导向,不要参与代币发行融资及虚拟货币炒作。我们一定要擦亮眼睛,警惕那些打着元宇宙、NFT旗号的非法集资、欺诈、传销项目,远离一切非法金融活动,谨防掉入杀猪盘、资金盘陷阱。

迎接元宇宙时代的创业浪潮

2020年4月,央视主持人朱广权和直播带货达人李佳琦组成"小

---

① 国家发展改革委等部门. 关于整治虚拟货币"挖矿"活动的通知 [EB/OL]. 2021-09-24[2021-09-24]. https://www.ndrc.gov.cn/xwdt/tzgg/202109/t20210924_1297475.html?code=&state=123.
② 中国人民银行等部门. 关于进一步防范和处置虚拟货币交易炒作风险的通知 [EB/OL]. 2021-09-24[2021-09-24]. http://www.pbc.gov.cn/goutongjiaoliu/113456/113469/4348521/index.html.

朱配琦"组合，通过直播间连麦的方式参加央视举办的"谢谢你为湖北拼单"直播带货活动，助力新冠肺炎疫情后湖北复工复产。现场直播推广产品包括热干面、莲藕汤、茶叶在内的16款湖北农副产品。这场直播总计观看次数1.22亿，累计卖出价值4 014万元湖北商品，微博话题阅读量突破3.1亿。

很多人认为李佳琦是"被互联网选中的人"，却没有看到他在直播领域成功之前用了六年的时间磨炼准备。李佳琦毕业后成了一名化妆品导购（BA），在这个行业一干就是三年。在这段时间里，他通过努力学习，成为专柜里最懂顾客也最懂化妆品的导购。2016年，淘宝直播开始试运营，一家直播机构和李佳琦所在的化妆品公司看到了直播的机会，发起了一个"BA网红化"的项目，希望将专柜柜员转化为网络上的KOL（关键意见领袖），并把过去线下一对一的服务场景迁移至直播间中，从而用一对多的形式进行服务。李佳琦与其他6名导购入选该项目。一开始，李佳琦业绩异常惨淡，直播卖口红甚至遭受到了很多嘲讽。但是，到了2017年年底，直播行业爆发，他一举成名。2018年上半年，李佳琦在天猫上做了80场直播，为化妆品品牌直接贡献了千万元的销售额。后来，记者在采访李佳琦的时候看到了他的口红墙，他对口红的熟悉程度甚至达到任意说起一支口红的色号就可以在三秒钟之内准确找到的程度。

Web 1.0～2.0的发展带来了巨大的"信息技术红利"，微信、淘宝、美团、抖音等大量的互联网平台涌现，很多人也找到了在互联网时代属于自己的创业机遇，李佳琦就是其中的杰出代表。中国改革开放后，已经出现了市场化红利、全球化红利、城镇化红利和信息技术红利四波红利期，每一波红利期都引发了一波创业浪潮，从而成就了很多创业企业和创业者。随着互联网再次面临大升级，新一波红利期已经近在眼前，那就是"元宇宙红利"。这波新的红利期也会掀起一波新的创业浪潮，元宇宙将成为创新创业的主战场。事实上，嗅觉敏锐的创业者已经开始进行元宇宙建设的探索，甚至已经取得了丰硕成果。

在 2014 年被 Facebook 以 23 亿美元收购的虚拟现实初创公司 Oculus，其背后是一个 20 多岁的年轻人帕尔默·勒基（Palmer Luckey），他身上汇聚了硅谷、辍学、车库创业三个不成文的美国"创业元素"。2009 年，年仅 16 岁的勒基想要寻找一款好用的 VR 头显设备，于是以低价淘到了很多奇奇怪怪的设备，但其中没有一款是令他满意的。于是，他决定自己在车库里动手。他把这些设备拆卸，弄明白其中的原理，再尝试改装成自己喜欢的样子。一年后，勒基进入大学，在业余时间里捣鼓出了第一台 VR 设备样机。他很快便决定坚持自己的梦想，选择离开学校，成立了 Oculus 公司。

2012 年 8 月，他的第一版产品 Oculus Rift 出现在了众筹平台 Kickstarter 上，经过一个月的展示，总共获得了 243 万美元的众筹支持资金，比团队预期的 25 万美元多了 9 倍。2013 年 8 月，首批 Oculus Rift 虚拟现实头显设备发售，并于一个月后在全球规模最大、知名度最高的互动娱乐展示会 E3 大展上获得了"年度最佳游戏硬件"的提名。勒基把这款产品命名为 Rift（裂缝），希望这款产品和它的名字一样，可以成为跨越数字世界和物理世界鸿沟的桥梁。之后，Facebook 重金收购 Oculus，这一合作使得 Oculus 产品快速迭代（见图 11-6），也使得扎克伯格和勒基有机会成为元宇宙的构建者和领军人物。

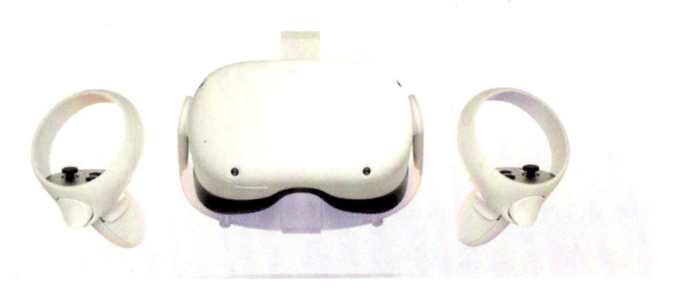

图 11-6　Oculus 最新产品 Quest 2（图片来源：Oculus）

那么，创业者应该如何把握元宇宙的创业浪潮？根据作者于佳宁的经验，要取得一个成就，无论大小，我们都需要做到三个关键词：思考、行动、坚持。于是，作者给出如下三点建议。

第一，深入地"思考"。元宇宙是这个时代的超级大机遇，是一条长期赛道，所以努力洞明事物的本质比急慌慌地行动更有必要。我们应该用相当多的时间和精力来研究，努力把元宇宙的本质真正搞清楚、想透彻，找到自己的定位和方向，充分盘点资源，再投身其中，这样才有机会在未来的长跑中领先并胜出。

第二,经过仔细思考,我们如果确实在大趋势中找到了与自己的资源和能力相匹配的细分赛道,也发现该赛道确实是自己愿意投身奋斗的领域,就应该快速地"行动",坚决 All-in 这项事业。每一次大的红利,都会有一个短暂的窗口期,伟大的公司往往都把握住了窗口期并坚定入场,才有机会取得大成就。元宇宙创业的窗口期已经来临,所有人都站在同样的全新起跑线上。只要找对了方向,任何人都有机会取得巨大成就。

第三,一旦开始行动,我们就应该绝对"坚持"。根据互联网的创业经验,能够笑到最后的往往并不是那些含着金汤匙的创业者,也不是那些高举高打的创业明星,反而是那些心中有光的耐力型选手。他们将目光穿越到未来,心无旁骛,瞄准目标,坚持奔跑。任何伟大赛道都不是一马平川,再好的机会也会遇到坎坷。只有坚持长期主义,我们才能享受到巨大的红利。

携手创造伟大的数字文明

人类对新事物总是充满着好奇。2021 年 7 月 20 日,亚马逊创始人杰夫·贝佐斯(Jeff Bezos)和他的弟弟马克·贝佐斯(Mark Bezos)、82 岁的前宇航训练生沃利·冯克(Wally Funk)、18 岁的高中毕业生奥利弗·戴曼（Oliver Daemen）搭乘贝佐斯投资的太空探索公司蓝色起源（Blue Origin）的航天器，成功进入太空并安全返回。他们四个人在全程没有航天员陪伴的情况下，持续体验 4 分钟的失重状态，成为太空上第一批来自民间的探索团队。另外一位热衷于探索宇宙的就是科技狂魔埃隆·马斯克。在搜索引擎上，和马斯克关联度最高的词条除了"特斯拉"之外，就是"火星"，他多次明确表示希望可以把人类文明带到火星上。2002 年，马斯克创立太空技术探索公司 SpaceX（见图 11-7）。2017 年，马斯克宣布启动地外行星与卫星殖民化计划，包括建成月球基地和永久的火星殖民地。

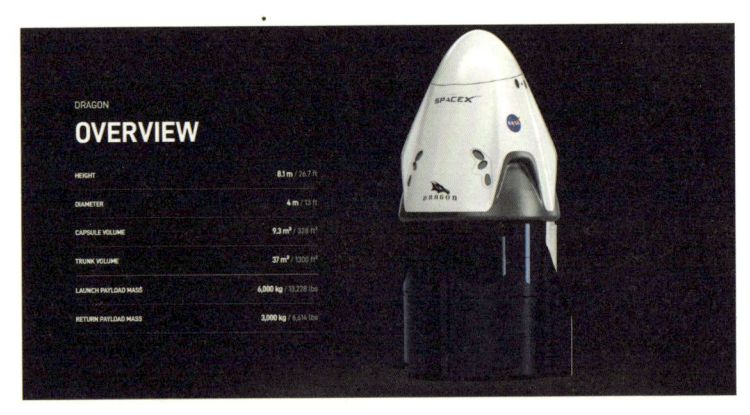

图 11-7　SpaceX 研发的载人飞船 Dragon（图片来源：SpaceX）

人类探索宇宙已经有几十年的历史，航天科技的发展深刻地改变了每一个人的生活。通过无处不在的卫星系统，我们可以在手机上使用导航定位。通过把农作物种子被送到太空，我们可以获得很多农业作物新品种。那些监测宇航员身体数据的传感系统后来成为重症监护系统，挽救了很多生命。

人类上一次大规模探索"新大陆"的历史应该追溯到15世纪到17世纪的大航海时代。一大批航海家历尽千难万险，寻找到了"新大陆"，让东西方之间的文化贸易交流开始大量增加，将整个世界真正连接起来。地理大发现也促进了新技术的发明和金融领域的新革命，催生了中央银行、股份公司等"新事物"的诞生，这些商业模式和组织方式沿用至数百年后的今天。

现在，我们对元宇宙的坚定探索，正是在为人类的进一步发展探寻"新数字空间"。地理大发现催生了新组织方式和新金融体系的建立，对宇宙的探索极大促进了基础科学研究，并让新兴技术加速产业化。现在，我们即将步入元宇宙大创造的时代，一切又将重演（见图11-8）。元宇宙既是新物种，也是孕育新物种的母体，将成为彻底改变我们生活方式的"数字新大陆"，并开启一个大创造的新纪元，引领人类走向更高阶的"数字文明"。

回顾往昔，每一次人类文明的演进往往会经历新技术、新金融、新商业、新组织、新规则、新经济、新文明七个阶段（见图11-9），从新技术的创新和应用开始，构建相匹配的新金融体系，并孕育新的商业模式，从而跨越鸿沟、实现普及，进一步催生新的组织形态，推动制定新的规则，进而重塑形成新的经济体系，最终引领社会走向新的文明形态。

图 11-8 我们即将步入元宇宙数字文明时代（图片来源：iStock）

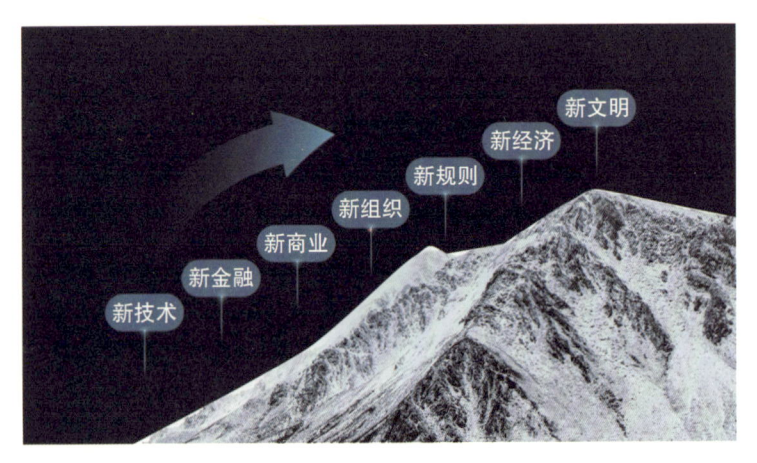

图 11-9 人类文明的演进往往会历经七个阶段

元宇宙又将怎样带我们步入新的数字文明呢?

第一步是新技术。元宇宙是由数字技术驱动的,建设元宇宙的本质是技术创新。时至今日,区块链、VR、AR、人工智能、云计算、物联网、大数据等技术已经逐渐成熟,并实现融合发展,为元宇宙奠定了坚实基础。当然,技术的发展没有尽头,所有的技术都将持续迭代。要想让元宇宙发展壮大,关键在于加快核心技术的自主创新。

第二步是新金融。沙丘路(Sandhill Road)上的顶级风投机构和纳斯达克引入的电子交易系统,让互联网企业的创新创业没有了后顾之忧,为硅谷的崛起和繁荣奠定了关键基础。新金融既是技术创新的应用成果,又是让新技术应用走向广阔天地的强大保障。元宇宙同样要有相匹配的金融体系作为保障,基于数字资产和DeFi的"去中心化可编程性"数字金融新体系将为元宇宙持续发展提供关键动力。

第三步是新商业。互联网时代上的"颠覆式创新"在于出现了双边市场、平台经济等全新商业模式,让全球的买家和卖家可以直接连接,从而实现了商业体系的"去中介化",形成了全球统一大市场,因此创造了无数的就业岗位和创业机会。在元宇宙中,数字经济与实体经济深度融合,产业全面实现数字化,数字实现资产化,商业可以突破资源条件约束形成全新的数字财富创造机制,商业模式将迎来再一次的大革新。

第四步是新组织。互联网公司通过员工期权让员工也能分享公司价值，实现了组织和分配方式的创新以及组织活力的爆发，这是互联网繁荣背后的力量。到了元宇宙时代，经济社群将成为主流组织方式，DAO 的治理机制会广泛流行，人数众多的数字贡献者也能得到公平的长期价值分配，每个人都有机会参与到那些改变世界的伟大事业中去，社群的生态价值会快速扩展，从而带动元宇宙发展繁荣。

第五步是新规则。近年来，世界上很多国家和地区都出台了针对互联网行业的法律法规和政策，一方面促进数字经济发展，另一方面通过保护个人隐私信息和打击滥用市场支配地位的垄断行为引导互联网走向良好秩序。元宇宙也是有主权的数字空间，因此各国也会逐步出台针对元宇宙的新规则，法律法规的执行会更多地基于智能合约实现。

第六步是新经济。随着规则的完善，新的经济体系将逐步诞生。在互联网时代，数字经济从理论走向了现实，并成为各国经济发展的动能。在元宇宙时代，升级版的数字经济新形态会出现，并且会形成真正的智能经济体，从而开启全新的经济周期。

第七步是新文明。在前六步的基础之上，元宇宙会改变人们的生活方式和社会面貌，让数字世界与物理世界融合、数字经济与实体经济融合、数字生活与社会生活融合、数字资产与实物资产融合、数字身份与现实身份融合，从而引领人类走向更加伟大的数字文明。

正如威廉·吉布森所言，"未来已来，只是尚未流行"。未来十年将是元宇宙发展的黄金十年，也将是数字财富的黄金十年，创新的窗口期再次悄然开启。希望本书能激发你一起思考元宇宙、参与元宇宙、创造元宇宙。让我们踏上开创元宇宙的新征程，一起携手创造新的数字文明（见图11-10）。

因为理解，所以信仰；因为信仰，所以坚持；因为坚持，所以成就。与诸君共勉！

图 11-10　元宇宙将引领人类走向新的数字文明（图片来源：视觉中国）

附录一　　从 NFT 看元宇宙

（图片来源：Dapper Labs）

NFT 名称：创世猫（Genesis）
作品形态：游戏道具
铸 造 方：谜恋猫（CryptoKitties）
铸造时间：2017 年 11 月 23 日
铸造数量：1
拍卖时间：2017 年 12 月 2 日
NFT 内容：创世猫是谜恋猫创造出的第一只"谜恋猫"。

（图片来源：Sky Mavis）

NFT 名称：✨Angel✨
作品形态：游戏道具
铸 造 方：Axie Infinity
铸造日期：2018 年 3 月 27 日
铸造数量：1
拍卖时间：2020 年 11 月 6 日
NFT 内容：这只 Axie 包含多种稀有特性，凭借这些稀有的基因成为当时成交价排名第一的 Axie。

（图片来源：本·莫特利）

NFT 名称： 《魔法星期一》（MAGIC MONDAY）
作品形态： 图片
铸 造 方： 本·莫特利（Ben Mosley）
铸造数量： 1
售卖平台： TeamGBNFT.com
售卖价格： 5 400 英镑
售卖内容： 原始作品的高分辨率数字图像，绘制该作品的全程记录视频，由艺术家手工装饰的作品物理印刷版。
NFT 内容： 2021 年 7 月 26 日，英国运动员在东京奥运会上获得了三枚金牌和两枚银牌，这一天被英国媒体称为"魔法星期一"，该艺术作品就是为了纪念这一天而创作的。该系列 NFT 由英国奥运代表队 Team GB 与 NFT 服务商 Tokns 合作推出，作品包含奥运选手的成绩纪念品、庆祝英国参加奥运会 125 周年的艺术品等。

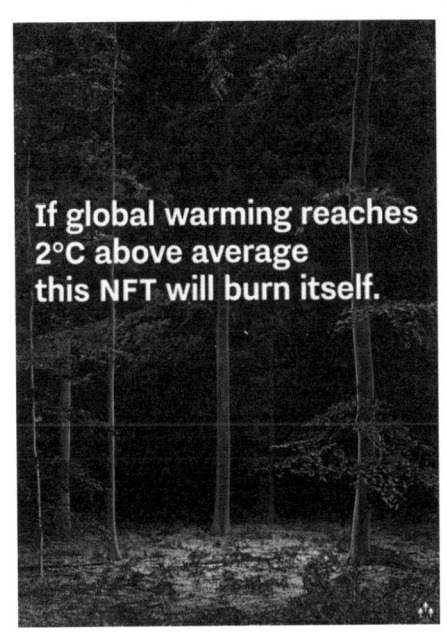

(图片来源：Terra0)

名　　　称：《2 摄氏度》(*Two Degrees*)
类　　　别：视频
铸　造　方：Terra0
铸造数量：1
铸造时间：2021 年 5 月 12 日
拍卖机构：苏富比
拍卖日期：2021 年 6 月 10 日
拍卖价格：37 800 美元
NFT 内容：一段 20 秒的德国南部森林 3D 扫描视频，画面上叠加了自毁警告。Terra0 创建了一个智能合约，当 NASA（美国国家航空航天局）发布的年平均气温上升值超过 2 摄氏度时，该 NFT 将自毁。

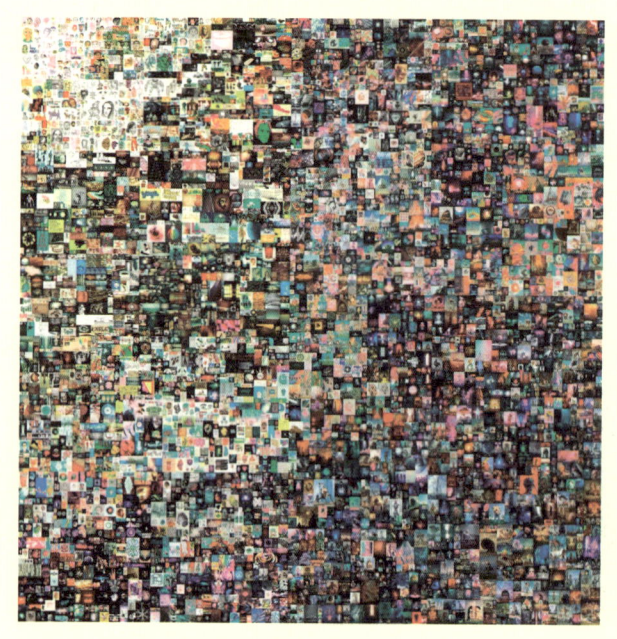

（图片来源：Beeple）

名　　　称：《日常：最初的 5 000 天》(Everydays: The First 5 000 Days)
类　　　别：图片
铸　造　方：Beeple（迈克·温克尔曼）
铸造数量：1
铸造时间：2021 年 2 月 16 日
拍卖机构：佳士得
拍卖日期：2021 年 5 月 11 日
拍卖价格：69 346 250 美元
NFT 内容：融合了 5 000 件 Beeple 早期艺术作品，是他作为艺术家的职业生涯的完美展示。截至 2021 年 9 月，这件作品是成交价最高的 NFT。

```
Anchor.m
/*      Hypertext "Anchor" Object                              Anchor.m
**      =========================
**
**      An anchor represents a region of a hypertext node which is linked to
**      another anchor in the same or a different node.
*/
#define ANCHOR_CURRENT_VERSION 0
#import &lt;ctype.h&gt;
#import &lt;objc/Object.h&gt;
#import &lt;objc/typedstream.h&gt;
#import &lt;appkit/appkit.h&gt;
#import "Anchor.h"
#import "HTUtils.h"
#import "HTParse.h"
#import "HyperText.h"
#import "HyperManager.h"
@implementation Anchor:Object
static HyperManager *manager;
static List * orphans;              // Grand list of all anchors with no parents
List * HTHistory;                   // List of visited anchors
+ initialize
{
```

(图片来源：蒂姆·伯纳斯-李)

名　　称：万维网源代码（Source Code for the WWW）
铸 造 方：蒂姆·伯纳斯-李
铸造数量：1
铸造时间：2021年6月15日
拍卖机构：佳士得
拍卖日期：2021年6月30日
拍卖价格：5 434 500美元
NFT内容：包含源代码的带有日期和时间戳的原始档案；编写代码的动画，持续30分25秒；完整代码的可缩放矢量图形（SVG），由蒂姆·伯纳斯-李在原始文件中创建，右下角有他的物理签名；蒂姆·伯纳斯-李于2021年6月写的一封信，反映了万维网代码创建过程。

(图片来源：宋婷)

NFT 名称：《2021 年牡丹亭 Rêve 之标目蝶恋花——信息科技穿透了"我"》
作品形态：动画
铸 造 方：宋婷
铸造数量：1
拍卖机构：中国嘉德
拍卖时间：2021 年 5 月 20 日
拍卖价格：667 000 元
NFT 内容：该作品是艺术家宋婷以经典昆曲《牡丹亭》为母本改编的 AI-Human 协作沉浸式戏剧实验中的道具之一。各个角色的"梦境"是《牡丹亭 rêve》实验戏剧的主角，人类演员、算法 NPC 和人类观众为戏剧的配角。艺术家与区块链上人工智能模型、区块链下人工智能模型协作生成了画面中的色彩平面，亦将《牡丹亭》开篇《蝶恋花》唱词和 2021 年当代人对"古典之爱"的解读以加密数据片段贮存进画面。

（图片来源：蚂蚁链）

作品形态： 支付宝付款码皮肤（敦煌飞天）
铸 造 方： 支付宝
发售平台： 蚂蚁链粉丝粒（支付宝小程序）
发售日期： 2021 年 6 月 21 日
发售价格： 10 积分 +9.9 元
发售数量： 16 000 件
NFT 内容： 购买后，敦煌飞天的皮肤会显示在支付宝付款码上。

附录二　　　从游戏看元宇宙

（图片来源：Nolan Consulting Limited）

游 戏 名：《加密立体像素》（Cryptovoxels）
开发厂商：Nolan Consulting Limited
上市时间：2018 年 4 月
运行平台：PC、VR

元宇宙视角看游戏：《加密立体像素》是建立在以太坊区块链上的虚拟世界。玩家可以获得游戏中的数字土地，并建设属于自己的建筑。游戏画面是简单的像素风格，该游戏可以非常流畅地在各种设备上运行。该项目受到了很多加密艺术家的青睐，他们在其中建立了多个画廊，藏家可以直接购买画廊中展示的 NFT 数字艺术品。

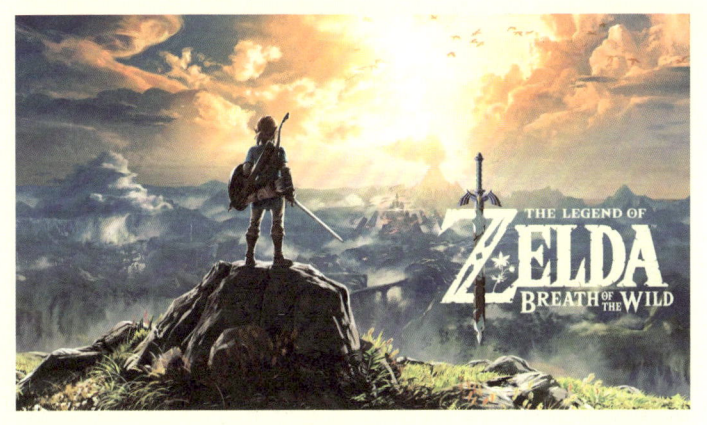

（图片来源：任天堂）

游 戏 名：《塞尔达传说：旷野之息》
开发厂商：任天堂
游戏类型：ARPG
游戏背景：玩家扮演被驱魔之剑选中的骑士林克，被内心的声音指引，在海拉鲁王国展开冒险。玩家在冒险当中重拾记忆，并完成自己一百年前的使命，击败恶魔盖侬，拯救美丽的公主。
上市时间：2017 年 3 月 3 日
运行平台：Switch、Wii U

元宇宙视角看游戏：作为一款自由度极高的生存、冒险、策略类游戏，该游戏拥有巨大的世界地图，玩家可以在这片神秘的土地上自由探索，尽情驰骋。该游戏也拥有极为自由的战斗系统，玩家可以使用丰富的武器、防具和道具。每位玩家都可以拥有自己的战斗策略、装备组合甚至在海拉鲁大地上的生活方式。该游戏被很多人认为提供了一种接近于元宇宙数字世界的体验。

（图片来源：Kojima Productions）

游 戏 名：《死亡搁浅》（Death Stranding）
开发厂商：Kojima Productions
制 作 人：小岛秀夫
游戏类型：TPS
游戏背景：未来世界，人类通过科学研究发现了平行世界的存在，平行世界怪物的入侵导致了社会的崩坏。游戏中的玩家将扮演主角山姆，穿越末世的美国，团结并拯救人类。
上市时间：2019 年 11 月 8 日
运行平台：PS4、PC

元宇宙视角看游戏： 在游戏当中，玩家一个很关键的任务是往返于各个城市联邦之间运送物资。最初的送货之旅是极其艰难的，玩家要跋山涉水，还要躲避傀儡、劫匪的攻击。当剧情进入一定程度时，全球玩家可以共同携手修建穿梭于城市联邦之间的高速公路。每位玩家都在自己的游戏当中收集素材，修建某条公路的某一小段。在全世界玩家的共同努力下，一张连接各处城邦的高速公路网络已经被建设完成，玩家可以开着货车在公路上尽情驰骋。这种在数字世界中的全球协作模式，在元宇宙时代可能会非常普遍。

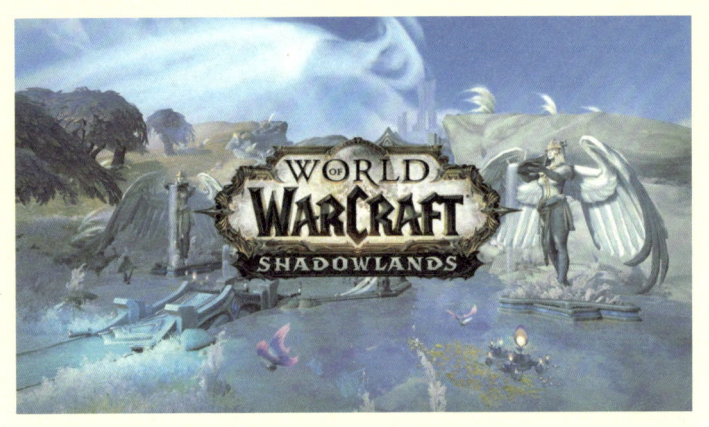

(图片来源：暴雪娱乐)

游 戏 名：《魔兽世界》(World of Warcraft)
开发厂商：Blizzard Entertainment（暴雪娱乐）
游戏类型：MMORPG
游戏背景：艾泽拉斯大陆上生活着许多不同的神奇种族，由于信仰、理念不同，这些种族集结成了两股巨大的势力：部落与联盟。部落与联盟有时纷争不断，战火连绵，有时也会联合起来共御外敌。不久前，部落与联盟联手击败了妄图第二次侵略艾泽拉斯的燃烧军团。可就在此时，暗影国度的威胁已然来袭。
上市时间：2004 年 11 月 23 日
运行平台：PC

元宇宙视角看游戏： 在这款游戏中，玩家拥有超自由的游玩体验，更有趣的是一种由玩家自主发明的游戏装备分配制度，即 DKP 制度。根据对公会的贡献，每位玩家都会拥有自己的 DKP 积分，这些积分用于竞拍打 Boss（老怪）后掉落的装备。如今，DKP 制度已经成为魔兽世界公会管理的主流模式。未来，这种按照数字贡献进行公平分配的模式也将成为主流。

(图片来源：Mojang Studios）

游 戏 名：《我的世界》
开发厂商：Mojang Studios
游戏类型：沙盒游戏
上市时间：2009 年 5 月 17 日
运行平台：PC、Android、iOS、Xbox、PS、Switch、Wii U、VR

元宇宙视角看游戏： 该游戏为玩家提供了一片自由驰骋的天地。由于没有固定剧情的限制，也没有角色的限制，玩家可以在这个自由度极大的像素世界当中生活、冒险、游玩，甚至可以开天辟地创造属于自己的世界。在元宇宙中，各种物理约束将大大减弱，每个人都有机会充分发挥自己的创意，构建一片自己的天地。

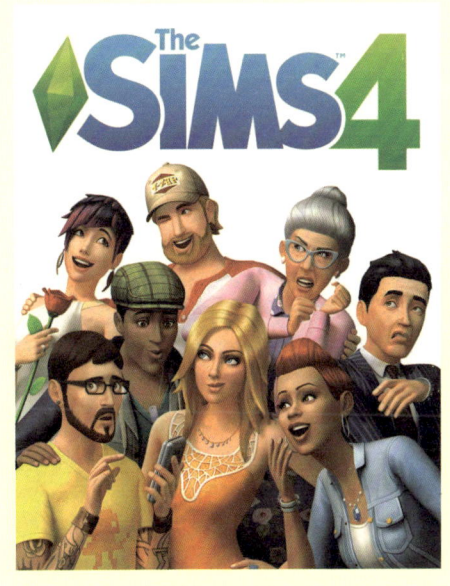

（图片来源：Maxis Software）

游 戏 名：《模拟人生 4》（The Sims 4）
开发厂商：Maxis Software
游戏类型：模拟经营
上市时间：2014 年 9 月 2 日
运行平台：PC、PS4、XboxOne

元宇宙视角看游戏： 玩家可以在该游戏中体验与现实截然不同的人生。例如，一个人可能在现实当中无法战胜自己的内向，但在游戏当中可以变得更加大胆且张扬，可以体验不一样的人生，过上更精彩的生活。这可能也是很多人对元宇宙的最终期待。

附录三　　　从影视看元宇宙

电　影　名：《头号玩家》
导　　　演：史蒂文·斯皮尔伯格
主　　　演：泰尔·谢里丹 饰 韦德·沃兹 / 帕西法尔
　　　　　　奥利维亚·库克 饰 萨曼莎·库克 /
　　　　　　阿尔忒弥斯
　　　　　　本·门德尔森 饰 诺兰·索伦托
上映日期：2018 年 3 月 30 日

(图片来源：华纳兄弟)

内容提要： 故事时间设定为 2045 年，虚拟现实技术高度发达。科技天才詹姆斯·哈利迪利用虚拟现实技术一手建造了名为"绿洲"的超级游戏世界，并获得了空前的成功。临终前，他宣布自己在游戏中埋藏了一个彩蛋，所有"绿洲"的玩家都可以参与到彩蛋的争夺中，而找到这枚彩蛋的人将成为绿洲的主人。主角因此展开了一场穿越虚拟世界与现实世界的奇幻冒险。

元宇宙视角观影：《头号玩家》带领观众共同思考在科技极度发达的未来，数字世界与物理世界的关系应该是怎样的。在电影最后，主角并没有彻底关闭"绿洲"，而是选择每周关闭两天，让玩家多感受现实生活，不要让真实人生出现遗憾。或许，导演希望观众能意识到，数字世界与物理世界两者有机结合、虚实相生，才是未来世界最好的选择。很多看过本片的观众认为，"绿洲"所描绘的世界，几乎就是他们想象中的元宇宙世界。

动 漫 名：《刀剑神域》
导 演：伊藤智彦
主 演：桐人／桐谷和人 配音 松冈祯丞
　　　 亚丝娜／结城明日奈 配音 户松遥
上映日期：2012年7月7日

（图片来源：A-1 Pictures）

内容提要：2022年，全球一流的制造厂商ARGUS开发出一款连接虚拟世界的机器，名为NERvGear，该机器能够让人们进入完全虚拟的世界"艾恩葛朗特"。主角成为该设备的第一批内测玩家，但就在游戏开测后不久，所有玩家都无法退出游戏，玩家在游戏中死亡也将意味着在现实中死亡，只有打倒Boss才能逃离这个世界。

元宇宙视角观影：《刀剑神域》用了很多情节来描绘人们在数字世界中生活的场景，例如如何与NPC有效互动，如何获取资源，以及如何与其他玩家协作。除此之外，《刀剑神域》也探讨了人与人之间的社交关系，以及人们该如何在数字世界与物理世界之间切换。我们能够在数字世界认识更多有趣的人，发现更多有趣的事，但挑战也随之而来。这些数字世界中的友情甚至爱情，该如何进入现实世界呢？我们该如何在虚拟与现实之间切换身份呢？这些问题在元宇宙时代都会变得非常重要。

电视剧名：《黑镜》(*Black Mirror*)
制 片 人： 查理·布洛克
发 行 方： 网飞、英国第四台
上映日期： 2011 年 12 月 4 日（第一季）

（图片来源：Zeppotron 和 House of Tomorrow）

内容提要：《黑镜》是多个建构于现代科技或未来科技背景下的独立故事，表达了科技对人性的利用、重构与破坏。

元宇宙视角观影： 黑镜到底指的是什么？什么镜子是黑色的？相信你已经想到了，黑镜指的就是电子产品的屏幕。《黑镜》对未来科技进行了深刻反思，从社交、恋爱、生活到政治、战争、人性，一切都将因科技而改变，可谁又能保证科技带来的一定会是好的变化呢？在元宇宙时代，我们要如何正确对待数字世界与物理世界的融合，而不是迷失在数字世界当中，是值得我们每个人深入思考的问题。

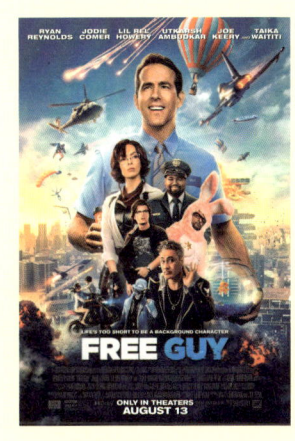

电 影 名：《失控玩家》
导　　演：肖恩·利维
主　　演：瑞安·雷诺兹 饰 盖
　　　　　朱迪·科默 饰 米莉/燃烧弹女孩
上映日期：2021 年 8 月 13 日

（图片来源：二十一世纪福克斯）

内容提要： 故事发生在不远的未来，银行职员盖突然发现自己原来是一个冒险电子游戏的 NPC，这颠覆了他的认知，但他不想平庸，不想仅仅做一个任人摆布的 NPC。盖决定奋起反抗，实现自己的价值，他竟然在游戏里做起了伸张正义的好人。盖的反常举动导致开发商下令要关闭游戏。在一名来自现实世界女玩家的帮助下，盖展开了绝地反击，他们之间甚至产生了爱情的火花。

元宇宙视角观影： 基于人工智能的数字人是未来元宇宙数字世界的重要组成部分，他们也有自己的身份、形象、经历、情感甚至思想。我们该如何与数字人共同建设元宇宙呢？《失控玩家》带给我们很多不一样的启示。

电　影　名：《黑客帝国》（*The Matrix*）
导　　　演：沃卓斯基姐妹
主　　　演：基努·里维斯 饰 托马斯·安尼奥
　　　　　　凯瑞·安·莫斯 饰 崔妮蒂
上映日期：1999 年 4 月 30 日（第一部）

（图片来源：华纳兄弟）

内容提要： 在未来世界，机器人与人类爆发战争并获得胜利。为了能够继续获得电能，机器人将人类囚禁起来，把人类的身体变成了能够产生生物电的电池，同时把人类的思维禁锢在一个名为"矩阵"的虚拟世界当中。第一批觉醒者决定放弃虚拟世界中安逸的生活，回到充满绝望的现实世界，与机器人抗争到底。

元宇宙视角观影： 近期《黑客帝国 4》即将上映，关于虚拟与现实的选择与思考再次成为热门话题。其实，"矩阵"虚拟世界并非元宇宙，只是机器囚禁人类的牢笼。真正的元宇宙会帮助我们更好地生活，让很多人有机会实现自我价值。在真正的元宇宙当中，我们可以兼顾数字生活与社会生活，体验更加丰富多彩的人生。